맥체인성경 쉬운해설

3

신교횃불

맥체인성경 쉬운해설

흔히 기독교는 말씀의 종교라고 합니다. 그것은 하나님께서 주신 '말씀'(성경)으로부터 모든 역사를 쌓아 왔기 때문입니다. 따라서 모든 그리스도인들은 하나님께서 주신 말씀을 읽고, 해석하고, 다시 적용하는 '신앙인의 삶'을 가장 우선순위에 둡니다. 말씀을 읽지 않고 하나님을 예배할 수 없고, 말씀을 묵상하지 않고 하나님의 계획을 알 수 없고, 말씀을 적용하지 않고 성화될 수 없기 때문입니다. 성경읽기의 중요성과 필요성은 아무리 강조해도 지나치지 않습니다.

맥체인 성경 읽기표는 1842년 맥체인이 자신이 목양하던 성베드로교회 성도들의 영적 성장을 위해 개발한 것으로, 매일 구약과 신약을 각각 2장씩 읽음으로써 1년에 구약 1회, 신약과 시편을 각 2회 정독할 수 있도록 만든 표입니다. 이와 같은 맥체인의 방법에 따라 **맥체인 성경 쉬운해설은** 신구약 성경 전체를 골고루 4등분해서 동시에 읽으며 성경에 기록된 장구한 구속사를 크게 네 시대로 나누어 동시에 묵상할 수 있습니다.

(1) 창세기 ~ 역대하 : 만물의 시작과 이스라엘의 시작
(2) 에스라 ~ 말라기 : 이스라엘의 멸망과 새 시대의 시작
(3) 마태복음 ~ 요한복음 : 예수의 복음사역과 십자가 구속
(4) 사도행전 ~ 요한계시록 : 교회의 시작과 선교

각각의 시대마다 하나님께서는 하나님이 세우신 사람들과 언약을 맺으셨고, 그 언약을 완성하셨습니다. 그리고 이 시대들은 서로 씨줄과 날줄이 되어 하나님의 구속사를 완성하는 완벽한 하모니를 이루고 있습니다. 맥체인성경 쉬운해설은 이 네 시대를 동시에 읽고 묵상함으로써, 때로는 시대별로, 때로는 거시적인 안목에서 구속사 전체를 한 번에 아우르게 합니다. 그렇기에 남녀노소, 교회의 직분을 무론하고, 누구나 맥체인성경 쉬운해설의 읽기표를 따라 성경을 읽으면, 성경에 대한 명쾌한 이해와 함께 하나님께서 감춰두신 구속의 보화를 찾는 기쁨을 누릴 수 있습니다.

▶ 성경읽기의 중요성과 필요성

① 성경은 하나님의 말씀이므로 매일 읽고 묵상해야 합니다.
② 성경은 우리를 향한 하나님의 사랑의 표현이기 때문에 매일 읽고 묵상해야 합니다.
③ 성경은 우리를 위한 하나님의 계획을 담고 있기 때문에 매일 읽고 묵상해야 합니다.
④ 성경은 우리를 구속하기 위한 하나님의 은혜이기 때문에 매일 읽고 묵상해야 합니다.
⑤ 성경은 우리를 진리로 인도하기 때문에 매일 읽고 묵상해야 합니다.
⑥ 성경은 우리에게 하나님을 계시하기 때문에 매일 읽고 묵상해야 합니다.
⑦ 성경읽기는 모든 그리스도인들에게 선택이 아닌 필수 요소입니다.

성경을 읽고 묵상하는 방법은 정말 다양합니다. 예를 들어 '1년 3독', '큐티식 묵상법', '평일 3장, 주일 5장 읽기', '연대별 성경읽기', '강습회식 집중 읽기' 등 저마다 특색 있는 방식으로 성경을 읽고 이해하는 데 도움을 줍니다. 특별히, <맥체인 성경읽기>는 이와 같은 다양한 성경읽기 방법들 가운데에서도 성경을 매일 읽는 '규칙성'과 성경을 끝까지 읽는 '지속성'을 보장하는 특징과 장점을 가집니다.

▶ "맥체인 성경읽기"의 특징과 장점

- ○ 맥체인 성경은 구약과 신약(또는 시편)에서 4권씩 짝을 이루고 있어서 흥미롭고 읽는 재미를 더합니다.
- ○ 맥체인 성경은 구약과 신약의 대조를 통해 말씀 간 연관성 및 의미의 다채로움을 만끽하게 합니다.
- ○ 맥체인 성경은 매일 신구약의 4장씩 일정량을 읽도록 구성되어, 끝까지 효과적으로 읽을 수 있습니다.
- ○ 맥체인 성경은 하나님의 구속사를 한눈에 볼 수 있도록 구성되어 있습니다.
- ○ 맥체인 성경은 성경 전체를 관통하는 하나님의 생각을 연상하게 훈련시킵니다.
- ○ 맥체인 성경은 <읽기표>를 통해 규칙적이고 체계적인 성경읽기를 가능하게 합니다.
- ○ 맥체인 성경의 <읽기표>를 활용하면 1년에 구약은 1독, 신약과 시편은 2독 할 수 있습니다.
- ○ 맥체인 성경은 말씀의 연관성을 찾아 말씀의 참 의미를 깨닫게 도와줍니다.

맥체인 성경 쉬운해설과 함께 하루 30분!

매일 4장의 성경을 읽으면 1년 뒤 성경을 1독 이상 할 수 있습니다. "맥체인 성경 쉬운해설" 읽기를 통하여 한국교회와 성도들이 말씀을 통해 하나님을 만나고, 하나님의 섭리를 경험하고, 하나님의 은혜와 사랑을 전하는 이 시대에 사명자로서 큰 능력을 발휘하기를 간절히 소망합니다.

"너희는 여호와의 책에서 찾아 읽어보라.
이것들 가운데서 빠진 것이 하나도 없고
제 짝이 없는 것이 없으리니 이는 여호와의 입이 이를 명령하셨고
그의 영이 이것들을 모으셨음이라." (사 34:16)

성경은 구약 39권, 신약 27권으로 도합 66권으로 이루어져 있습니다. 그러나 이 성경들은 같은 시대에 동일 저자들에 의해 기록된 책이 아닙니다. 성경은 1,600년이 넘는 긴 세월 동안 성령의 감동을 입은 각 시대의 사람들이 각기 다른 장소에서 기록한 것들을 한데 모아 묶은 것입니다. 그럼에도 불구하고 놀랍게도 이 66권의 성경들은 제각각 다 짝이 있고, 통일된 주제와 일관된 메시지를 가집니다. 인간적인 관점에서는 정말 신기하고 또 신비로운 마법과 같다고 할 것입니다. 하지만, 성경은 이것이 결코 마법이나 우연이 아님을 밝히고 있습니다. 즉, 여호와의 책을 쓴 기자(記者)는 인간이지만, 이사야서 34장 16절에서 보는 바와 같이, 여호와의 입이 명하셨기 때문에 성경의 저자(著者)는 하나님이시며, 각 시대 각 사 람에게 맞게 성령께서 감동을 주셨기 때문에 편집자(編輯者)는 성령님이시라는 것입니다. 따라서 성경 66권은 서로 다른 장르와 내용을 가진 별개의 책이 아니라 하나의 주제 아래 한 분의 저자가 쓴 한 권의 책으로서 읽히고 연구되어야 합니다.

▶ 《맥체인성경 쉬운해설》 말씀연결 사용하는 법

① 네 성경 본문의 소주제를 통해 중심 단어나 문장을 말씀으로 묵상한다.
② 네 본문의 말씀을 순서대로, 천천히 읽는다.
③ 두 본문에서 반복되는 단어나 유사한 문맥을 찾아 서로 연결한다.
④ 본문에서 반대의 뜻을 가진 단어나 문장을 찾는다.
⑤ 두 권의 책에서 공통되는 하나님의 말씀을 연결하여 기록한다.
⑥ 연결되는 말씀을 다른 두 권으로 확대하여 네 권 전체에 흐르는 하나님의 생각과 베푸신 은혜를 누리고, 그 내용을 적어본다.
⑦ 본문에서 지도자나 인도자로부터 배운 신학 주제나 교리들이 함축하고 있는 문맥의 짝을 찾아본다.
⑧ 중심 주제를 필두로, 삶에 적용할 일들을 적어보고 생활 중에 실천함으로써 변화를 경험해 본다.
⑨ 하나님이 오늘 나에게 주신 말씀들을 통하여 가르침, 명령과 약속 권면, 경고 및 행해야 할 일들을 하나님과 대화하는 마음으로(기도) 성경읽기를 마무리한다.

⊕ 맥체인 성경 읽기표 ⊕

"이 율법책을 네 입에서 떠나지 말게 하며
주야로 그것을 묵상하여
그 안에 기록된 대로 다 지켜 행하라
그리하면 네 길이 평탄하게 될 것이며
네가 형통하리라."(수 1:8)

7월 _ July

☐	1	수 3	시126~128	사63	마11
☐	2	수 4	시129~131	사64	마12
☐	3	수5·6:1~5	시132~134	사65	마13
☐	4	수6:6~27	시135·136	사66	마14
☐	5	수 7	시137·138	렘 1	마15
☐	6	수 8	시139	렘 2	마16
☐	7	수 9	시140·141	렘 3	마17
☐	8	수10	시142·143	렘 4	마18
☐	9	수11	시144	렘 5	마19
☐	10	수12·13	시145	렘 6	마20
☐	11	수14·15	시146·147	렘 7	마21
☐	12	수16·17	시148	렘 8	마22
☐	13	수18·19	시149·150	렘 9	마23
☐	14	수20·21	행 1	렘10	마24
☐	15	수22	행 2	렘11	마25
☐	16	수23	행 3	렘12	마26
☐	17	수24	행 4	렘13	마27
☐	18	삿 1	행 5	렘14	마28
☐	19	삿 2	행 6	렘15	막 1
☐	20	삿 3	행 7	렘16	막 2
☐	21	삿 4	행 8	렘17	막 3
☐	22	삿 5	행 9	렘18	막 4
☐	23	삿 6	행10	렘19	막 5
☐	24	삿 7	행11	렘20	막 6
☐	25	삿 8	행12	렘21	막 7
☐	26	삿 9	행13	렘22	막 8
☐	27	삿10·11:1~11	행14	렘23	막 9
☐	28	삿11:12~40	행15	렘24	막10
☐	29	삿12	행16	렘25	막11
☐	30	삿13	행17	렘26	막12
☐	31	삿14	행18	렘27	막13

⊕ 맥체인 성경 읽기표 ⊕

8월 _ August

☐	1	삿15	행19	렘28	막14
☐	2	삿16	행20	렘29	막15
☐	3	삿17	행21	렘30·31	막16
☐	4	삿18	행22	렘32	시1·2
☐	5	삿19	행23	렘33	시3·4
☐	6	삿20	행24	렘34	시5·6
☐	7	삿21	행25	렘35	시7·8
☐	8	룻 1	행26	렘36·37	시 9
☐	9	룻 2	행27	렘38	시10
☐	10	룻3·4	행28	렘39	시11·12
☐	11	삼상1	롬 1	렘40	시13·14
☐	12	삼상2	롬 2	렘41	시15·16
☐	13	삼상3	롬 3	렘42	시17
☐	14	삼상4	롬 4	렘43	시18
☐	15	삼상5·6	롬 5	렘44	시19
☐	16	삼상7·8	롬 6	렘45	시20·21
☐	17	삼상9	롬 7	렘46	시22
☐	18	삼상10	롬 8	렘47	시23·24
☐	19	삼상11	롬 9	렘48	시25
☐	20	삼상12	롬10	렘49	시26·27
☐	21	삼상13	롬11	렘50	시28·29
☐	22	삼상14	롬12	렘51	시30
☐	23	삼상15	롬13	렘52	시31
☐	24	삼상16	롬14	애 1	시32
☐	25	삼상17	롬15	애 2	시33
☐	26	삼상18	롬16	애 3	시34
☐	27	삼상19	고전1	애 4	시35
☐	28	삼상20	고전2	애 5	시36
☐	29	삼상21·22	고전3	겔 1	시37
☐	30	삼상23	고전4	겔 2	시38
☐	31	삼상24	고전5	겔 3	시39

9월 _ September

☐	1	삼상25	고전 6	겔 4	시40·41
☐	2	삼상26	고전 7	겔 5	시42·43
☐	3	삼상27	고전 8	겔 6	시44
☐	4	삼상28	고전 9	겔 7	시45·46
☐	5	삼상29·30	고전10	겔 8	시47
☐	6	삼상31	고전11	겔 9	시48
☐	7	삼하 1	고전12	겔10	시49
☐	8	삼하 2	고전13	겔11	시50
☐	9	삼하 3	고전14	겔12	시51
☐	10	삼하4·5	고전15	겔13	시52~54
☐	11	삼하 6	고전16	겔14	시55
☐	12	삼하 7	고후 1	겔15	시56·57
☐	13	삼하8·9	고후 2	겔16	시58·59
☐	14	삼하10	고후 3	겔17	시60·61
☐	15	삼하11	고후 4	겔18	시62·63
☐	16	삼하12	고후 5	겔19	시64·65
☐	17	삼하13	고후 6	겔20	시66·67
☐	18	삼하14	고후 7	겔21	시68
☐	19	삼하15	고후 8	겔22	시69
☐	20	삼하16	고후 9	겔23	시70·71
☐	21	삼하17	고후10	겔24	시72
☐	22	삼하18	고후11	겔25	시73
☐	23	삼하19	고후12	겔26	시74
☐	24	삼하20	고후13	겔27	시75·76
☐	25	삼하21	갈 1	겔28	시77
☐	26	삼하22	갈 2	겔29	시78:1~37
☐	27	삼하23	갈 3	겔30	시78:38~72
☐	28	삼하24	갈 4	겔31	시79
☐	29	왕상 1	갈 5	겔32	시80
☐	30	왕상 2	갈 6	겔33	시81·82

July
7월

본문 여호수아 3장 | 시편 126-128편 | 이사야 63장 | 마태복음 11장

주제 **우선** (于先, 어떤 일에 앞서서 먼저)

세상은 원인에 따라 결과가 주어진다. 인과응보의 역사가 정상이다. 하나님은 이 원리에 따라 믿는 자가 먼저 해야 할 것을 말씀하셨다. 그리고 자신도 우선해야 할 일을 진행하면서 구원의 역사를 이루셨다.

여호수아 3장 : 언약궤를 멘 제사장이 요단강 도하에 우선함

- 백성에게 명령하여 이르되 너희는 레위 사람 제사장들이 너희 하나님 여호와의 언약궤 메는 것을 보거든 너희가 있는 곳을 떠나 그 뒤를 따르라...(3-5)
- 여호와께서 여호수아에게 이르시되 내가 오늘부터 시작하여 너를 온 이스라엘의 목전에서 크게 하여 내가 모세와 함께 있었던 것 같이 너와 함께 있는 것을 그들이 알게 하리라(7)
- 또 말하되 살아 계신 하나님이 너희 가운데에 계시사 ... 너희 앞에서 반드시 쫓아내실 줄을 이것으로서 너희가 알리라...(10-12)
- 백성이 요단을 건너려고 자기들의 장막을 떠날 때에 제사장들은 언약궤를 메고...(14-16)

3장부터 5장은 이스라엘이 요단강을 도하하는 장면을 보여줍니다. 요단강을 도하하기 전 성결을 명하신 하나님은 모세와 함께 하신 것처럼 그들과도 함께 하실 것을 약속하십니다.(5,7~8절) 도하 준비를 마친 후 그들은 하나님의 말씀을 듣습니다.(9절) 그들이 말씀대로 순종하며 나아갈 때, 강물의 흐름이 멈춤으로써 안전하게 건너갈 수 있었습니다.(15~17절) 제2의 홍해사건을 출애굽 2세대들이 경험하게 됩니다.

시편 126-128편 : 기쁨으로 단을 거두기 위해 씨뿌림을 우선함

- 여호와께서 시온의 포로를 돌려 보내실 때에 우리는 꿈꾸는 것 같았도다...(126:1-3)
- 눈물을 흘리며 씨를 뿌리는 자는 기쁨으로 거두리로다...(126:5-6)
- 여호와께서 집을 세우지 아니하시면 세우는 자의 수고가 헛되며 여호와께서 성을 지키지 아니하시면 파수꾼의 깨어 있음이 헛되도다...(127:1-3)
- 여호와를 경외하며 그의 길을 걷는 자마다 복이 있도다...(128:1-3)
- 여호와께서 시온에서 네게 복을 주실지어다 너는 평생에 예루살렘의 번영을 보며...(128:5-6)

(126편) 포로기 이후를 배경으로 하는 노래입니다. 시인은 바벨론에 의해 끌려갔던 유다의 포로들이 고레스왕의 칙령으로 예루살렘으로 돌아왔던 때를 회상하며 하나님을 찬양하고 있습니다. 약속의 땅으로 돌아온 기쁨에 '꿈꾸는 것 같다'고 말합니다. 그러나 귀환자들이 성전을 다시 짓고 예루살렘을 재건하는 것은 '눈물을 흘리며 씨를 뿌리는 과정'과 같습니다. 그러나 기쁨으로 거두게 될 것입니다.
(127편) 지혜시입니다. 일상의 삶이 여호와가 함께 하시지 않으면 부질없습니다.(1~2절) 자녀는 하나님이 주신 기업으로 그들이 대적 앞에 설 수 있도록(=자기 몫을 다하는 삶을 살아가도록) 부모는 그 책임을 다해야 합니다.(3~5절)

(128편) 지혜시입니다. 여호와를 경외하는 자는 수고한대로 먹는 복을 누리며 가족과 함께 하는 평범한 복을 누립니다.(1~4절) 무엇보다 하나님이 주시는 진정한 복은 '평안'입니다.(5~6절) 예수님 안에 이 평안이 있습니다.

이사야 63장 : 주님이 조건 없이 이스라엘의 구원을 우선함

- 에돔에서 오는 이 누구며 붉은 옷을 입고 보스라에서 오는 이 누구냐 그의 화려한 의복 큰 능력으로 걷는 이가 누구냐 그는 나이니 공의를 말하는 이요 구원하는 능력을 가진 이니라...(1-5)
- 내가 여호와께서 우리에게 베푸신 모든 자비와 그의 찬송을 말하며 그의 사랑을 따라, 그의 많은 자비를 따라 이스라엘 집에 베푸신 큰 은총을 말하리라...(7-9)
- 백성이 옛적 모세의 때를 기억하여 이르되 백성과 양 떼의 목자를 바다에서 올라오게 하신 이가 이제 어디 계시냐 그들 가운데에 성령을 두신 이가 이제 어디 계시냐...(11-16)

하나님은 에돔의 보스라에서 대적을 물리치고 개선하는 용사로 묘사됩니다.(1절) 그의 붉은 옷은 그리스도의 붉은 피를 상징합니다. 예수 그리스도의 피는 한번으로 영원한 구원을 이루시기에 충분합니다.(히9:12) 하나님은 백성의 원수를 갚으시며 홀로 구원의 역사를 이루십니다.(2~6절) 하나님이 모든 구원과 자비를 베푸셨으나 백성들은 하나님의 성령을 근심케 하여 결국 하나님은 그들의 대적이 되셨습니다.(7~10절) 백성들은 고난 가운데 다시금 옛적에 베풀어 주신 구원의 은혜를 기억하며 하나님의 목자 되심을 고백합니다.(11~19절) 그들은 조상들에게 베푸셨던 사랑과 자비를 베풀어 달라고 기도합니다.

마태복음 11장 : 예수님 오시기 전에 세례요한 보내심을 우선함

- 예수께 여짜오되 오실 그이가 당신이오니이까 우리가 다른 이를 기다리오리이까...(3-6)
- 그러면 너희 가 어찌하여 나갔더냐 선지자를 보기 위함이었더냐 옳다 내가 너희에게 이르노니 선지자보다 더 나은 자니라...(9-11)
- 모든 선지자와 율법이 예언한 것은 요한까지니...(13-14)
- 요한이 와서 먹지도 않고 마시지도 아니하매 그들이 말하기를 귀신이 들렸다 하더니...(18-21)
- ...지혜롭고 슬기 있는 자들에게는 숨기시고 어린 아이들에게는 나타내심을 감사하나이다(25)

예수님의 정체성에 대한 세례요한의 질문에 대해 예수님은 이사야 35장 5-6절에서 예언한 내용이 점차 성취되고 있음을 상기시킵니다.(1~6절) 예수님은 세례요한을 선지자보다 위대한 자라고 말씀하시면서 요한의 존재는 하나님 나라의 도래를 준비하기 위해 엘리야가 올 것이라는 예언(말 4:5-6절)의 성취라고 말씀하십니다.(7~15절) 예수님은 복음을 거부하는 세대를 질책하셨으며(16~19절) 회개하지 않는 도시들을 책망하십니다.(20~24절) 하나님 나라는 어린아이와 같은 자에게 열려져 있습니다.(25~27절) 예수님은 진정한 쉼과 안식으로 우리를 초청하십니다.(28~30절).

그리스도께서 피 흘려 나를 구원하신 일을 잊지 않게 하옵소서. 구원의 은혜에 감사하며 오늘도 기도와 성결한 삶으로 씨를 뿌림으로써, 기쁨으로 거두는 복을 얻게 하옵소서.

본문 여호수아 4장 | 시편 129-131편 | 이사야 64장 | 마태복음 11장

주제 **체험** (體驗, 어떤 일을 실제로 보고 듣고 겪음)

기독교는 믿음과 체험의 종교다. 하나님과 예수 그리스도를 믿고 그 안에서 영적인 신비의 체험과 육적인 치유의 체험 그리고 환난과 역경 속에서 기적의 체험을 함으로써 구체적인 삶을 영위하는 것이다.

여호수아 4장 : 온 이스라엘이 기적의 요단강 도하를 체험

- 그 모든 백성이 요단을 건너가기를 마치매 여호와께서 여호수아에게 말씀하여 이르시되...(1-3)
- 모든 백성이 건너기를 마친 후에 여호와의 궤와 제사장들이 백성의 목전에서 건넜으며...(11-12)
- 여호와의 언약궤를 멘 제사장들이 요단 가운데에서 나오며 그 발바닥으로 육지를 밟는 동시에 요단 물이 본 곳으로 도로 흘러서 전과 같이 언덕에 넘쳤더라...(18-20)
- 너희의 하나님 여호와께서 요단 물을 너희 앞에서 마르게 하사 너희를 건너게 하신 것이 너희의 하나님 여호와께서 우리 앞에 홍해를 말리시고 우리를 건너게 하심과 같았나니...(23-24)

하나님은 요단강물을 멈추는 기적을 통해 요단강을 건너 약속의 땅에 들어간 기념으로 기념비를 세우라고 하십니다.(1~9절) 일찍이 모세와 약속한 대로 요단 동편에 자리 잡은 르우벤, 갓, 므낫세 자손이 무장하고 먼저 도하를 합니다.(10~14절) 도하를 마친 후 요단강 도하 기념비를 길갈에 세웠습니다.(19~24절) 은혜의 역사를 후대에 널리 전하기 위함입니다.

시편 129-131편 : 성도가 주의 의로우심과 사유하심을 체험

- 이스라엘은 이제 말하기를 그들이 내가 어릴 때부터 여러 번 나를 괴롭혔도다...(129:1-2)
- 지나가는 자들도 여호와의 복이 너희에게 있을지어다 하거나 우리가 여호와의 이름으로 너희에게 축복한다 하지 아니하느니라(129:8)
- 주여 내 소리를 들으시며 나의 부르짖는 소리에 귀를 기울이소서...(130:2-6)
- 여호와여 내 마음이 교만하지 아니하고 내 눈이 오만하지 아니하오며 내가 큰 일과 감당하지 못할 놀라운 일을 하려고 힘쓰지 아니하나이다...(131:1-3)

(129편) 이스라엘은 주변 나라로부터 수없이 괴롭힘을 당해 왔습니다. 그러나 대적들이 궁극적으로 승리할 수 없었습니다.(2절) 대적들이 아무리 강하더라도 결국엔 수치를 당하며 물러나게 될 것입니다.(5~8절)

(130편) 기도자는 마음속 깊이 자리 잡은 죄의 문제에 대해 통찰하며 하나님께 용서를 구합니다. 죄를 지었을 때 하나님과의 교제가 막히는 경험을 해 보셨을 것입니다. 죄를 회개한 시인은 하나님이 찾아와 주시기를, 특별히 말씀으로 만나주시기를 간절히 호소합니다.(5~8절)

(131편) 130편과 연결되어 있다고 봐도 무방합니다. 이제 시인은 교만함을 물리치고 겸손함을 유지하려 합니다. 어린아이가 어머니의 품을 의지하듯 전적으로 주님을 의지하

고자 합니다.

이사야 64장 : 이사야가 주의 강림하심과 침묵하심을 체험

- 주께서 강림하사 우리가 생각하지 못한 두려운 일을 행하시던 그 때에 산들이 주 앞에서 진동하였사오니...(3-9)
- 여호와여 일이 이러하거늘 주께서 아직도 가만히 계시려 하시나이까 주께서 아직도 잠잠하시고 우리에게 심한 괴로움을 받게 하시려나이까(12)

본문의 이스라엘은 그들의 죄로 인해 심판을 받는 중입니다. 선지자는 여호와께서 강림하셔서 이스라엘을 구원하여 주시길 탄원합니다. 분명한 사실은 여호와께서 이스라엘의 죄악을 용서하지 않으신다면 그들은 스스로 돌이켜 구원을 받을 수 없다는 사실입니다.(5,7절) 하나님은 죄인을 새롭게 빚으시는 토기장이시며, 아버지가 되신다는 사실만이 죄인이 붙잡을 수 있는 유일한 소망입니다.(8절)

마태복음 12장 : 손 마른 자와 벙어리된 자가 치유함을 체험

- 그 때에 예수께서 안식일에 밀밭 사이로 가실새 제자들이 시장하여 이삭을 잘라 먹으니...(1-2)
- 한쪽 손 마른 사람이 있는지라 사람들이 예수를 고발하려 하여 물어 이르되...(10-13)
- 그러나 내가 하나님의 성령을 힘입어 귀신을 쫓아내는 것이면 하나님의 나라가 이미 너희에게 임하였느니라(28)
- 나와 함께 아니하는 자는 나를 반대하는 자요 나와 함께 모으지 아니하는 자는...(30-33)
- 네 말로 의롭다 함을 받고 네 말로 정죄함을 받으리라(37)
- 이에 가서 저보다 더 악한 귀신 일곱을 데리고 들어가서 거하니 그 사람의 나중 형편이 전보다 더욱 심하게 되느니라 이 악한 세대가 또한 이렇게 되리라(45)

안식일에 밀 이삭을 잘라 먹은 일과 병 고친 일로 인한 논쟁이 일어납니다.(1~14절) 예수님은 다윗의 사람들이 안식일에 진설병을 먹은 일과 안식일에도 성전에서 일하는 제사장의 예를 들면서 당신이 안식일의 주인이심을 선포하십니다. 병든 자를 포함하여 수많은 사람들을 섬기시는 예수님에 대하여 이사야는 이미 예언하였습니다.(사 42장,15~21절) 예수님의 치유사역에 대해 바알세불(=귀신)의 역사라고 폄훼하는 바리새인들에 대하여 예수님은 사탄이 분열할 수 없다고 반박하시며 이는 하나님 나라의 도래를 보여주는 증거라고 말씀하십니다.(22~30절) 누구든지 성령의 역사를 고의적으로 부정하면 사함을 얻지 못할 것입니다.(31~37절) 예수님은 악하고 음란한 세대의 표적 요구를 거절하시고 회개하지 않음을 엄히 경고하십니다.(38~45절) 아버지의 뜻을 행하는 자라야 진정한 하나님의 자녀입니다.(46~50절)

이 땅에 사는 날 동안 하나님이 주신 은혜의 순간들을 기억하며 감사하게 하시고 후대에 전하게 하옵소서. 토기장이 되시는 하나님! 나를 당신의 형상으로 빚어 주옵소서. 성령 안에서 말씀의 의미를 잘 깨닫게 하시고 내 삶의 길잡이가 되는 하나님의 말씀에 순종하며 살아가게 하옵소서.

본문 여호수아 5장 - 6장 5절 | 시편 132-134편 | 이사야 65장 | 마태복음 13장
주제 **천국** (天國, 하나님이 새롭게 세우신 약속의 땅이며 영원한 나라)

천국은 하나님의 나라이며 영원한 하늘나라이다. 하나님의 나라는 하나님이 통치하시는 모든 영역임으로 금생도 속한다. 그리고 믿음으로 이 세상을 떠난 자들은 반드시 영원한 하늘나라의 백성이 된다.

여호수아 5-6장 5절 : 하나님이 약속하신 젖과 꿀이 흐르는 땅 천국

- 요단 서쪽의 아모리 사람의 모든 왕들과 해변의 가나안 사람의 모든 왕들이 여호와께서 요단 물을 이스라엘 자손들 앞에서 말리시고 우리를 건너게 하셨음을 듣고...(5:1-5)
- 또 그 땅의 소산물을 먹은 다음 날에 만나가 그쳤으니 이스라엘 사람들이 다시는 만나를 얻지 못하였고 그 해에 가나안 땅의 소출을 먹었더라(5:12)
- 그가 이르되 아니라 나는 여호와의 군대 대장으로 지금 왔느니라 하는지라 여호수아가 얼굴을 땅에 대고 엎드려 절하고 그에게 이르되 내 주여 종에게 무슨 말씀을...(5:14-15)
- 여호와께서 여호수아에게 이르시되 보라 내가 여리고와 그 왕과 용사들을...(6:2-5)

하나님은 가나안 백성들로 하여금 요단을 건너는 이스라엘 백성들을 두려워하게 하셨습니다.(1절) 출애굽과 40년의 광야 생활 그리고 요단강 도하까지 이 모든 과정은 전적인 하나님의 도우심과 인도하심의 결과입니다. 하나님은 언약 백성의 표식인 할례와 유월절을 시행하라고 하십니다.(2~12절) 하나님의 군대 대장(=천사)을 여호수아에게 보내셔서 이후의 전쟁은 하나님이 함께 싸우시는 전쟁임을 알게 하십니다.(13~15절) 여리고성의 함락은 공성 무기와 뛰어난 군사작전에 달린 것이 아니라 말씀에 대한 순종의 여부에 달려있습니다.(6:1~5절)

시편 132-134편 : 하나님이 임재하여 계신 성전과 성소인 천국

- 여호와여 다윗을 위하여 그의 모든 겸손을 기억하소서...(132:1-3)
- 우리가 그의 계신 곳으로 들어가서 그의 발등상 앞에서 엎드려 예배하리로다(132:7)
- 여호와께서 다윗에게 성실히 맹세하셨으니 변하지 아니하실지라 이르시기를 네 몸의 소생을 네 왕위에 둘지라...(132:11-14)
- 보라 형제가 연합하여 동거함이 어찌 그리 선하고 아름다운고...(133:1-3)
- 보라 밤에 여호와의 성전에 서 있는 여호와의 모든 종들아 여호와를 송축하라...(134:1-3)

(132편) 순례시에 속하는 132편은 이스라엘의 역사가 담겨 있습니다. 겸손한 다윗은 사울 왕 때에 블레셋에 빼앗긴 언약궤를 다시 되찾기까지 자기 장막에 들어가 잠들지 않기를 맹세하였으며(1, 3~5절), 마침내 언약궤를 예루살렘으로 모시게 되었을 때 백성들과 함께 춤을 추며 기뻐했습니다.(8~9절) 하나님은 다윗의 마음을 받으시고 그의 왕조를 영원히 세우리라 약속하셨습니다.(11~12절) 하나님은 성실로서 다윗과 그의 후손들에게 응답하셨습니다.(13~18절)

(133편) 순례시입니다. 하나님의 임재를 경험한 사람은 자신이 속한 공동체에서 샬롬을 추구해야 합니다. 하나님은 우리가 화평을 이루며 살아가기를 원하십니다.
(134편) 순례시입니다. 시인은 제사 드리는 것을 지켜보고 있지 말고 성소를 향해 손을 들고 찬양하라고 권면합니다. 적극적으로 예배 참여하는 자가 될 것을 촉구합니다.

이사야 65장 : 주가 마지막에 주실 새 하늘과 새 땅인 천국

- 나는 나를 구하지 아니하던 자에게 물음을 받았으며 나를 찾지 아니하던 자에게...(1-3)
- 사람에게 이르기를 너는 네 자리에 서 있고 내게 가까이 하지 말라 나는 너보다 거룩함이라 하나니 이런 자들은 내 코의 연기요 종일 타는 불이로다(5)
- 오직 나 여호와를 버리며 나의 성산을 잊고 갓에게 상을 베풀며...(11-14)
- 그들의 수고가 헛되지 않겠고 그들이 생산한 것이 재난을 당하지 아니하리니...(23-25)

이스라엘이 하나님을 구하지도, 찾지도 않았지만 하나님은 언제나 그 손을 내밀어 주셨습니다.(1~2절) 그러나 그들이 여전히 패역하므로 하나님은 그들에 대한 보응을 선언하십니다.(3~7절) 그러나 심판은 하시되 진멸하지는 않으실 것입니다.(8~10절) 죄에 대한 보응과 자기 백성에 대한 소망이 함께 선포됩니다.(11~16절) 이제 요한계시록의 예고편과 같은 말씀이 등장합니다. 하나님은 새 에덴을 창조하실 것인데, 그곳은 완전한 평화와 참사랑이 넘치며 아픔과 상처가 없는 나라입니다.(17~25절)

마태복음 13장 : 예수님이 일곱 비유로 소개해 주신 영원한 천국

- 예수께서 비유로 여러 가지를 그들에게 말씀하여 이르시되 씨를 뿌리는 자가...(3-8)
- 대답하여 이르시되 천국의 비밀을 아는 것이 너희에게는 허락되었으나...(11)
- 예수께서 그들 앞에 또 비유를 들어 이르시되 천국은 좋은 씨를 제 밭에 뿌린...(24-33)
- 그 때에 의인들은 자기 아버지 나라에서 해와 같이 빛나리라 귀 있는 자는 들으라...(43-50)
- 예수께서 이르시되 그러므로 천국의 제자된 서기관마다 마치 새것과 옛것을 그 곳간에서...(52)

천국의 비밀은 완악하고 교만한 자에게는 숨겨져 있습니다.(10~17절) 진리의 말씀을 대하는 마음과 태도에 따라 열매의 여부가 달려 있습니다.(1~9, 18~23절) 우리의 신앙과 공동체 그리고 선교를 방해하는 악한 세력이 있지만 그들은 추수(=주님의 재림) 때가 되면 분리가 되어 불살라지게 될 것입니다.(24~30, 36~43, 47~50절) 천국은 우리가 이 땅에서 살아가는 동안 점점 더 크게 우리의 의식과 삶에 작용하게 될 것입니다.(처음에는 미약하나 큰 나무로 자람, 31~33절) 천국의 가치를 아는 자는 그것을 얻기 위해 어떤 대가라도 지불합니다.(44~46절) 안타깝게도 예수님의 고향 사람들은 예수님이 하나님 나라의 비밀을 성취한 메시아임을 깨닫지 못했습니다.(51~58절)

광야에서 패역한 행위를 지속하던 이스라엘 백성을 포기하지 않으신 하나님은 가나안 입성의 과정에서도 신실함으로 함께 하셨습니다. 내가 어떠한 상황에 있든지 늘 소망을 주시는 하나님을 찬양합니다. 언약궤를 맞이하는 다윗처럼 하나님께 드리는 예배가 기쁨이 되게 하시고 천국의 영광이 삶의 지경 가운데 더욱 넓어지게 하옵소서.

본문 여호수아 6장 6-27절 | 시편 135-136편 | 이사야 66장 | 마태복음 14장

주제 **방식** (方式, 일정한 형식이나 방법)

성경에는 문제를 해결하는 많은 방식이 나온다. 하나님이 하시는 방식에는 기적과 표적과 이적 등이 있다. 반면 사람이 하는 방식에는 영적, 심적, 신앙적, 감정적, 행위적, 생활적 방식이 있다.

여호수아 6장 6-27절 : 여리고 성을 돌면서 점령하는 기적의 방식

- 눈의 아들 여호수아가 제사장들을 불러 그들에게 이르되 너희는 언약궤를 메고 제사장 일곱은 양각 나팔 일곱을 잡고 여호와의 궤 앞에서 나아가라 하고...(6-7)
- 여호수아가 백성에게 명령하여 이르되 너희는 외치지 말며 너희 음성을 들리게 하지 말며 너희 입에서 아무 말도 내지 말라 그리하다가 내가 너희에게 명령하여 외치라...(10)
- 그 둘째 날에도 그 성을 한 번 돌고 진영으로 돌아오니라 엿새 동안을 이같이...(14-19)
- 여호수아가 기생 라합과 그의 아버지의 가족과 그에게 속한 모든 것을 살렸으므로...(25-26)

5장에서 알려준 여리고성 정복 방법을 그대로 실현합니다.(6~14절) 특별히 여리고성에 대해서는 헤렘(=진멸)을 명하십니다.(15~19절) 따라서 이스라엘 백성들은 어떤 전리품도 챙겨서는 안 됩니다. 하나님이 말씀하신 방법대로 매일같이 성을 돈지 7일 만에 여리고성은 무너졌습니다.(20~25절) 여리고성에 대해서는 재건금지 명령이 내려옵니다.(26~27절)

시편 135-136편 : 출애굽과 기업주심을 찬양하는 고백의 방식

- 할렐루야 여호와의 이름을 찬송하라 여호와의 종들아 찬송하라...(135:1-3)
- 그들의 땅을 기업으로 주시되 자기 백성 이스라엘에게 기업으로 주셨도다(135:12)
- 열국의 우상은 은금이요 사람의 손으로 만든 것이라...(135:15-18)
- 레위 족속아 여호와를 송축하라 여호와를 경외하는 너희들아 여호와를 송축하라(135:20)
- 여호와께 감사하라 그는 선하시며 그 인자하심이 영원함이로다...(136:1-2)
- 모든 육체에게 먹을 것을 주신 이에게 감사하라 그 인자하심이 영원함이로다(136:25)

(135편) 역사시편입니다. 창조(5~7절), 출애굽(8~9절), 가나안 땅 입성(10~12절)등의 역사적인 내용을 담고 있습니다. 하나님의 백성들은 생명이 없는 우상을 두려워하지 말고(15~18절) 여호와를 찬양해야 합니다.(19~21절) 우리는 우리를 위해 행하신 하나님의 위대한 행위를 기억해야 합니다. 우리를 특별한 소유로 삼으셨으니 우리는 그를 찬양해야 합니다.(4절)

(136편) 역사시편으로서 135편과 내용상 비슷하지만 "그 인자하심이 영원함이로다"라는 후렴을 반복합니다. 창조주 하나님에 대한 감사(4~9절), 출애굽의 하나님에 대한 감사(10~15절), 땅을 기업으로 주신 하나님에 대한 감사(16~22절), 우리를 건지신 여호와에 대한 감사(23~26절)등 크게 4부분으로 나누어집니다.

이사야 66장 : 외식을 버리고 참 모습으로 사는 생활의 방식

- 여호와께서 이와 같이 말씀하시되 하늘은 나의 보좌요 땅은 나의 발판이니 너희가 나를 위하여 무슨 집을 지으랴 내가 안식할 처소가 어디랴...(1-4)
- 시온은 진통을 하기 전에 해산하며 고통을 당하기 전에 남아를 낳았으니...(7-9)
- 여호와께서 불과 칼로 모든 혈육에게 심판을 베푸신즉 여호와께 죽임 당할 자가 많으리니...(16-20)
- 내가 지을 새 하늘과 새 땅이 내 앞에 항상 있는 것 같이 너희 자손과 너희 이름이 항상 있으리라 여호와의 말이니라...(22-23)

하나님은 화려한 성전과 수많은 제물을 원하시지 않습니다. 하나님과 그의 말씀을 두려워하는 마음을 가지고 악에서 떠난 사람을 기뻐하십니다.(2절) 제사를 정기적으로 드리며 자신을 의롭게 여기고 신실한 성도를 핍박하는 자는 참된 하나님의 백성이 될 수 없습니다.(1~6절) 하나님은 예루살렘을 반드시 회복시켜 기쁨이 가득한 성읍이 되게 하실 것입니다.(7~14절) 하나님은 세상을 심판하시고(15~18절) 새 하늘과 새 땅을 창조하실 것입니다. 이방인을 불러 모으실 것이며(18~21절) 백성들은 그동안의 불순종을 그치고 하나님을 예배하게 하실 것입니다.(22~24절) 하나님의 백성들은 주님과 함께 새 하늘과 새 땅에서 영원히 거할 것입니다.

마태복음 14장 : 병든 자와 가난한 자를 돕는 은혜의 방식

- 그 때에 분봉 왕 헤롯이 예수의 소문을 듣고...(1-3)
- 그가 제 어머니의 시킴을 듣고 이르되 세례 요한의 머리를 소반에 얹어 여기서 내게 주소서 하니...(8-11)
- 예수께서 나오사 큰 무리를 보시고 불쌍히 여기사 그 중에 있는 병자를 고쳐 주시니라...(14-21)
- 무리를 보내신 후에 기도하러 따로 산에 올라가시니라 저물매 거기 혼자 계시더니...(23-33)

사람들이 참 선지자로 여겼던 세례요한에 대한 두려움과 경외함을 함께 가지고 있던 헤롯왕은 자신의 권력을 과시하며 자기가 한 약속 때문에 결국 세례요한에 대한 사형을 명합니다.(1~12절) 선지자의 무고한 피를 흘린 죄의 대가를 치르게 될 것입니다. 예수님은 자신을 찾아 먼 길을 온 백성들의 굶주림에 대해 불쌍히 여기는 마음으로 오병이어의 기적을 베푸십니다.(13~21절) 백성을 불쌍히 여기시는 예수님은 죽음의 권세 아래 매여 있는 우리들을 불쌍히 여기셔서 친히 우리를 위한 양식(=십자가에서 찢기신 살과 흘리신 피)이 되어 주셨습니다. 고난을 겪고 또한 고난이 해결되는 과정을 겪으면서 제자들은 예수님이 이 세상에 속한 선생이나 선지자가 아니라 자연을 다스리시는 권세가 있음을 알게 됩니다.(22~36절)

나의 하나님은 자기 백성을 회복하실 뿐 아니라 이방인을 불러서 구원하시는 열방의 하나님이십니다. 지나온 역사 속에서 하나님의 일하심을 보게 하시고 특별히 나의 구원을 위해 행하신 하나님의 놀라운 역사를 기억하며 날마다 감사하게 하옵소서.

본문 여호수아 7장 | 시편 137-138편 | 예레미야 1장 | 마태복음 15장

주제 **문제** (問題, 해답을 필요로 하는 물음이나 사건의 원인을 제공한 것)

인생은 문제의 연속이다. 나로 인한 문제도 있고 남에게로부터 기인한 문제도 있다. 영적인 문제도 있고 육적인 문제도 있다. 먼저 이런 모든 문제의 원인을 파악하고 그 후 주 안에서 해결하는 자가 올바르다.

여호수아 7장 : 아간의 욕심이 낳은 죄가 문제

- 이스라엘 자손들이 온전히 바친 물건으로 말미암아 범죄하였으니 이는 유다 지파 세라의 증손 삽디의 손자 갈미의 아들 아간이 온전히 바친 물건을 가졌음이라...(1-4)
- 여호와께서 여호수아에게 이르시되 일어나라 어찌하여 이렇게 엎드렸느냐...(10-11)
- 그러므로 여호수아가 아간에게 이르되 내 아들아 청하노니 이스라엘의 하나님...(19-21)
- 여호수아가 이스라엘 모든 사람과 더불어 세라의 아들 아간을 잡고 그 은과 그 외투와...(24-26)

외부의 적보다 내부의 적이 더 무서운 법입니다. 가나안 정복전쟁의 유일한 패배에 대한 기록입니다.(1~9절) 아이성 첫 전투에서 이스라엘은 아간의 탐욕으로 인해 패하였습니다.(10~26절) 그는 여리고성에 대한 진멸(히: 헤렘, 헤렘이 선언되면 어떤 전리품도 취하면 안 됨)의 지시를 어겼습니다. 아간은 자신의 탐욕을 통제하지 못했습니다. 한 사람의 범죄가 공동체의 파멸을 불러 올 수 있습니다. 죄는 대가를 요구합니다.

시편 137-138편 : 바벨론에 쫓겨간 범죄가 문제

- 우리가 바벨론의 여러 강변 거기에 앉아서 시온을 기억하며 울었도다...(137:1-4)
- 내가 예루살렘을 기억하지 아니하거나 내가 가장 즐거워하는 것보다 더 즐거워하지 아니할진대 내 혀가 내 입천장에 붙을지로다(137:6)
- 멸망할 딸 바벨론아 네가 우리에게 행한 대로 네게 갚는 자가 복이 있으리로다(137:8)
- 내가 전심으로 주께 감사하며 신들 앞에서 주께 찬송하리이다...(138:1-3)
- 여호와께서는 높이 계셔도 낮은 자를 굽어살피시며 멀리서도 교만한 자를...(138:6-8)

(137편) 전체적으로는 시온(=예루살렘)이 주제가 되지만 여호와가 시온의 왕으로 등극하신다는 전통적인 시온시편과는 조금 상이합니다. 시인이 속한 공동체는 바벨론의 포로 시절을 추억하며 탄원합니다.(1~4절) 하나님의 백성은 예루살렘에서 경험했던 하나님의 임재를 잊을 수 없습니다.(5~6절) 시인은 예루살렘의 멸망을 기뻐하며 조롱했던 에돔 그리고 예루살렘을 멸망시킨 바벨론에 대한 하나님의 심판을 요청합니다.(7~9절) 심판 요청은 하나님을 향한 또 다른 신뢰의 표현입니다.

(138편) 138편부터 145편까지 다윗시편 모음집이라고 합니다. 참고로 137편은 개인 감사 시편으로 분류됩니다. 기도응답에 대한 감사의 선포(1~3절), 여호와의 위대하심에 관한 노래(4~6절), 환난 중 보호하신 여호와에 대한 신뢰 고백(7~8절)으로 구성되어 있습니다.

예레미야 1장 : 끓는 가마 재앙의 임함이 문제

- 베냐민 땅 아나돗의 제사장들 중 힐기야의 아들 예레미야의 말이라...(1-3)
- 내가 너를 모태에 짓기 전에 너를 알았고 네가 배에서 나오기 전에 너를 성별하였고...(5-7)
- 여호와께서 그의 손을 내밀어 내 입에 대시며 여호와께서 내게 이르시되 보라...(9-11)
- 여호와의 말씀이 다시 내게 임하니라 이르시되 네가 무엇을 보느냐...(13)
- 그들이 너를 치나 너를 이기지 못하리니 이는 내가 너와 함께 하여 너를 구원할 것임이니라 여호와의 말이니라(19)

요시야 왕 13년에 하나님은 예레미야를 부르십니다. 예레미야는 자신의 연약함을 근거로 하나님의 부르심을 거절합니다.(6절) 그러나 하나님은 말의 재능과 사명을 감당할 능력을 주시기로 약속하시며 예레미야를 열방의 선지자로 세우십니다.(10절) 예레미야는 두 가지 환상을 봅니다. 첫째는 살구나무 환상으로 하나님은 언어유희를 통해 메시지를 전하십니다.(11~12절) 살구나무(히: 샤케드)와 '지켜보다'(히: 쇼케드)라는 단어가 유사합니다. 하나님은 예레미야에게 살구나무 환상을 보여줌으로서 예레미야를 통해 선포된 당신의 말씀이 이루어지는 것을 지켜보시겠다고 말씀하십니다.(=반드시 이루어진다는 것을 강조) 두 번째는 끓는 가마 환상으로 북쪽으로 기울어져 있습니다.(13~15절) 북쪽으로부터 재앙이 임한다는 의미입니다. 유다 백성들이 심판을 받는 이유는 하나님을 버리고 헛된 우상을 선택했기 때문입니다.(16절)

마태복음 15장 : 전통으로 계명을 범함이 문제

- 그 때에 바리새인과 서기관들이 예루살렘으로부터 예수께 나아와 이르되...(1-3)
- 너희는 이르되 누구든지 아버지에게나 어머니에게 말하기를 내가 드려 유익하게 할 것이 하나님께 드림이 되었다고 하기만 하면...(5-9)
- 그냥 두라 그들은 맹인이 되어 맹인을 인도하는 자로다 만일 맹인이 맹인을 인도하면...(14)
- 가나안 여자 하나가 그 지경에서 나와서 소리 질러 이르되 주 다윗의 자손이여 나를 불쌍히 여기소서 내 딸이 흉악하게 귀신 들렸나이다 하되(22)
- 말 못하는 사람이 말하고 장애인이 온전하게 되고 다리 저는 사람이 걸으며...(31-32)
- 예수께서 이르시되 너희에게 떡이 몇 개나 있느냐 이르되 일곱 개와 작은 생선...(34-38)

전통을 잘 지킨다는 명목으로 하나님의 말씀을 폐하는 자들(1~6절), 위선자들(7~11, 15~20절)들은 맹인이 되어 맹인을 인도하는 자들입니다.(12~14절) 이방인에게도 하나님의 은혜는 동일하게 전해집니다.(21~28절) 하나님 나라는 치유와 회복이 있으며(29~31절) 그 나라는 부족함이 없이 풍성합니다.(35~39절) 우리가 가진 것이 비록 작더라도 우리가 할 수 있는 최선을 다하여 헌신하면 주님은 일하십니다.(32~34절)

긍휼히 풍성하신 하나님! 탐욕으로 삶이 무너지지 않도록 나를 다스려 주옵소서. 하나님의 부르심에는 후회가 없습니다. 주의 일을 위하여 나에게 말씀을 주시고 사명을 감당하기 위한 능력도 허락하여 주옵소서. 내가 가지고 있는 작은 것을 겸손하게 드릴 때 주께서 역사하셔서 하나님 나라의 풍성함을 맛보게 하옵소서.

7/6

본문 여호수아 8장 | 시편 139편 | 예레미야 2장 | 마태복음 16장

주제 **지각** (知覺, 사물의 이치나 도리를 다 알고 분별하며 깨달음)

창조주 하나님은 지각에 뛰어나신 분이시다. 성을 함락하는 방법도, 한 인생의 영과 육에 관한 모든 것도, 한 나라의 죄악도, 거짓 교사들의 교훈도 다 아신다. 그러므로 우리의 삶의 모든 답은 하나님이시다.

여호수아 8장 : 아이성 점령의 방법을 아시는 하나님의 지각

- 여호와께서 여호수아에게 이르시되 두려워하지 말라 놀라지 말라 군사를 다 거느리고 일어나 아이로 올라가라 보라 내가 아이 왕과 그의 백성과 그의 성읍과 그의 땅을 다 네 손에...(1-3)
- 너희는 매복한 곳에서 일어나 그 성읍을 점령하라 너희 하나님 여호와께서 그 성읍을 너희 손에 주시리라...(7-9)
- 그의 손을 드는 순간에 복병이 그들의 자리에서 급히 일어나 성읍으로 달려 들어가서 점령하고 곧 성읍에 불을 놓았더라(19)
- 그 날에 엎드러진 아이 사람들은 남녀가 모두 만 이천 명이라...(25-26)
- 그가 또 아이 왕을 저녁 때까지 나무에 달았다가 해 질 때에 명령하여 그의 시체를 나무에서 내려 그 성문 어귀에 던지고 그 위에 돌로 큰 무더기를 쌓았더니 그것이 오늘까지 있더라...(29-34)

아간의 범죄로 첫 전투에서 패했던 이스라엘은 2차 아이성 전투에 나섭니다.(1~9절) 이번에는 하나님이 말씀하시는 내용에 귀를 기울이며 전투에 나섭니다. 승리는 하나님이 허락하실 때 주어지는 것입니다. 이번에는 유인작전을 통해 완벽한 승리를 거두게 됩니다.(10~29절) 승리한 이후 제단을 쌓고 율법에 기록된 대로 제사를 드렸습니다.(30~32절) 한 사람의 범죄로 패배를 맛본 이스라엘은 다시 한번 율법 준수를 다짐합니다.(33~35절)

시편 139편 : 다윗의 모든 것을 아시는 하나님의 지각

- 여호와여 주께서 나를 살펴 보셨으므로 나를 아시나이다...(1-5)
- 내가 주의 영을 떠나 어디로 가며 주의 앞에서 어디로 피하리이까...(7-10)
- 주께서 내 내장을 지으시며 나의 모태에서 나를 만드셨나이다...(13-14)
- 하나님이여 주의 생각이 내게 어찌 그리 보배로우신지요 그 수가 어찌 그리 많은지요...(17-18)
- 하나님이여 나를 살피사 내 마음을 아시며 나를 시험하사 내 뜻을 아옵소서...(23-24)

하나님은 시인(=기도자)의 생각과 기도를 아십니다.(1~6절) 시인은 자신의 연약함과 유한함을 무한하신 하나님이 붙드신다고 고백합니다.(7~12절) 우리를 아시는 하나님은 우리를 인도하시며 놀라운 계획을 가지고 계십니다.(13~18절) 하나님은 회개하지 않는 악인을 심판하십니다.(19~22절) 반면 우리에게는 거룩한 삶을 기대하십니다.(23~24절)

예레미야 2장 : 이스라엘의 모든 죄를 아시는 하나님의 지각

- 여호와의 말씀이 내게 임하니라 이르시되...(1-3)
- 나 여호와가 이와 같이 말하노라 너희 조상들이 내게서 무슨 불의함을 보았기에 나를 멀리 하고 가서 헛된 것을 따라 헛되이 행하였느냐(5)
- 내 백성이 두 가지 악을 행하였나니 곧 그들이 생수의 근원되는 나를 버린 것과...(13)
- 네 하나님 여호와가 너를 길로 인도할 때에 네가 그를 떠남으로 이를 자취함이 아니냐...(17-19)
- 내가 또 말하기를 네 발을 제어하여 벗은 발이 되게 하지 말며 목을 갈하게 하지 말라...(25)
- 너희 이 세대여 여호와의 말을 들어 보라 내가 이스라엘에게 광야가 되었었느냐...(31)
- 그러나 너는 말하기를 나는 무죄하니 그의 진노가 참으로 내게서 떠났다 하거니와...(35)

하나님은 이스라엘의 배교와 죄의 문제에 대한 책임을 종교 지도자들에게 물으십니다.(1~8절) 오히려 그들마저 타락한 상황입니다. 이스라엘의 죄는 크게 두 가지입니다. 생수의 근원되신 하나님을 버린 것과 스스로 웅덩이를 판 것입니다.(9~19절) 안타깝게도 그들이 판 웅덩이는 물을 저장하지 못할 터진 웅덩이였습니다. 하나님은 참 포도나무를 심었는데 악한 가지가 되어 버렸습니다.(20~28절) 이스라엘은 발정 난 암나귀와 같이 헐떡이며 죄를 향해 달려갔고 하나님이 아닌 우상을 고집했습니다.(23~25절) 그들의 죄는 무엇으로도 지워지지 않습니다.(22절) 여호와께로 돌아오기를 거부하는 백성들은 수치를 당하게 될 것입니다.(29~37절)

마태복음 16장 : 바리새인의 교훈을 다 아시는 예수님의 지각

- 바리새인과 사두개인들이 와서 예수를 시험하여 하늘로부터 오는 표적 보이기를 청하니(1)
- 악하고 음란한 세대가 표적을 구하나 요나의 표적 밖에는 보여 줄 표적이 없느니라 하시고 그들을 떠나 가시니라(4)
- 예수께서 아시고 이르시되 믿음이 작은 자들아 어찌 떡이 없으므로 서로 논의하느냐...(8-12)
- 이 때로부터 예수 그리스도께서 자기가 예루살렘에 올라가 장로들과 대제사장들과...(21-24)
- 인자가 아버지의 영광으로 그 천사들과 함께 오리니 그 때에 각 사람이 행한 대로 갚으리라(27)

바리새인과 사두개인들이 하늘로부터 오는 표적을 예수님께 요구합니다.(1~12절) 여태껏 예수님이 보여주신 많은 표적들은 인정하지 않겠다는 것입니다. 마음이 닫혀 있으면 아무리 놀라운 표적을 보인다 해도 그 의미를 깨닫지 못합니다. 그러므로 그들의 태도와 교훈에 주의해야 합니다. 예수님은 그리스도이십니다. 예수님은 십자가의 죽음으로 우리의 구원을 완성하시고(21~23절) 그를 주로 고백하는 자들은 공동체를 이룰 것입니다.(13~20절) 예수님을 진정으로 따르려면 자기를 부인하고 자기 십자가를 지고 따라야 합니다.(24~28절)

하나님! 죄를 향해 달려가려던 생각을 멈추고 하나님의 말씀으로 나를 채워가게 하옵소서. 같은 신앙을 고백하는 신앙의 동료들을 귀하게 여기면서 나의 십자가를 지고 주님을 따르게 하옵소서.

본문 여호수아 9장 | 시편 140-141편 | 예레미야 3장 | 마태복음 17장

주제 꾀함 (닥친 문제의 해결이나 일의 진행을 위해 생각해 낸 교묘한 방법이나 제안을 욺김)

하나님은 인간에게 지혜를 주셨다. 그러나 타락한 인간은 그 지혜를 악한 꾀로 잘못 사용하여 결과를 얻으려고 한다. 성도는 즉흥적이거나 세속적인 꾀를 버리고 슬기롭고 진실한 꾀로 주께 영광을 돌려야 한다.

여호수아 9장 : 여리고와 아이성의 소문을 들은 기브온의 꾀

- 이 일 후에 요단 서쪽 산지와 평지와 레바논 앞 대해 연안에 있는 헷 사람과 아모리 사람과 가나안 사람과 브리스 사람과 히위 사람과 여부스 사람의 모든 왕들이 이 일을 듣고...(1-6)
- 그들이 여호수아에게 대답하되 종들은 당신의 하나님 여호와의 이름으로 말미암아 심히 먼 나라에서 왔사오니 이는 우리가 그의 소문과 그가 애굽에서 행하신 모든 일을 들으며...(9-11)
- 무리가 그들의 양식을 취하고는 어떻게 할지를 여호와께 묻지 아니하고...(14-19)
- 무리에게 이르되 그들을 살리라 하니 족장들이 그들에게 이른 대로 그들이 온 회중을...(21)

가나안 땅에 나타난 이스라엘 백성들로 인해 가나안 족속들은 연합전선을 구축해 대항합니다. 그러나 기브온 족속의 사신은 먼 나라에서 온 것처럼 속여 이스라엘과 화친을 맺는데 성공합니다. 가나안 족속과 교류를 금한 하나님의 뜻에 어긋나긴 했지만 하나님의 이름으로 맺은 조약은 효력을 발휘하여 기브온 족속은 가나안 거주를 인정받습니다. 부스러기 은혜라도 주시길 간구했던 수로보니게 여인이 생각납니다. "주여 옳소이다마는 상 아래 개들도 아이들이 먹던 부스러기를 먹나이다"(막 7:27)

시편 140-141편 : 의인과 성도를 함정에 빠뜨리는 악인들의 꾀

- 여호와여 악인에게서 나를 건지시며 포악한 자에게서 나를 보전하소서...(140:1-3)
- 내가 여호와께 말하기를 주는 나의 하나님이시니 여호와여 나의 간구하는 소리에 귀를 기울이소서 하였나이다...(140:6-8)
- 내가 알거니와 여호와는 고난 당하는 자를 변호해 주시며 궁핍한 자에게 정의를...(140:11-12)
- 나의 기도가 주의 앞에 분향함과 같이 되며 나의 손 드는 것이 저녁 제사 같이...(141:2-5)
- 주 여호와여 내 눈이 주께 향하며 내가 주께 피하오니 2)내 영혼을 빈궁한 대로 버려 두지 마옵소서...(141:8-10)

(140편) 개인 탄원시입니다. 시인은 이유를 알 수 없는 고난 속에서 자신을 건져주시고(1~5절) 간구에 귀를 기울이시며(6~8절) 원수들이 재난을 당하기를 탄원합니다.(9~11절) 다윗은 하나님이 고난 당하는 자를 변호하시고 궁핍한 자에게 정의를 베푸신다는 것을 믿었기에 찬양과 감사로 마무리합니다.(12~13절)

(141편) 개인 탄원시입니다. 다윗과 그의 공동체는 원수들에게서 공격당하는 상황입니다. 다윗은 주님이 자신에게 와 주시기를 간구합니다.(1~2절) 그리고 입술의 문을 지켜 주시고 악한 음모에 가담하지 않게 해 주시기를 기도합니다.(3~5절) 하나님은 고난을 견

딘 의인의 손을 들어 주실 것입니다. 사람들이 스올(=지옥) 어귀에 그 해골이 흩어지게 될 때에야 비로소 시인의 말을 들을 것입니다.(6~7절) 시인은 악한 자들이 자신들의 함정에 스스로 걸려들기를 간구합니다.(8~10절)

예레미야 3장 : 배역한 이스라엘과 반역한 유다의 범죄한 꾀

- 그들이 말하기를 가령 사람이 그의 아내를 버리므로 그가 그에게서 떠나 타인의 아내가 된다 하자 남편이 그를 다시 받겠느냐 그리하면 그 땅이 크게 더러워지지 아니하겠느냐...(1-8)
- 여호와께서 내게 이르시되 배역한 이스라엘은 반역한 유다보다 자신이 더 의로움이...(11-13)
- 내가 또 내 마음에 합한 목자들을 너희에게 주리니 그들이 지식과 명철로 너희를 양육하리라(15)
- 그 때에 예루살렘이 그들에게 여호와의 보좌라 일컬음이 되며 모든 백성이 그리로 모이리니 곧 여호와의 이름으로 말미암아 예루살렘에 모이고 다시는 그들의 악한 마음의...(17)

이혼한 여자가 다른 남자와 재혼했다가 또 이혼했을 경우 다시 전 남편과 재혼할 수 없습니다.(신 24장) 이스라엘은 첫 남편인 하나님을 떠나 두 번째 남편인 우상을 섬겼으니 하나님께 돌아올 자격이 없습니다.(1~5절) 남 유다의 백성들은 우상숭배로 인해 북이스라엘 왕국이 멸망하는 것을 보았음에도 불구하고 여전히 깨닫지 못하고 있습니다.(6~11절) 그러나 하나님은 다시 돌아올 자격이 없는 유다 백성들에게 하나님의 긍휼을 선포하며 다시 돌아와 죄를 자복하라고 호소하십니다.(12~18절) 예레미야는 약 100여년 전에 멸망한 북이스라엘을 회상합니다.(19~25절) 그들은 하나님을 떠났고 하나님 대신 복과 안전을 제공해 줄 것으로 보이는 우상을 의지했으나 결국 우상에게 속았습니다.

마태복음 17장 : 용모가 변한 예수를 본 베드로의 즉흥적인 꾀

- 엿새 후에 예수께서 베드로와 야고보와 그 형제 요한을 데리시고 따로 높은 산에...(1-4)
- 그들이 산에서 내려올 때에 예수께서 명하여 이르시되 인자가 죽은 자 가운데서 살아나기 전에는 본 것을 아무에게도 이르지 말라 하시니...(9-13)
- 주여 내 아들을 불쌍히 여기소서 그가 간질로 심히 고생하여 자주 불에도 넘어지며...(15-18)
- 이르시되 너희 믿음이 작은 까닭이니라 진실로 너희에게 이르노니 만일 너희에게...(20)
- 가버나움에 이르니 반 세겔 받는 자들이 베드로에게 나아와 이르되 너의 선생은...(24-26)

예수님이 우리의 구원자이신 것을 모세(=율법)와 엘리야(=선지서)로 대표되는 구약성경이 증언하고(1~4절) 하나님이 증언하며(5~8절) 세례요한이 증언합니다.(9~13절) 예수님을 향한 참된 믿음이라는 통로를 통하여 하나님은 일하십니다.(14~21절) 제자들에게 자신의 죽음과 부활에 대해 예고하시는 예수님은(22~23절) 성전의 주인으로서 성전세를 낼 필요가 없었지만 사람들이 실족할 것을 염려하여 당시의 법을 존중해서 베드로에게 성전세를 내게 하십니다.(24~27절)

나는 구원받을 자격도, 회개할 능력도 없습니다. 회개의 기회를 주신 것도, 구원의 은혜를 허락하신 것도 모두 한없는 하나님의 은혜입니다. 의인을 붙드시는 하나님! 고난 가운데 있을 때 더 기도하게 하시고 하나님을 변함없이 신뢰하게 하옵소서.

본문 여호수아 10장 | 시편 142-143편 | 예레미야 4장 | 마태복음 18장

주제 대결 (對決, 어떤 상대와 승패나 옳고 그름을 가리기 위해 서로 맞섬)

세상은 선과 악의 싸움터다. 선민과 이방인의 대결, 의인과 악인의 대결, 의로우신 하나님과 주를 떠난 백성들의 대결 등이 계속되고 있다. 모든 싸움은 정의가 승리한다. 하나님의 뜻과 질서이기 때문이다.

여호수아 10장 : 여호수아와 아모리 족속 다섯 왕들과의 대결

- 그 때에 여호수아가 아이를 빼앗아 진멸하되 여리고와 그 왕에게 행한 것 같이 아이와 그 왕에게 행한 것과 또 기브온 주민이 이스라엘과 화친하여 그 중에 있다 함을 예루살렘 왕...(1-4)
- 그들이 이스라엘 앞에서 도망하여 벧호론의 비탈에서 내려갈 때에 여호와께서 하늘에서 큰 우박 덩이를 아세가에 이르기까지 내리시매 그들이 죽었으니...(11-14)
- 그 때에 여호수아가 이르되 굴 어귀를 열고 그 굴에서 그 다섯 왕들을 내게로 끌어내라 하매(22)
- 여호수아가 온 이스라엘과 더불어 막게다에서 립나로 나아가서 립나와 싸우매(29)
- 여호수아가 또 온 이스라엘과 더불어 립나에서 라기스로 나아가서 대진하고 싸우더니(31)

이스라엘과 화친을 맺은 기브온을 치기 위해 가나안 다섯 나라가 연합하였고 이스라엘은 기브온을 돕기 위해 군대를 일으킵니다.(1~14절) 하나님은 여호수아에게 큰 승리를 주셨습니다. 아모리 다섯 왕은 죽었고 막게다를 비롯한 가나안 남부 주요 도시들은 이스라엘 수중에 들어오게 됩니다.(15~43절)

시편 142-143편 : 간구하는 다윗과 핍박하는 자들과의 대결

- 내가 소리 내어 여호와께 부르짖으며 소리 내어 여호와께 간구하는도다...(142:1-3)
- 여호와여 내가 주께 부르짖어 말하기를 주는 나의 피난처시요 살아 있는 사람들의 땅에서 나의 분깃이시라 하였나이다...(142:5-6)
- 여호와여 내 기도를 들으시며 내 간구에 귀를 기울이시고 주의 진실과 의로 내게...(143:1-4)
- 여호와여 속히 내게 응답하소서 내 영이 피곤하니이다 주의 얼굴을 내게서 숨기지 마소서 내가 무덤에 내려가는 자 같을까 두려워하나이다...(143:7-10)

(142편) 다윗의 탄원시입니다. 사울의 추격으로 인해 목숨을 건 도주를 해야 했던 시절, 다윗은 여호와께 부르짖습니다. 그의 영이 상하고 그를 돕는 자도 없는 상황에서(3~4절) 다윗은 여호와가 그의 피난처요 분깃임을 고백합니다. 기도하는 자신보다 대적이 더 강해 보이는 현실 속에서 기도 외 다른 방법은 없습니다.(6절)
(143편) 여기서도 고난 중에 있는 다윗을 발견하게 됩니다. 그는 고난으로 많이 지치고 상해 있습니다.(3~4절) 이런 상황에서 다윗은 이전의 하나님의 신실한 역사들을 떠올립니다.(5절) 그리고 마음의 방향을 돌려 주님을 사모합니다.(6절) 주의 인자한 말씀을 듣기를, 바른 길로 걸어가기를 간구합니다.(7~8절) 다윗은 피난처 되시는 하나님께 그의 영혼과 삶을 내어 맡깁니다.(9~12절)

예레미야 4장 : 심판하시는 하나님과 회개치 않는 자의 대결

- 여호와께서 이르시되 이스라엘아 네가 돌아오려거든 내게로 돌아오라 네가 만일 나의 목전에서 가증한 것을 버리고 네가 흔들리지 아니하며...(1-4)
- 여호와의 말씀이니라 그 날에 왕과 지도자들은 낙심할 것이며 제사장들은 놀랄 것이며 선지자들은 깜짝 놀라리라(9)
- 보라 그가 구름 같이 올라오나니 그의 병거는 회오리바람 같고 그의 말들은...(13-14)
- 네 길과 행위가 이 일들을 부르게 하였나니 이는 네가 악함이라 그 고통이...(18-20)
- 내 백성은 나를 알지 못하는 어리석은 자요 지각이 없는 미련한 자식이라...(22)
- 내가 소리를 들은즉 여인의 해산하는 소리 같고 초산하는 자의 고통하는 소리 같으니...(31)

유다가 사는 길은 하나님께 돌아오는 것입니다.(1~4절) 그러나 그들은 끝내 하나님께로 돌이키지 않음으로 심판을 받게 됩니다.(5~8절) 거짓 위안과 평강을 약속하는 메시지에 속지 말아야 합니다.(9~10절) 반복되는 회개의 촉구에도 불구하고 돌이키지 않음으로 인해 심판의 때가 가까이 오고 있음을 감지한 예레미야는 슬픔으로 탄식합니다.(11~22절) 하나님은 심판을 작정하셨지만 그러나 진멸하지는 않을 것입니다.(23~28절) 진노 중에도 긍휼을 잊지 않으십니다. 그렇지만 심판의 때가 이르게 되면 백성들은 흩어지고 그들이 세운 계책들은 아무 효력이 없을 것이며 고통으로 신음하게 될 것입니다.(29~31절)

마태복음 18장 : 탕감해 준 임금과 은혜를 모르는 종과의 대결

- 그 때에 제자들이 예수께 나아와 이르되 천국에서는 누가 크니이까...(1-4)
- 삼가 이 작은 자 중의 하나도 업신여기지 말라 너희에게 말하노니 그들의 천사들이 하늘에서 하늘에 계신 내 아버지의 얼굴을 항상 뵈옵느니라(10)
- 이와 같이 이 작은 자 중의 하나라도 잃는 것은 하늘에 계신 너희 아버지의 뜻이 아니니라...(14-17)
- 진실로 다시 너희에게 이르노니 너희 중의 두 사람이 땅에서 합심하여 무엇이든지 구하면 하늘에 계신 내 아버지께서 그들을 위하여 이루게 하시리라...(19-22)

천국은 어린아이와 같이 자신의 연약함을 인정하고 겸손한 자의 것입니다.(1~4절) 믿는 자를 실족시키지 말아야 하며(5~7절) 어떤 대가를 치르더라도 영원한 불로 던져지는 것을 막아야 합니다.(8~11절) 진정한 목자는 양 한 마리도 절대 포기하지 않습니다.(12~14절) 예수님이 바로 우리의 선한 목자이십니다. 죄를 범한 자에게는 지혜롭고 권위있게 권면해야 합니다.(15~18절) 간절한 기도는 하늘 보좌를 움직입니다.(19~20절) 우리는 일만 달란트 빚진 자와 같기 때문에 용서에 대한 도전을 멈출 수 없습니다.(21~35절)

하나님께 돌아가는 것이 사는 길임을 고백합니다. 진노 중에도 긍휼을 잊지 않으시는 하나님께 회개함으로 돌이키게 하시고 고난 중에도 기도하게 하옵소서. 하나님의 긍휼과 용서는 날마다 우리에게 공급되고 있습니다. 일만 달란트 빚진 자의 마음을 잃지 않고 용서에 대한 도전을 멈추지 않게 하옵소서.

본문 여호수아 11장 | 시편 144편 | 예레미야 5장 | 마태복음 19장
주제 **싸움** (말이나 힘으로 이기려고 상대방과 다툼. 진리가 비진리와 다툼)

우리는 세상을 떠나기 전까지 끊임없는 선한 싸움을 해야 한다. 하나님이 허락하신 싸움, 인간관계 속에서 악한 자와의 싸움, 그릇된 가치관과 거짓된 교훈을 가진 자들과의 싸움에서 승리해야 하는 것이다.

여호수아 11장 : 여호수아가 가나안 일곱 족속과 싸움

- 하솔 왕 야빈이 이 소식을 듣고 마돈 왕 요밥과 시므론 왕과 악삽 왕과(1)
- 하솔은 본래 그 모든 나라의 머리였더니 그 때에 여호수아가 돌아와서 하솔을 취하고 그 왕을 칼날로 쳐죽이고(10)
- 여호와께서 그의 종 모세에게 명령하신 것을 모세는 여호수아에게 명령하였고 여호수아는 그대로 행하여 여호와께서 모세에게 명하신 모든 것을 하나도 행하지 아니한 것이 없었더라(15)
- 이와 같이 여호수아가 여호와께서 모세에게 말씀하신 대로 그 온 땅을 점령하여 이스라엘 지파의 구분에 따라 기업으로 주매 그 땅에 전쟁이 그쳤더라(23)

여호수아가 이끄는 이스라엘 군대는 가나안 북부 연합군과의 전투에서도 승리합니다.(1~15절) 승리 후 하나님의 명령에 철저히 순종합니다. 가나안 땅에 대한 하나님의 약속은 성취되었으며(16~20절) 특히 오래전 10명의 정탐꾼에게 두려움을 안겨주어 부정적 보고를 하게 만들었던 아낙 자손 역시 진멸함으로써 하나님의 약속은 반드시 이루어진다는 것을 보여주었습니다.(21~23절)

시편 144편 : 의로운 다윗이 날마다 악한 자들과 싸움

- 나의 반석이신 여호와를 찬송하리로다 그가 내 손을 가르쳐 싸우게 하시며 손가락을 가르쳐 전쟁하게 하시는도다...(1-4)
- 위에서부터 주의 손을 펴사 나를 큰 물과 이방인의 손에서 구하여 건지소서(7)
- 하나님이여 내가 주께 새 노래로 노래하며 열 줄 비파로 주를 찬양하리이다...(9-10)
- 우리 아들들은 어리다가 장성한 나무들과 같으며 우리 딸들은 궁전의 양식대로 아름답게 다듬은 모퉁잇돌들과 같으며...(12-15)

본문은 제의 가운데 왕이 드리는 기도(1~11절)와 레위인 혹은 회중의 응답(12~15절)으로 보여집니다. 다윗은 많은 승리와 지금의 복이 하나님의 신실하심의 결과라고 고백합니다.(1~4절) 승리의 용사이신 여호와는(5~8절) 왕들에게 구원을 베풀어 주십니다.(9~11절) 하나님의 임재와 구원은 풍성한 삶을 약속합니다.(12~15절)

예레미야 5장 : 하나님이 타락하고 배반한 자들과 싸움

- 너희는 예루살렘 거리로 빨리 다니며 그 넓은 거리에서 찾아보고 알라 너희가 만일 정의를 행하며 진리를 구하는 자를 한 사람이라도 찾으면 내가 이 성읍을 용서하리라(1)

- 내가 말하기를 이 무리는 비천하고 어리석은 것뿐이라 여호와의 길, 자기 하나님의 법을 알지 못하니...(4-6)
- 여호와의 말씀이니라 내가 어찌 이 일들에 대하여 벌하지 아니하겠으며 내 마음이 이런 나라에 보복하지 않겠느냐(9)
- 그들이 네 자녀들이 먹을 추수 곡물과 양식을 먹으며 네 양 떼와 소 떼를 먹으며 네 포도나무와 무화과나무 열매를 먹으며 네가 믿는 견고한 성들을 칼로 파멸하리라(17)
- 새장에 새들이 가득함 같이 너희 집들에 속임이 가득하도다 그러므로 너희가...(27-28)

예루살렘의 극심한 타락상을 볼 수 있습니다.(1~9절) 하나님은 의인 1명이라도 있으면 용서하겠다고 말씀하시는데 의인 1명 찾기가 어려운 지경이었습니다. 선지자들은 여호와를 인정하지 않았고 말씀을 알아듣지 못했습니다.(10~17절) 그러나 하나님은 그들을 진멸하지 않으십니다.(18~19절) 일반 백성들 역시 영적으로 눈과 귀가 닫힌 상태였습니다.(20~21절) 하나님은 두 번의 고소를 통해 백성들이 당신을 배반하고 떠나갔음을 폭로하십니다.(22~28절) 하나님은 심판이 더디 임하는 것에 대해 심판이 없는 것으로 착각하는 이들에게 공의의 심판이 반드시 있음을 말씀하십니다.(29~31절)

마태복음 19장 : 예수님이 시험하는 바리새인들과 싸움

- 바리새인들이 예수께 나아와 그를 시험하여 이르되 사람이 어떤 이유가 있으면 그 아내를 버리는 것이 옳으니이까...(3-6)
- 예수께서 이르시되 모세가 너희 마음의 완악함 때문에 아내 버림을 허락하였거니와 본래는 그렇지 아니하니라...(8-9)
- 예수께서 이르시되 어린 아이들을 용납하고 내게 오는 것을 금하지 말라 천국이 이런 사람의 것이니라 하시고(14)
- 이에 베드로가 대답하여 이르되 보소서 우리가 모든 것을 버리고 주를 따랐사온대 그런즉 우리가 무엇을 얻으리이까...(27-28)

예수님은 이혼을 남자 마음대로 정할 수 있다고 생각하는 바리새인들에게 혼인은 하나님이 정하신 질서임을 창세기의 말씀을 통해 가르쳐 주십니다.(1~9절) 한편 독신은 하나님의 특별한 은사입니다.(10~12절) 예수님은 어린이를 하나님 나라의 모델로 소개하시면서 낮아짐과 겸손함에 대해 말씀하시고(13~15절) 또한 계명을 다 지켰다고 자부하지만 실상은 재물을 섬기고 있는 청년의 실체를 폭로하십니다.(16~22절) 부자는 자신의 소유를 이용해 할 수 있는 일들이 많이 있어서 온전히 하나님을 의지하기 어렵습니다.(23~24절) 그러나 구원은 사람이 가진 조건이 아닌 하나님만이 이루실 수 있습니다.(25~26절) 예수님과 복음을 위해 헌신한 이들에 대한 최대의 보상은 영생입니다.(27~30절)

말씀을 통해 언약을 성취하시는 신실하신 하나님을 보게 하시고 특히 나의 눈과 귀가 하나님을 향해서 늘 열려 있게 하옵소서. 하나님의 말씀을 내 마음대로 해석하거나 적용하지 않게 하시고 그 의미를 잘 깨달아 순종하는 삶을 살아가게 하옵소서.

본문 여호수아 12-13장 | 시편 145편 | 예레미야 6장 | 마태복음 20장

주제 **업적** (業績, 일이나 사업에서 이룬 성과나 위대한 공적)

하나님은 성실하게 일하신다. 일은 언제나 결과를 낳는다. 그 결과는 모두를 유익하게 하는 업적이요 하나님 자신에게 영광을 돌리게 하는 근거가 된다. 하나님의 자녀도 이 길을 가므로 영광을 누리게 된다.

여호수아 12-13장 : 정복하게 하시고 분배하신 하나님의 업적

- 이스라엘 자손이 요단 저편 해 돋는 쪽 곧 아르논 골짜기에서 헤르몬 산까지의 동쪽 온 아라바를 차지하고 그 땅에서 쳐죽인 왕들은 이러하니라...(12:1-2)
- 옥은 르바의 남은 족속으로서 아스다롯과 에드레이에 거주하던 바산의 왕이라(12:4)
- 하나는 디르사 왕이라 모두 서른한 왕이었더라 (12:24)
- 여호수아가 나이가 많아 늙으매 여호와께서 그에게 이르시되 너는 나이가 많아 늙었고 얻을 땅이 매우 많이 남아 있도다...(13:1)
- 오직 레위 지파에게는 여호수아가 기업으로 준 것이 없었으니 이는 그에게...(13:14-15)
- 모세가 므낫세 반 지파에게 기업을 주었으되 므낫세 자손의 반 지파에게 그들의 가족대로 주었으니(13:29)

(12장) 마치 가나안 정복전쟁의 결과보고서와 같습니다. 요단 동편 지역의 정복지와(1~6절) 요단 서편 지역의 정복지와 주요 왕들을 소개합니다.(7~24절) 저자는 하나님의 약속이 성취되었음을 이렇게 알려주고 있습니다.

(13장) 아직 미정복지가 일부 있긴 하지만 하나님은 여호수아에게 땅 분배를 명하십니다.(1~7절) 르우벤, 갓, 므낫세 반 지파는 이미 요단 동편 땅을 분배받았으며(8~13절), 성전에서 일하도록 부르심을 받은 레위지파는 땅이 아닌 성전에서 나오는 산물로 살아가게 하셨습니다.(14절) 레위지파의 기업은 곧 하나님이십니다. 르우벤, 갓, 므낫세 반 지파의 분배받은 땅이 구체적으로 소개됩니다.(15~33절) 주목할 점은 아모리 왕 시혼이 다스리는 지역을 정복할 때 광야에서 이스라엘 백성들로 하여금 음행 죄에 빠지게 만들었던 발람이 이때 죽게 됩니다.

시편 145편 : 지으시고 건지시며 일으키신 하나님의 업적

- 왕이신 나의 하나님이여 내가 주를 높이고 영원히 주의 이름을 송축하리이다...(1-4)
- 여호와는 은혜로우시며 긍휼이 많으시며 노하기를 더디 하시며 인자하심이 크시도다...(8-13)
- 모든 사람의 눈이 주를 앙망하오니 주는 때를 따라 그들에게 먹을 것을 주시며...(15-19)

개인이 부르는 찬송시입니다. 하나님의 백성들은 하나님이 행하신 위대한 일들과 하나님의 긍휼과 선하심을 찬양해야 합니다.(1~9절) 모든 피조물은 그의 영원한 통치를 찬양해야 합니다.(10~13절) 그는 의로우시며 은혜를 베푸십니다.(14~17절) 우리의 기도에 응답하시는 하나님을 찬양합니다.(18~21절)

예레미야 6장 : 탐욕, 거짓, 가증을 행한 예루살렘의 악한 업적

- 베냐민 자손들아 예루살렘 가운데로부터 피난하라 드고아에서 나팔을 불고 벧학게렘에서 깃발을 들라 재앙과 큰 파멸이 북방에서 엿보아 옴이니라...(1-2)
- 만군의 여호와께서 이와 같이 말하노라 너희는 나무를 베어서 예루살렘을 향하여...(6-7)
- 만군의 여호와께서 이와 같이 말씀하시되 포도를 따듯이 그들이 이스라엘의 남은 자를 말갛게 주우리라 너는 포도 따는 자처럼 네 손을 광주리에 자주자주 놀리라 하시나니...(9-14)
- 땅이여 들으라 내가 이 백성에게 재앙을 내리리니 이것이 그들의 생각의 결과라 그들이 내 말을 듣지 아니하며 내 율법을 거절하였음이니라(19)
- 딸 내 백성이 굵은 베를 두르고 재에서 구르며 독자를 잃음 같이 슬퍼하며 통곡할지어다 멸망시킬 자가 갑자기 우리에게 올 것임이라(26)

하나님은 베냐민 자손(feat. 유다 백성)에게 예루살렘의 파멸에 대해 경고하십니다.(1~8절) 하나님의 심판의 도구는 북방 군대(=바벨론)가 될 것인데 유다가 왜 심판을 받게 되는지에 대해 구체적으로 설명합니다.(9~15절) 특히 종교 지도자의 거짓 메시지에 대해 말씀하십니다. 회개명령에 대한 유다 백성들의 두 번에 걸친 거부는 결국 여호와의 심판을 불러 옵니다.(16~21절) 북방으로부터 재앙이 임할 것이며 유다는 불순물이 섞인 은처럼 되어 버려질 것입니다.(22~30절)

마태복음 20장 : 많은 사람의 대속제물이 되신 예수님의 업적

- 천국은 마치 품꾼을 얻어 포도원에 들여보내려고 이른 아침에 나간 집 주인과 같으니...(1-5)
- 저물매 포도원 주인이 청지기에게 이르되 품꾼들을 불러 나중 온 자로부터 시작하여 먼저 온 자까지 삯을 주라 하니...(8-13)
- 예수께서 예루살렘으로 올라가려 하실 때에 열두 제자를 따로 데리시고 길에서...(17-19)
- 너희 중에는 그렇지 않아야 하나니 너희 중에 누구든지 크고자 하는 자는 너희를 섬기는 자가 되고...(26-28)
- 맹인 두 사람이 길 가에 앉았다가 예수께서 지나가신다 함을 듣고 소리 질러 이르되 주여 우리를 불쌍히 여기소서 다윗의 자손이여 하니...(30-34)

하나님이 당신의 성품에 근거하여 베푸시는 은혜는 세상의 가치 기준을 초월합니다.(1~16절) 우리는 포도원 주인으로 표현되는 하나님의 자비와 긍휼하심에 주목해야 합니다. 예수님이 세 번째 수난예고를 하시는 가운데 세베대의 아들(=야고보, 요한)의 어머니는 아들의 자리에 대한 청탁을 시도합니다.(17~28절) 예수님은 자기 목숨으로 섬기러 오셨는데 제자는 대접받고 권세를 누리려 한다면 이는 하나님 나라의 원리에 어긋나는 것입니다. 예수님은 두 맹인의 눈을 뜨게 하십니다.(29~34절) 우리는 예수님을 아는 눈, 하나님 나라의 원리를 아는 눈을 떠야 합니다.

하나님의 긍휼과 자비를 기뻐합니다. 높아지려고 애쓰지 말고 십자가를 지고 주님의 뒤를 따르게 하옵소서. 성령님이 회개를 촉구하실 때 즉시 순종하여 죄를 고백하며 십자가를 붙들게 하옵소서. 탐욕을 내려놓고 아버지를 닮아 자비와 긍휼을 베푸는 자 되게 하옵소서.

본문 여호수아 14-15장 | 시편 146-147편 | 예레미야 7장 | 마태복음 21장
주제 **진실** (眞實, 거짓이 없고 참됨)

하나님이 창조하신 천지만물은 진실하다. 그러나 인간의 죄로 인해 거짓되게 되었다. 하지만 하나님의 성실하심은 예수 그리스도를 통해 다시 진실의 길을 열어 놓으셨고 믿는 자로 하여금 그 길을 걷게 하신다.

여호수아 14-15장 : 갈렙에게 약속을 지키는 여호수아의 진실

- 이것은 이스라엘 자손이 가나안 땅에서 받은 기업 곧 제사장 엘르아살과 눈의 아들 여호수아와 이스라엘 자손 지파의 족장들이 분배한 것이니라...(14:1-2)
- 이는 요셉의 자손이 므낫세와 에브라임의 두 지파가 되었음이라 이 땅에서 레위 사람에게 아무 분깃도 주지 아니하고 다만 거주할 성읍들과 가축과 재산을 위한 목초지만 주었으니(14:4)
- 여호와께서 여호수아에게 명령하신 대로 여호수아가 기럇 아르바 곧 헤브론을 유다 자손 중에서 분깃으로 여분네의 아들 갈렙에게 주었으니 아르바는 아낙의 아버지였더라...(15:13-20)
- 예루살렘 주민 여부스 족속을 유다 자손이 쫓아내지 못하였으므로 여부스 족속이 오늘까지 유다 자손과 함께 예루살렘에 거주하니라(15:63)

(14장) 요단 서편 지역 분배에 관한 내용과(1~5절) 믿음의 사람 갈렙이 헤브론을 기업으로 취한 이야기입니다.(6~15절)
(15장) 요단 서편 땅을 가장 먼저 분배받은 지파는 유다입니다.(1~12절) 갈렙은 분배받은 땅에 대하여 적극적인 정복활동을 합니다.(13~19절) 유다지파는 122개의 성읍과 마을을 분배받았습니다.(20~63절) 단, 여부스 족의 성(=예루살렘)은 정복하지 못했습니다.

시편 146-147편 : 정의로 만물을 통치하시는 하나님의 진실

- 귀인들을 의지하지 말며 도울 힘이 없는 인생도 의지하지 말지니...(146:3-10)
- 할렐루야 우리 하나님을 찬양하는 일이 선함이여 찬송하는 일이 아름답고 마땅하도다(147:1)
- 상심한 자들을 고치시며 그들의 상처를 싸매시는도다(147:3)
- 그가 네 문빗장을 견고히 하시고 네 가운데에 있는 너의 자녀들에게 복을 주셨으며...(147:13-15)
- 우박을 떡 부스러기 같이 뿌리시나니 누가 능히 그의 추위를 감당하리요(147:17)

(146편) 개인 찬송시입니다. 전체적인 내용은 하나님께 소망을 두는 자에게 복이 있다는 것입니다. 사람을 의지하는 것은 헛되지만(1~4절), 하나님을 의지하는 것은 영원한 복이 됩니다.(5~10절)
(147편) 창조전통이 전제되어 있는 찬송시입니다. 하나님은 예루살렘을 세우시고 백성을 모으시며(1절) 상처를 싸매고 회복하시고(3절) 모든 것을 다스리시는 지혜와 능력이 무궁하십니다.(4~5, 8~9절) 여호와는 자기를 경외하는 자를 기뻐하십니다.

예레미야 7장 : 진실 없는 민족에게 예언하신 하나님의 진실

- 만군의 여호와 이스라엘의 하나님께서 이와 같이 말씀하시되 너희 길과 행위를 바르게 하라 그리하면 내가 너희로 이 곳에 살게 하리라...(3-11)
- 그런즉 너는 이 백성을 위하여 기도하지 말라 그들을 위하여 부르짖어 구하지 말라 내게 간구하지 말라 내가 네게서 듣지 아니하리라...(16-18)
- 만군의 여호와 이스라엘의 하나님께서 이와 같이 말씀하시되 너희 희생제물과 번제물의 고기를 아울러 먹으라...(21-24)
- 너는 그들에게 말하기를 너희는 너희 하나님 여호와의 목소리를 순종하지 아니하며 교훈을 받지 아니하는 민족이라 진실이 없어져 너희 입에서 끊어졌다 할지니라(28)
- 여호와께서 말씀하시되 유다 자손이 나의 눈 앞에 악을 행하여 내 이름으로 일컬음을 받는 집에 그들의 가증한 것을 두어 집을 더럽혔으며...(30-32)

유다백성들의 그릇된 확신과 거짓을 폭로하는 예레미야의 성전설교가 있은 후(1~15절) 하나님은 예레미야에게 백성을 위한 기도도, 제사도 필요 없다고 말씀하십니다.(16~28절) 가증한 행위를 서슴치 않는 유다 백성들에게 심판이 임할 것입니다.(29~34절)

마태복음 21장 : 성전 청결과 두 비유를 전하신 예수님의 진실

- 제자들이 가서 예수께서 명하신 대로 하여...(6-9)
- 예수께서 성전에 들어가사 성전 안에서 매매하는 모든 사람들을 내쫓으시며 돈 바꾸는 사람들의 상과 비둘기 파는 사람들의 의자를 둘러 엎으시고...(12-13)
- 길 가에서 한 무화과나무를 보시고 그리로 가사 잎사귀 밖에 아무 것도 찾지 못하시고 나무에게 이르시되 이제부터 영원토록 네가 열매를 맺지 못하리라 하시니 무화과나무가 곧 마른지라...(19-22)
- 요한의 세례가 어디로부터 왔느냐 하늘로부터냐 사람으로부터냐 그들이 서로 의논하여 이르되 만일 하늘로부터라 하면 어찌하여 그를 믿지 아니하였느냐 할 것이요...(25-45)

예수님은 자기 생명으로 우리를 섬기는 겸손의 왕이셨기에 말이 아닌 나귀를 타고 예루살렘에 입성하십니다.(1~11절) 예수님은 하나님과의 관계회복을 위해 오신 분임을 나타내십니다.(12~22절) 그래서 성전 매매상을 쫓아내시고 어린이 찬양에 대한 예언의 성취를 선포하셨으며 무화과나무가 말라 버린 사건을 통해 믿음의 기도의 중요성을 가르치십니다. 예수님은 회개할 줄 모르는 유대 종교 지도자들을 꾸짖으십니다.(23~32절) 그들은 예수님의 권위를 인정하지 않았고 하나님보다 사람을 더 두려워했습니다. 마지막으로 포도원 농부의 비유를 통해 하나님이 보내신 메시아를 거부하는 종교 지도자들의 실체를 폭로하십니다.(33~41절)

거짓과 우상을 버리고 하나님께 마음을 두고 살아가게 하옵소서. 마음속의 불순한 것들이 사라지게 하시고 기도와 예배가 회복되게 하옵소서. 도전해야 할 거룩한 목표가 있다면 갈렙이 헤브론을 차지한 것처럼 담대하게 싸워 취하게 하옵소서.

본문 여호수아 16-17장 | 시편 148편 | 예레미야 8장 | 마태복음 22장

주제 **차지** (次知, 사물이나 공간, 지위 따위를 자기 몫으로 가짐)

좋은 것을 차지하고 소유하는 데는 반드시 자격과 합리적인 과정이 필요하다. 창조주는 주인이시기에 영광과 찬송과 경배를 차지하심이 마땅하고 주를 섬기는 모든 백성도 기업과 천국을 차지함이 마땅하다.

여호수아 16-17장 : 요셉 자손이 제비를 뽑아 기업을 차지함

- 요셉 자손이 제비 뽑은 것은 여리고 샘 동쪽 곧 여리고 곁 요단으로부터 광야로 들어가 여리고로부터 벧엘 산지로 올라가고(16:1)
- 요셉의 자손 므낫세와 에브라임이 그들의 기업을 받았더라...(16:4-5)
- 그 외에 므낫세 자손의 기업 중에서 에브라임 자손을 위하여 구분한 모든 성읍과 그 마을들도 있었더라...(16:9-10)
- 므낫세 지파를 위하여 제비 뽑은 것은 이러하니라 므낫세는 요셉의 장자였고 므낫세의 장자 마길은 길르앗의 아버지라 그는 용사였기 때문에 길르앗과 바산을 받았으므로...(17:1-6)
- 잇사갈과 아셀에도 므낫세의 소유가 있으니 곧 벧 스안과 그 마을들과 이블르암과 그 마을들과 돌의 주민과 그 마을들이요 또 엔돌 주민과 그 마을들과 다아낙 주민과 그 마을들과 므깃도 주민과 그 마을들 세 언덕 지역이라...(17:11-18)

(16장) 장자의 복을 받은 에브라임 지파의 기업 분배에 관한 내용입니다. 그러나 에브라임 지파는 게셀 사람들을 쫓아내지 않았습니다.(10절)
(17장) 요단동편에 자리 잡은 므낫세 반 지파(마길의 후손)외 나머지 반 지파의 기업분배에 관한 내용입니다.(1~13절) 그들 역시 가나안 족속을 완전히 쫓아내지 못했습니다. 그런데 요셉지파(=에브라임&므낫세)는 분배받은 땅이 좁다고 불평합니다.(14~18절) 이에 여호수아는 브리스 족속과 르바임 족속의 땅인 삼림 지대를 개척할 것을 제안하지만 그들이 두려운 나머지 선뜻 개척하려 하지 않습니다. 문제는 이방 민족의 무기가 아니라 요셉 지파의 이기심과 불신앙입니다. 갈렙처럼 말씀을 의지하여 아낙 자손의 땅으로 들어갔다면 하나님이 그 땅을 주셨을 것입니다.

시편 148편 : 만물을 창조하신 주가 영광과 찬송을 차지함

- 할렐루야 하늘에서 여호와를 찬양하며 높은 데서 그를 찬양할지어다...(1-2)
- 그것들이 여호와의 이름을 찬양함은 그가 명령하시므로 지음을 받았음이로다...(5-6)
- 불과 우박과 눈과 안개와 그의 말씀을 따르는 광풍이며...(8-13)

창조주 하나님을 찬양하는 찬송시입니다. 1절의 '하늘에서'는 원어 그대로 직역하면 '하늘로부터'입니다. 하늘로부터 하늘의 영역에 속한 모든 것들은 여호와를 찬양하고(1~6절) 땅에 속한 모든 피조물과 현상들도 여호와를 찬양하고(7~12절) 하나님의 백성들도 여호와를 찬양해야 합니다.(13~14절)

예레미야 8장 : 죄로 멸망당한 예루살렘을 이방이 차지함

- 여호와의 말씀이니라 그 때에 사람들이 유다 왕들의 뼈와 그의 지도자들의 뼈와 제사장들의 뼈와 선지자들의 뼈와 예루살렘 주민의 뼈를 그 무덤에서 끌어내어...(1-3)
- 내가 귀를 기울여 들은즉 그들이 정직을 말하지 아니하며 그들의 악을 뉘우쳐서...(6)
- 너희가 어찌 우리는 지혜가 있고 우리에게는 여호와의 율법이 있다 말하겠느냐...(8-10)
- 그들이 가증한 일을 행할 때에 부끄러워하였느냐 아니라 조금도 부끄러워 하지...(12-15)
- 슬프다 나의 근심이여 어떻게 위로를 받을 수 있을까 내 마음이 병들었도다...(18-21)

하나님을 떠난 자들은 시신도 묻히지 못하는 불명예를 떠안게 될 것입니다.(1~3절) 예루살렘 거민들은 죄로 인해 넘어졌음에도 어리석고 완고하여 돌이키지 않았으며(4~7절) 지도자들은 백성의 죄를 지적하지 않고 거짓 평안만 선포했습니다.(8~12절) 예레미야를 통해 심판의 메시지가 전해졌음에도 회개하여 돌이킬 생각은 하지 않고 하나님의 심판의 도구인 바벨론에 맞서 싸우려고 합니다.(13~17절) 유다는 동족인 북이스라엘의 멸망에 대해 교훈을 얻지 못하고 '왜 여호와가 지켜주시지 않았는가'라는 불편한 감정만 드러냅니다.(18~20절) 백성을 향한 하나님의 아픈 마음에 공감하는 예레미야는 탄식하며 슬퍼합니다.(21~22절)

마태복음 22장 : 예복을 입은 준비된 자가 천국을 차지함

- 천국은 마치 자기 아들을 위하여 혼인 잔치를 베푼 어떤 임금과 같으니...(2-14)
- 그러면 당신의 생각에는 어떠한지 우리에게 이르소서 가이사에게 세금을 바치는...(17-21)
- 부활이 없다 하는 사두개인들이 그 날 예수께 와서 물어 이르되...(23-32)
- 선생님 율법 중에서 어느 계명이 크니이까...(36-40)

천국의 혼인잔치 비유는 하나님의 부르심은 누구에게나 해당되지만 응하지 않는 자들에게는 심판이 있다는 것을 가르쳐줍니다.(1~14절) 바리새인들은 세금문제로 예수님을 함정에 빠뜨리려 했으나 예수님은 세상 나라의 의무와 하나님 나라 백성으로서의 의무를 각각 이행하라고 말씀하십니다.(15~22절) 영원한 하나님 나라의 백성이라면 그 나라를 위하여 살아야 합니다. 부활 이후에는 육체적 결혼이 없고 초월적인 삶을 살기 때문에 어느 누구의 남편이나 아내가 될 수 없습니다.(23~33절) 아브라함과 이삭과 야곱으로 대표되는 조상들은 죽어 있는 상태가 아닙니다. 언약 안에서 그들은 지금도 살아 있기에 하나님은 죽은 자의 하나님이 아니라 산 자의 하나님이 되십니다. 모든 율법과 선지자의 강령, 즉 구약은 결국 하나님 사랑과 이웃 사랑으로 압축됩니다.(34~40절) 예수님은 다윗이 그리스도를 주라 칭했던 시110편 1절 말씀을 근거로 당신이 다윗보다 더 큰 존재임을 선언하십니다.(41~46절)

하나님! 저는 요셉지파처럼 모든 걸 쉽게, 힘들이지 않고 하려는 습성이 있습니다. 하나님을 신뢰하게 하시고 어려움이 예상되는 길이라도 도전할 수 있는 믿음을 주시옵소서. 그리고 죄에 대해 돌이킬 줄 모르는 완고한 이스라엘 백성들처럼 되지 않게 하옵소서. 하나님과 이웃을 사랑하는 삶을 살아가게 하옵소서. 하나님을 찬양하는 것이 나의 힘입니다.

본문 여호수아 18-19장 | 시편 149-150편 | 예레미야 9장 | 마태복음 23장

주제 점령 (占領, 일정한 땅이나 영역을 차지하여 제 것으로 함)

성경에는 군사적인 점령과 영적인 점령과 복음의 점령 등이 나타나 있다. 선한 것이 점령하면 참된 평화와 풍성한 열매가 있고 악한 것이 점령하면 거짓된 부패와 극심한 패망이 나타날 뿐이다.

여호수아 18-19장 : 여호수아는 기업 차지를 위해 점령을 명령함

- 선생님 율법 중에서 어느 계명이 크니이까...(18:1-4)
- 레위 사람은 너희 중에 분깃이 없나니 여호와의 제사장 직분이 그들의 기업이 됨이며 갓과 르우벤과 므낫세 반 지파는 요단 저편 동쪽에서 이미 기업을 받았나니...(18:7-8)
- 둘째로 시므온 곧 시므온 자손의 지파를 위하여 그들의 가족대로 제비를 뽑았으니 그들의 기업은 유다 자손의 기업 중에서라(19:1)
- 시므온 자손의 이 기업은 유다 자손의 기업 중에서 취하였으니 이는 유다 자손의 분깃이 자기들에게 너무 많으므로 시므온 자손이 자기의 기업을 그들의 기업 중에서 받음이었더라(19:9)
- 잇사갈 자손 지파가 그 가족대로 받은 기업은 이 성읍들과 그 마을들이었더라(19:23)
- 그런데 단 자손의 경계는 더욱 확장되었으니 이는 단 자손이 올라가서 레셈과 싸워...(19:47-48)

(18장) 요단 동편(르우벤, 갓, 므낫세 반지파)과 서편(유다, 에브라임, 므낫세 반지파)에 땅을 분배받은 지파 외의 나머지 일곱 지파의 땅 분배에 관한 내용입니다. 여호수아는 남은 일곱 지파에서 지파별로 세 명의 정탐꾼을 차출하여 아직 분배받지 않은 지역을 탐지하고 지도를 그려오게 합니다.(4~6절) 탐지한 땅을 놓고 일곱 지파는 제비뽑기로 자신들의 기업을 결정하게 됩니다. 이어서 베냐민지파가 분배받은 땅을 소개합니다.(11~28절)

(19장) 시므온(1~9절), 스불론(10~16절), 잇사갈(17~23절), 아셀(24~31절), 납달리(32~39절), 단(40~48절)지파 순으로 제비뽑기로 받은 기업을 소개합니다. 땅 분배가 끝났습니다.

시편 149-150편 : 이스라엘은 손에 칼을 가지고 뭇 나라를 점령함

- 할렐루야 새 노래로 여호와께 노래하며 성도의 모임 가운데에서 찬양할지어다...(149:1-2)
- 여호와께서는 자기 백성을 기뻐하시며 겸손한 자를 구원으로 아름답게 하심이로다(149:4)
- 그들의 입에는 하나님에 대한 찬양이 있고 그들의 손에는 두 날 가진 칼이 있도다...(149:6-9)
- 할렐루야 그의 성소에서 하나님을 찬양하며 그의 권능의 궁창에서 그를 찬양할지어다...(150:1-6)

(149편) 이스라엘 백성들을 찬양으로 초대합니다.(1~3, 5~6절) 여호와가 찬양을 받으셔야 할 이유는 자기 백성을 구원하시며(4절) 대적들을 심판하시는 주이시기 때문입니다.(7~9절)

(150편) 성전제의를 배경으로 한 찬송시입니다. 호흡이 있는 자는 모든 것을 동원하여 하나님의 속성과 하나님이 행하신 일을 찬양해야 합니다.(1~5절)

예레미야 9장 : 여호와의 벌하심이 악한 이스라엘을 점령함

- 어찌하면 내 머리는 물이 되고 내 눈은 눈물 근원이 될꼬 죽임을 당한 딸 내 백성을 위하여 주야로 울리로다(1)
- 여호와의 말씀이니라 그들이 활을 당김 같이 그들의 혀를 놀려 거짓을 말하며...(3-4)
- 내가 예루살렘을 무더기로 만들며 승냥이 굴이 되게 하겠고 유다의 성읍들을 황폐하게 하여 주민이 없게 하리라...(11-12)
- 그들과 그들의 조상이 알지 못하던 여러 나라 가운데에 그들을 흩어 버리고 진멸되기까지 그 뒤로 칼을 보내리라 하셨느니라(16)
- 여호와께서 이와 같이 말씀하시되 지혜로운 자는 그의 지혜를 자랑하지 말라 용사는 그의 용맹을 자랑하지 말라 부자는 그의 부함을 자랑하지 말라..(23-25)

유다를 바라보는 하나님의 마음은 슬픔입니다.(1~2절) 삶이 온통 거짓으로 가득차 있는 유다 백성들을 하나님은 심판하실 수밖에 없습니다.(3~9절) 하나님의 심판 선고에 대해 예레미야는 탄식합니다.(10~11절) 하나님의 법을 버리고 우상을 따른 유다 백성들은 하나님의 진노의 잔을 마시게 될 것입니다.(12~16절) 무서운 심판이 임할 것이기에 하나님은 애곡을 명하시지만 회개의 눈물이 말라버린 유다에는 대신 울어줄 사람이 필요할 정도였습니다.(17~22절) 그들은 자신들의 지혜와 부함을 자랑하지 말고 하나님을 아는 것과 하나님이 사랑과 공의를 행하는 분임을 아는 것을 자랑해야 합니다.(23~26절)

마태복음 23장 : 예수님의 교훈이 서기관과 바리새인을 점령함

- 이에 예수께서 무리와 제자들에게 말씀하여 이르시되...(1-7)
- 땅에 있는 자를 아버지라 하지 말라 너희의 아버지는 한 분이시니 곧 하늘에 계신...(9-11)
- 화 있을진저 외식하는 서기관들과 바리새인들이여 너희는 천국 문을 사람들 앞에서 닫고 너희도 들어가지 않고 들어가려 하는 자도 들어가지 못하게 하는도다...(13-16)
- 맹인들이여 어느 것이 크냐 그 예물이냐 그 예물을 거룩하게 하는 제단이냐...(19-31)
- 예루살렘아 예루살렘아 선지자들을 죽이고 네게 파송된 자들을 돌로 치는 자여...(37)

예수님은 종교 지도자들의 위선과 거짓 신앙을 폭로합니다.(1~12절) 하나님과 사람 앞에 자신을 낮추는 자가 진정한 제자입니다. 이어서 바리새인을 향한 일곱 가지 저주 형식의 심판이 선언됩니다. 그들은 천국 문을 닫는 자요, 지옥의 자식을 만드는 자이며, 눈먼 인도자입니다.(13~22절) 본질을 잃어버린 자요, 외형만 깨끗한 자요, 겉으로만 옳게 보이는 자입니다.(23~28절) 패역한 조상들을 그대로 답습한 자들이며, 회개를 거부하고, 궁극적으로 메시아를 거부한 자입니다.(29~39절)

하나님! 나에게는 아직 거짓과 위선이 있습니다. 거짓과 위선이 사라지고, 회개의 눈물이 메마르지 않기를 소원합니다.

본문 여호수아 20-21장 | 사도행전 1장 | 예레미야 10장 | 마태복음 24장

주제 요청 (要請, 필요한 일이 이루어지도록 간절하게 부탁함)

하나님은 선지자에게 당신의 뜻을 전하신다. 선지자는 이 뜻을 자신에게 주어진 환경 속에서 사람들에게 대언한다. 즉 하나님이 사람에게, 사람이 하나님에게, 인간이 인간에게 그 뜻을 전하게 되고 또 그 뜻을 온전히 이루기 위하여 요구하고 요청하는 과정을 갖게 된다.

여호수아 20-21장 : 레위 사람이 성읍들과 목초지들을 요청함

- 이스라엘 자손에게 말하여 이르기를 내가 모세를 통하여 너희에게 말한 도피성들을 너희를 위해 정하여...(20:2-4)
- 그 살인자는 회중 앞에 서서 재판을 받기까지 또는 그 당시 대제사장이 죽기까지 그 성읍에 거주하다가 그 후에 그 살인자는 그 성읍 곧 자기가 도망하여 나온 자기 성읍...(20:6-8)
- 여호와께서 모세에게 명령하신 대로 이스라엘 자손이 제비 뽑아 레위 사람에게 준 성읍들과 그 목초지들이 이러하니라(21:8)
- 레위 사람들이 이스라엘 자손의 기업 중에서 받은 성읍은 모두 마흔여덟 성읍이요...(21:41-44)

(20장) 부지중에 실수로 살인한 자를 보호하기 위해 도피성 6개를 지정합니다. 도피성을 통해 보호받을 수 대상의 범위는 이스라엘 백성뿐만 아니라 사회적 약자인 거류민(나그네)까지 포함됩니다. 하나님이야말로 이스라엘 백성들이 피할 진정한 도피성입니다.

(21장) 레위 지파에게 배정된 성읍과 목초지에 관한 내용입니다. 이스라엘 각 지파는 하나님의 명령에 따라 자기의 기업에서 제비를 뽑아 48개의 성읍과 그 주변 목초지를 레위 지파 사람에게 주게 됩니다.(3~7절) 8절 이하 내용은 48개 성읍에 대한 자세한 소개입니다.

사도행전 1장 : 백이십 명이 아버지의 약속하신 것을 요청함

- 그가 고난 받으신 후에 또한 그들에게 확실한 많은 증거로 친히 살아 계심을 나타내사...(3-5)
- 오직 성령이 너희에게 임하시면 너희가 권능을 받고 예루살렘과 온 유대와 사마리아와 땅 끝까지 이르러 내 증인이 되리라 하시니라(8)
- 이르되 갈릴리 사람들아 어찌하여 서서 하늘을 쳐다보느냐 너희 가운데서 하늘로 올려지신 이 예수는 하늘로 가심을 본 그대로 오시리라 하였느니라(11)
- 항상 우리와 함께 다니던 사람 중에 하나를 세워 우리와 더불어 예수께서 부활하심을 증언할 사람이 되게 하여야 하리라 하거늘...(22-26)

사도행전은 그리스도 공동체(=교회)의 역사를 보여줍니다. 십자가에서 죽으시고 부활하신 예수 그리스도는 승천하시면서 성령님이 임하실 것을 약속하셨습니다. 성령님이 임한 사람은 예수 그리스도의 증인이 됩니다. 부활하신 예수님을 만난 제자들과 성도들은 예수님이 약속하신 성령님을 기다리며 기도에 힘씁니다.(12~14절) 그들은 예수님을

가룟 유다를 대신하여 그리스도의 증인이 될 사도를 1명 더 선출합니다.(15~26절)

예레미야 10장 : 선민의 신앙회복과 이방의 멸망을 요청함

- 여호와께서 이와 같이 말씀하시되 여러 나라의 길을 배우지 말라...(2-8)
- 오직 여호와는 참 하나님이시요 살아 계신 하나님이시요 영원한 왕이시라...(10)
- 야곱의 분깃은 이같지 아니하시니 그는 만물의 조성자요 이스라엘은 그의 기업의 지파라 그 이름은 만군의 여호와시니라(16)
- 여호와께서 이와 같이 말씀하시되 보라 내가 이 땅에 사는 자를 이번에는 내던질 것이라...(18-19)
- 주를 알지 못하는 이방 사람들과 주의 이름으로 기도하지 아니하는 족속들에게...(25)

예부터 인간은 하늘과 별들을 두려워하고 숭배했습니다. 그러나 하늘과 별은 하나님이 만드신 피조물에 불과합니다. 천체나 사람이 만든 우상은 인간의 운명을 좌우할 수 없습니다.(1~5절) 오직 창조주 하나님만이 경배를 받으시기에 합당하십니다.(6~11절) 창조주 하나님 대신 생명 없는 거짓 신을 섬긴 유다 백성들은 결국 바벨론에 의해 끌려갑니다.(12~20절) 유다가 실패한 이유는 하나님을 버렸기 때문입니다.(21~22절) 예레미야는 유다 백성들을 위해 탄식으로 기도합니다.(23~25절)

마태복음 24장 : 세상 끝 환난 때에 깨어있기를 요청함

- 대답하여 이르시되 너희가 이 모든 것을 보지 못하느냐 내가 진실로 너희에게 이르노니...(2-14)
- 이는 그 때에 큰 환난이 있겠음이라 창세로부터 지금까지 이런 환난이 없었고...(21-24)
- 번개가 동편에서 나서 서편까지 번쩍임 같이 인자의 임함도 그러하리라(27)
- 천지는 없어질지언정 내 말은 없어지지 아니하리라...(35-39)
- 그러므로 깨어 있으라 어느 날에 너희 주가 임할는지 너희가 알지 못함이니라(42)
- 이러므로 너희도 준비하고 있으라 생각하지 않은 때에 인자가 오리라...(44-51)

예수님은 예루살렘이 심판받게 될 것을 예고하십니다. 실제로 A.D. 70년 로마에 의해 예루살렘이 함락당하면서 끔찍한 참화를 겪게 됩니다. 예수님의 예루살렘에 대한 심판 예고는 마지막 날의 최후의 심판에 대한 경고이기도 합니다. 마지막 때가 올수록 예수님을 따르는 자들은 환난과 미움을 당하게 되지만 끝까지 견디는 자는 구원받게 될 것입니다.(1~12절) 세상 끝 날에는 전대미문의 큰 환난과 함께 거짓 선지자들이 등장해 큰 표적과 기사를 보이며 하나님의 백성들을 미혹할 것이기에 참과 거짓을 잘 분별해야 합니다.(15~28절) 예수 그리스도는 반드시 다시 오십니다.(29~35절) 재림의 날은 알 수 없지만 여러 징조들을 통해 재림이 임박했다는 것은 알 수 있습니다.(26~51절) 그리스도인은 항상 주님의 재림을 준비하고 있어야 합니다.

우상을 버리고 영원한 도피성 되시는 하나님을 참되게 예배하게 하옵소서. 초대교회에 임하신 성령님이 내게도 임하셔서 복음의 비밀을 알게 하셨으니 무한 감사드립니다. 인생길에서 신앙을 흔드는 사건과 유혹을 계속 만나지만 끝까지 믿음을 지킴으로서 승리하게 하옵소서.

본문 여호수아 22장 | 사도행전 2장 | 예레미야 11장 | 마태복음 25장
주제 **제단** (祭壇, 제사를 드리는 단)

구약의 제단은 하나님을 경외하는 자들이 온전한 제물로 제사를 드리는 곳이다. 또한 신약의 제단은 예수님을 믿는 자들이 하나님께 예배를 드리는 교회이며 동시에 생활에서 본을 보이는 삶의 제단이다.

여호수아 22장 : 두 지파 반이 이스라엘과 상관있음을 알린 제단

- 그 때에 여호수아가 르우벤 사람과 갓 사람과 므낫세 반 지파를 불러서...(1-5)
- 말하여 이르되 너희는 많은 재산과 심히 많은 가축과 은과 금과 구리와 쇠와 심히 많은 의복을 가지고 너희의 장막으로 돌아가서 너희의 원수들에게서 탈취한 것을 너희의 형제와...(8)
- 여호와의 온 회중이 말하기를 너희가 어찌하여 이스라엘 하나님께 범죄하여 오늘 여호와를 따르는 데서 돌아서서 너희를 위하여 제단을 쌓아 너희가 오늘 여호와께 거역하고자...(16-19)
- 르우벤 자손과 갓 자손과 므낫세 반 지파가 이스라엘 천천의 수령들에게 대답하여 이르되...(21-28)
- 제사장 엘르아살의 아들 비느하스가 르우벤 자손과 갓 자손과 므낫세 자손에게 이르되 우리가 오늘 여호와께서 우리 중에 계신 줄을 아노니 이는 너희가 이 죄를 여호와께...(31-34)

여호수아는 요단 동편에 먼저 자리 잡았으나 형제들을 위해 지금까지 함께 싸워준 르우벤, 갓, 므낫세 반 지파를 격려하며 하나님을 사랑하고 계명을 지킬 것을 당부하고, 특별히 전리품도 함께 나누라고 권면합니다.(1~9절) 그런데 요단 동편의 세 지파가 돌아가는 길에 요단 강 근처에 제단을 쌓은 것 때문에 지파간의 갈등이 생깁니다.(10~20절) 그들이 쌓은 제단은 우상 제단으로 오해를 받게 되었는데 이는 바알브올 사건(=모압 여인과의 음행으로 인한 하나님의 심판)과 아이성 1차 전투의 패배(=아간의 범죄로 인한 패전)로 인한 트라우마 때문입니다. 결국 요단 동편 지파들이 자손의 신앙을 위해 세운 제단임을 밝힘으로 오해는 풀렸습니다.(21~34절)

사도행전 2장 : 오순절에 마가 다락방에 강림한 성령의 제단

- 오순절 날이 이미 이르매 그들이 다같이 한 곳에 모였더니...(1-4)
- 그들이 이 말을 듣고 마음에 찔려 베드로와 다른 사도들에게 물어 이르되 형제들아 우리가 어찌할꼬 하거늘...(37-47)

'내 영을 만민에게 부어주신다'(욜 3:28)는 요엘 선지자를 통한 하나님의 약속과 보혜사 성령님을 보내신다는 예수님의 약속이 성취됩니다.(1~4절) 성령 강림의 첫 번째 현상은 각 나라의 언어를 말하는 것이었으며 성령이 임한 사람은 각 나라의 언어로 복음을 증거 합니다.(5~13절) 성령님은 예수님을 구주로 믿게 하며 우리로 예수의 증인이 되게 합니다. 성령강림 사건이 요엘 선지자를 통해 주신 말씀의 성취임을 베드로가 증언합니다.(14~21절) 예수님은 하나님의 뜻 가운데 죽으시고 부활하셨으며 그의 부활 소식은 증인들의 확고한 증언입니다.(22~32절) 하나님은 부활하신 예수님을 높이셔서 하나님 보좌 우편에 앉히셨습니다.(33~36절) 성령님의 강한 임재는 서로의 것을 아낌없이 나누는 이전에 없던 새로운 공동체의 탄생이라는 결과로 이어집니다.(37~47절)

예레미야 11장 : 유다가 예루살렘에 쌓은 수치스러운 제단

- 그들에게 이르기를 이스라엘의 하나님 여호와께서 이와 같이 말씀하시되 이 언약의 말을 따르지 않는 자는 저주를 받을 것이니라...(3-8)
- 그러므로 나 여호와가 이와 같이 말하노라 보라 내가 재앙을 그들에게 내리리니 그들이 피할 수 없을 것이라 그들이 내게 부르짖을지라도 내가 듣지 아니할 것인즉...(11-13)
- 나의 사랑하는 자가 많은 악한 음모를 꾸미더니 나의 집에서 무엇을 하려느냐 거룩한 제물 고기로 네 재난을 피할 수 있겠느냐 그 때에 네가 기뻐하겠느냐...(15-17)
- 나는 끌려서 도살 당하러 가는 순한 어린 양과 같으므로 그들이 나를 해하려고 꾀하기를 우리가 그 나무와 열매를 함께 박멸하자 그를 살아 있는 자의 땅에서 끊어서 그의 이름이...(19-23)

예레미야는 자신에게 임한 하나님의 말씀을 선포합니다. 언약을 깨뜨린 유다 백성에게 언약에서 규정한 심판과 저주가 임할 것입니다.(3~8절) 하나님은 우상숭배 죄에 대해 말씀하시면서 예레미야에게 백성들을 위한 중보기도를 금지시키십니다.(9~14절) 형식적으로 드려지는 제사행위도 거부하십니다.(15~17절) 충격적이게도 유다 백성들은 회개는커녕 예레미야를 죽여 그의 예언을 그치게 할 생각이었습니다. 도살장에 끌려가는 어린 양과 같은 처지에 놓인 예레미야의 탄식이 이어지고 하나님은 그의 탄식에 응답하십니다.(18~23절) 심판은 오히려 대적자들에게 내려질 것입니다.

마태복음 25장 : 달란트를 받은 자들이 장사하는 생활의 제단

- 그 때에 천국은 마치 등을 들고 신랑을 맞으러 나간 열 처녀와 같다 하리니...(1-13)
- 각각 그 재능대로 한 사람에게는 금 다섯 달란트를, 한 사람에게는 두 달란트를...(15-18)
- 그 주인이 이르되 잘하였도다 착하고 충성된 종아 네가 적은 일에 충성하였으매 내가 많은 것을 네게 맡기리니 네 주인의 즐거움에 참여할지어다 하고(21)
- 그에게서 그 한 달란트를 빼앗아 열 달란트 가진 자에게 주라(28)
- 양은 그 오른편에 염소는 왼편에 두리라...(33-40)
- 그들은 영벌에, 의인들은 영생에 들어가리라 하시니라(46)

유대 결혼 풍습을 비유로 재림에 대하여 언제든 준비된 자가 되어야 한다는 것과(1~13절) 달란트 비유를 통해 재림을 기다리며 어떻게 살아야 하는지에 대해 말씀하십니다.(14~30절) 이어서 고난과 궁핍에 처한 형제에 대한 섬김은 천국 복음을 소유한 자의 마땅한 행위라는 것을 강조하십니다.(31~46절)

형제들을 위해 전투에 참가한 요단 동편 세 지파처럼 형제들을 위한 섬김과 희생이 가능하도록 나의 마음을 주장하여 주옵소서. 예수 그리스도로 인하여 맺어진 형제들을 잘 돌아보는 자가 되게 하옵소서.

본문 여호수아 23장 | 사도행전 3장 | 예레미야 12장 | 마태복음 26장
주제 **당부** (當付, 말로 단단히 부탁함)

성도를 무너뜨리는 큰 적은 안일함과 외식함이다. 그러므로 항상 깨어 있어 경고와 권면 그리고 당부하는 말을 듣고 자신을 지켜야 한다. 이스라엘 자손의 안주, 제자들의 유혹을 향한 지도자의 당부를 보라.

여호수아 23장 : 남은 민족들을 멀리하라는 여호수아의 당부

- 여호와께서 주위의 모든 원수들로부터 이스라엘을 쉬게 하신 지 오랜 후에 여호수아가 나이 많아 늙은지라(1)
- 너희의 하나님 여호와께서 너희를 위하여 이 모든 나라에 행하신 일을 너희가 다 보았거니와 너희의 하나님 여호와 그는 너희를 위하여 싸우신 이시니라...(3-7)
- 그러므로 스스로 조심하여 너희의 하나님 여호와를 사랑하라(11)
- 보라 나는 오늘 온 세상이 가는 길로 가려니와 너희의 하나님 여호와께서 너희에게 대하여 말씀하신 모든 선한 말씀이 하나도 틀리지 아니하고 다 너희에게 응하여 그 중에 하나도 어김이 없음을 너희 모든 사람은 마음과 뜻으로 아는 바라...(14-15)

23-24장은 여호수아의 고별 설교에 해당됩니다. 이스라엘 백성들은 율법을 힘써 지킴으로써 가나안 땅을 기업으로 주신 하나님과의 친밀함을 유지해 나가야 합니다.(1~10절) 이스라엘을 위해 싸우시는 하나님을 더욱 사랑해야 합니다.(11절) 만약 이방 민족과 어울리며 그들의 영향으로 우상을 섬기게 되면 멸망의 길로 가게 될 것입니다.(12~16절) 우리는 죄의 영향력을 항상 경계해야 합니다.

사도행전 3장 : 예수님을 믿고 회개하라는 사도 베드로의 당부

- 제 구 시 기도 시간에 베드로와 요한이 성전에 올라갈새...(1-8)
- 베드로가 이것을 보고 백성에게 말하되 이스라엘 사람들아 이 일을 왜 놀랍게 여기느냐 우리 개인의 권능과 경건으로 이 사람을 걷게 한 것처럼 왜 우리를 주목하느냐...(12-16)
- 그러므로 너희가 회개하고 돌이켜 너희 죄 없이 함을 받으라 이같이 하면 새롭게 되는 날이 주 앞으로부터 이를 것이요...(19-20)
- 너희는 선지자들의 자손이요 또 하나님이 너희 조상과 더불어 세우신 언약의 자손이라 아브라함에게 이르시기를 땅 위의 모든 족속이 너의 씨로 말미암아 복을 받으리라 하셨으니...(25-26)

성전 미문 앞에서 구걸하던 걷지 못하는 자의 치유는 죄 사함의 권능을 가진 예수님으로 인해 도래한 하나님 나라의 시작을 알리는 사건입니다.(1~10절) 병자의 치유에 놀란 사람들에게 베드로와 요한은 그를 치유하신 이가 바로 하나님이 약속하신 메시아이심을 선포합니다.(11~26절)

예레미야 12장 : 돌이키셨을 때 잘 배우라는 예레미야의 당부

- 여호와여 내가 주와 변론할 때에는 주께서 의로우시니이다 그러나 내가 주께 질문하옵나니 악한 자의 길이 형통하며 반역한 자가 다 평안함은 무슨 까닭이니이까...(1-4)
- 네 형제와 아버지의 집이라도 너를 속이며 네 뒤에서 크게 외치나니 그들이 네게 좋은 말을 할지라도 너는 믿지 말지니라(6)
- 내가 내 백성 이스라엘에게 기업으로 준 소유에 손을 대는 나의 모든 악한 이웃에 대하여 여호와께서 이와 같이 말씀하시니라 보라 내가 그들을 그 땅에서 뽑아 버리겠고 유다 집을 그들 가운데서 뽑아 내리라...(14-17)

자신을 괴롭히는 악인의 형통에 대해 의문을 품은 예레미야는 하나님의 공의의 심판이 나타나기를 간구합니다.(1~4절) 하나님은 악인들의 안락한 삶은 곧 끝날 것이며 바벨론 땅에서 괴로운 포로생활을 하게 될 것이라고 말씀하십니다.(5~6절) 아무리 유다가 번성해도 하나님이 유다의 보호자가 되기를 거부하시는 순간 열방은 마음껏 유다를 유린하게 될 것입니다.(7~13절) 그러나 하나님은 자기 백성이 심판으로 인해 겪는 고통에 탄식하시며 다시 돌아오기를 기다리십니다.(14~17절)

마태복음 26장 : 시험에 들지 않게 깨어 있으라는 예수님의 당부

- 너희가 아는 바와 같이 이틀이 지나면 유월절이라 인자가 십자가에 못 박히기 위하여 팔리리라 하시더라(2)
- 예수께서 베다니 나병환자 시몬의 집에 계실 때에...(6-13)
- 제자들이 예수께서 시키신 대로 하여 유월절을 준비하였더라...(19-28)
- 그 때에 예수께서 제자들에게 이르시되 오늘 밤에 너희가 다 나를 2)버리리라 기록된 바 ㄱ)내가 목자를 치리니 양의 떼가 흩어지리라 하였느니라...(31-35)
- 예수를 파는 자가 그들에게 군호를 짜 이르되 내가 입맞추는 자가 그이니 그를 잡으라 한지라...(48-52)
- 이에 베드로가 예수의 말씀에 닭 울기 전에 네가 세 번 나를 부인하리라 하심이 생각나서 밖에 나가서 심히 통곡하니라(75)

유월절 어린양으로 오신 예수님은 자신의 죽음을 예견하시고(1~5절) 한 여인은 예수님의 가는 길을 예비합니다.(6~13절) 반면 가룟 유다는 예수님을 배반하려고 합니다.(14~16절) 최후의 만찬에서 유다의 배신을 예고하신 예수님은 유월절 떡과 포도주를 통해 십자가에서 찢길 살과 흘릴 피가 영원한 양식임을 선언하십니다.(17~30절) 제자들과 베드로의 배신을 예고하신 예수님은 생명을 건 기도를 드리면서 아버지의 뜻에 온전히 순종할 것을 결단하십니다.(31~46절) 말씀의 성취를 위해 체포되신 예수님은 죄가 없음에도 불구하고 온갖 수치와 조롱을 당하십니다.(47~68절) 예고대로 베드로는 예수님을 세 번 부인하였으며 그 후 자책하며 통곡합니다.(69~70절)

오늘도 죄 사함과 치유의 능력을 가지신 예수님을 의지합니다. 심판 중에도 긍휼을 잊지 않으시는 하나님을 경외하는 마음으로 계명을 지킬 것을 결단합니다.

본문 여호수아 24장 | 사도행전 4장 | 예레미야 13장 | 마태복음 27장
주제 **결심** (決心, 마음을 굳게 정함)

사람의 아름다움은 선한 것과 옳은 것을 결심할 때 나타난다. 하나님은 믿음의 사람들에게 용기를 주셔서 결단하도록 역사하신다. 그렇지 못한 불신자들은 악한 것을 결심하고 행함으로 멸망으로 치닫는다.

여호수아 24장 : 여호수아 가정과 온 이스라엘 자손의 신앙 결심

- 여호수아가 이스라엘 모든 지파를 세겜에 모으고 이스라엘 장로들과 그들의 수령들과 재판장들과 관리들을 부르매 그들이 하나님 앞에 나와 선지라(1)
- 내가 너희의 조상 아브라함을 강 저쪽에서 이끌어 내어 가나안 온 땅에 두루 행하게 하고 그의 씨를 번성하게 하려고 그에게 이삭을 주었으며(3)
- 너희가 요단을 건너 여리고에 이른즉 여리고 주민들 곧 아모리 족속과 브리스 족속과 가나안 족속과 헷 족속과 기르가스 족속과 히위 족속과 여부스 족속이 너희와 싸우기로 내가 그들을 너희의 손에 넘겨 주었으며(11)
- 이 일 후에 여호와의 종 눈의 아들 여호수아가 백십 세에 죽으매(29)
- 이스라엘이 여호수아가 사는 날 동안과 여호수아 뒤에 생존한 장로들 곧 여호와께서 이스라엘을 위하여 행하신 모든 일을 아는 자들이 사는 날 동안 여호와를 섬겼더라(31)

여호수아의 마지막 장으로 아브라함 때부터 가나안 정착까지의 하나님의 구원 역사(1~13절), 하나님의 신실한 구원의 역사에 대한 이스라엘에 응답(=언약의 갱신 & 순종의 결단, 14~24절), 여호수아와 대제사장 엘르아살의 죽음, 마지막으로 요셉의 장례에 대한 내용을 다룹니다.(25~33절)

사도행전 4장 : 위협 중에도 예수님 전하는 베드로와 요한의 결심

- 사도들이 백성에게 말할 때에 제사장들과 성전 맡은 자와 사두개인들이 이르러…(1-4)
- 다른 이로써는 구원을 받을 수 없나니 천하 사람 중에 구원을 받을 만한 다른 이름을 우리에게 주신 일이 없음이라 하였더라…(12-14)
- 이것이 민간에 더 퍼지지 못하게 그들을 위협하여 이 후에는 이 이름으로 아무에게도 말하지 말게 하자 하고…(17-21)
- 주여 이제도 그들의 위협함을 굽어보시옵고 또 종들로 하여금 담대히 하나님의 말씀을 전하게 하여 주시오며…(29-35)

사도들은 박해를 받으면서도 부활하신 예수님이 유일한 구주가 되심을 생명 걸고 전합니다.(1~12절) 그들이 담대할 수 있었던 이유는 그리스도의 부활을 목격했기 때문입니다.(13~22절) 성령 충만함을 받은 그리스도의 증인들은 복음 안에서 하나가 되어 소유욕으로부터 자유함을 누렸습니다.(23~37절)

예레미야 13장 : 예루살렘의 교만에 대한 하나님의 심판 결심

- 여호와께서 이와 같이 내게 이르시되 너는 가서 베 띠를 사서 네 허리에 띠고 물에 적시지 말라 하시기로...(1-7)
- 여호와께서 이와 같이 말씀하시니라 내가 유다의 교만과 예루살렘의 큰 교만을 이같이 썩게 하리라...(9-14)
- 너의 친구 삼았던 자를 그가 네 위에 우두머리로 세우실 때에 네가 무슨 말을 하겠느냐 네가 고통에 사로잡힘이 산고를 겪는 여인 같지 않겠느냐...(21-23)
- 내가 너의 간음과 사악한 소리와 들의 작은 산 위에서 네가 행한 음란과 음행과 가증한 것을 보았노라 화 있을진저 예루살렘이여 네가 얼마나 오랜 후에야 정결하게 되겠느냐 하시니라(27)

하나님은 예레미야에게 상징행동을 지시하십니다. 유브라데 강가에 숨겨 놓았다가 썩은 채 발견된 허리띠를 통해 유다가 언약을 파기하고 하나님을 버림으로써 썩은 존재, 즉 쓸모없는 존재가 되었다고 말씀하십니다.(1~11절) 또한 포도주 가죽부대의 비유를 통해 술에 취해 심각한 분열을 보이는 유다가 하나님의 심판을 피할 수 없게 되었음도 말씀하십니다.(12~14절) 예레미야는 하나님의 말씀을 듣고 교만하지 말라고 경고합니다.(15~19절) 결국 유다는 치마가 벗겨지고 발뒤꿈치가 상하는 노예생활을 하게 될 것입니다.(20~22절) 악에 익숙한 유다는 스스로 선을 행할 수 없는 상태입니다.(23~24절) 하나님은 철저하게 심판하실 것입니다.(25~27절)

마태복음 27장 : 예수님에 대한 대제사장들 장로들의 잘못된 결심

- 새벽에 모든 대제사장과 백성의 장로들이 예수를 죽이려고 함께 의논하고(1)
- 그 때에 예수를 판 유다가 그의 정죄됨을 보고 스스로 뉘우쳐 그 은 삼십을 대제사장들과 장로들에게 도로 갖다 주며...(3-5)
- 명절이 되면 총독이 무리의 청원대로 죄수 한 사람을 놓아 주는 전례가 있더니...(15-21)
- 빌라도가 아무 성과도 없이 도리어 민란이 나려는 것을 보고 물을 가져다가 무리 앞에서 손을 씻으며 이르되 2)이 사람의 피에 대하여 나는 무죄하니 너희가 당하라...(24-25)
- 그들이 예수를 십자가에 못 박은 후에 그 옷을 제비 뽑아 나누고(35)
- 그러므로 명령하여 그 무덤을 사흘까지 굳게 지키게 하소서 그의 제자들이 와서...(64)

예수님은 빌라도 총독에게로 넘겨졌으며 죄 없는 예수님의 유죄판결로 괴로워하던 가룟 유다는 스스로 목숨을 끊습니다.(1~10절) 빌라도는 여론에 대한 압박 때문에 무죄한 예수님에게 십자가형을 언도합니다.(11~26절) 예수님은 십자가의 극심한 고통과 온갖 수치와 모욕을 함께 당하시다가 마침내 운명하십니다.(27~56절) 아리마대 요셉이 예수님의 시신을 수습했으며 대제사장의 요청에 따라 경비병들이 무덤을 굳게 지키게 됩니다.(57~66절)

십자가의 구속의 은혜를 날마다 새롭게 경험하게 하시고 말씀에 대한 순종으로 주님께 응답하게 하옵소서. 악에 익숙한 저를 성령께서 붙들어 선을 행할 수 있는 마음과 능력을 주시옵소서.

7/18

본문 사사기 1장 | 사도행전 5장 | 예레미야 14장 | 마태복음 28장

주제 **한계** (限界, 사물의 정하여 놓은 범위나 경계)

성도에게는 사명이 있다. 그 사명을 감당하기 위해 부단히 준비하고 또 노력해야 한다. 하지만 항상 한계가 있다. 한계는 타협과 거짓의 옷을 입고 나타난다. 그 한계를 극복할 때 참된 결과를 얻게 된다.

사사기 1장 : 9지파 반이 쫓아내지 못한 정복의 한계

- 여호수아가 죽은 후에 이스라엘 자손이 여호와께 여쭈어 이르되 우리 가운데 누가 먼저 올라가서 가나안 족속과 싸우리이까…(1-4)
- 갈렙이 말하기를 기럇 세벨을 쳐서 그것을 점령하는 자에게는 내 딸 악사를 아내로 주리라 하였더니…(12-16)
- 여호와께서 유다와 함께 계셨으므로 그가 산지 주민을 쫓아내었으나 골짜기의 주민들은 철 병거가 있으므로 그들을 쫓아내지 못하였으며…(19-25)
- 므낫세가 벧스안과 그에 딸린 마을들의 주민과 다아낙과 그에 딸린 마을들의 주민과 돌과 그에 딸린 마을들의 주민과 이블르암과 그에 딸린 마을들의 주민과 므깃도와 그에 딸린 마을들의 주민들을 쫓아내지 못하매 가나안 족속이 결심하고 그 땅에 거주하였더니…(27-35)

여호수아가 죽은 후 아직 남아 있는 가나안 정복전쟁을 진행합니다.(1~17절) 이스라엘에게 공포심을 심어준 아낙 자손의 땅으로 약속의 말씀 믿고 나아갔던 유다 족속이 이번에도 앞장섭니다.(수 14장) 그러나 골짜기에 거주하는 사람들을 쫓아내지는 못했습니다.(18~21절) 이스라엘 백성들의 불순종으로 인해 가나안 정복이 완전하지 못했다는 것을 확인할 수 있습니다.(22~36절)

사도행전 5장 : 아나니아와 삽비라의 신앙양심의 한계

- 아나니아라 하는 사람이 그의 아내 삽비라와 더불어 소유를 팔아…(1-5)
- 세 시간쯤 지나 그의 아내가 그 일어난 일을 알지 못하고 들어오니…(7-9)
- 심지어 병든 사람을 메고 거리에 나가 침대와 요 위에 누이고 베드로가 지날 때에 혹 그의 그림자라도 누구에게 덮일까 바라고…(15-21)
- 만일 하나님께로부터 났으면 너희가 그들을 무너뜨릴 수 없겠고 도리어 하나님을 대적하는 자가 될까 하노라 하니…(29-42)

욕망이 이끄는 대로 행했던 아나니아와 삽비라는 성령을 속인 죄로 심판을 받았습니다.(1~11절) 욕망에 사로잡히면 성령의 음성을 들을 수 없습니다. 사도들의 복음 선포를 듣고 또한 예수님의 이름으로 나타나는 각종 표적과 기사를 본 많은 사람들이 예수님께로 돌아왔습니다.(12~26절) 사도들을 옥에 가두기도 했으나 하나님의 천사들이 사도들을 옥에서 이끌어 내는 기적도 일어납니다. 복음의 행진을 누가 막을 수 있겠습니까? 옥에 나온 사도들은 주저 없이 복음을 또 선포합니다. 사도들을 죽이고자 하는 대제사장과 공회와는 달리 율법 교사 가말리엘은 예수의 부활하심과 그리스도 되심에 대한 소식이 만약 하나님으로부터 온 것이라면 잘못 막아설 경우 하나님의 대적이 될 수 있다는 신중론을 폅니다.(27~42절)

예레미야 14장 : 유다의 애통와 거짓 선지자의 예언의 한계

- 가뭄에 대하여 예레미야에게 임한 여호와의 말씀이라...(1-4)
- 여호와여 우리의 죄악이 우리에게 대하여 증언할지라도 주는 주의 이름을 위하여 일하소서 우리의 타락함이 많으니이다 우리가 주께 범죄하였나이다...(7-9)
- 여호와께서 또 내게 이르시되 너는 이 백성을 위하여 복을 구하지 말라...(11-14)
- 주께서 유다를 온전히 버리시나이까 주의 심령이 시온을 싫어하시나이까 어찌하여 우리를 치시고 치료하지 아니하시나이까 우리가 평강을 바라도 좋은 것이 없고 치료 받기를 기다리나 두려움만 보나이다...(19-22)

유다의 범죄로 인해 극심한 가뭄과 전쟁이 임하게 될 것입니다.(1절) 유다 백성은 물론 들짐승까지 고통을 당하게 될 것입니다.(2~6절) 그래서 성경은 "피조물도 하나님의 아들들이 나타나는 것을 원한다"고 말합니다.(롬 8:19) 자신들에게 임할 심판의 선언을 들은 유다 백성들은 주의 이름을 생각해서라도 용서해 달라고 간구하지만 하나님은 심판만 면하고자 하는 얄팍한 마음으로 드리는 거짓 회개임을 아셨기에 백성을 위한 예레미야의 중보기도를 금하십니다.(7~12절) 하나님은 근거 없는 평안을 선포하는 거짓 예언자들을 반드시 심판하실 것입니다.(13~16절) 한편, 이미 유다의 심판이 확정되었음에도 불구하고 예레미야는 탄식하며 여호와의 이름과 그 영광을 위해서라도 구원해 달라고 포기하지 않고 간구합니다.(17~22절) 그는 참 예언자입니다.

마태복음 28장 : 부활에 관한 경비병들의 거짓말의 한계

- 천사가 여자들에게 말하여 이르되 너희는 무서워하지 말라 십자가에 못 박히신 예수를 너희가 찾는 줄을 내가 아노라...(5-15)
- 예수께서 나아와 말씀하여 이르시되 하늘과 땅의 모든 권세를 내게 주셨으니...(18-20)

누구도 예수님의 부활을 막을 수 없습니다.(1~10절) 예수님의 부활은 교회공동체의 탄생의 직접적인 원인이 됩니다. 부활의 소식을 막기 위해 대적자들이 할 수 있는 일은 경비병들을 매수하여 거짓 소문을 퍼뜨리는 것 외에 없었습니다.(11~15절) 부활하신 예수님은 우리와 영원히 함께 하신다는 약속과 함께 '모든 민족으로 제자가 되게 하라'는 대사명(Great Mission)을 주십니다.(16~20절)

하나님의 심판이 임박한 상황에서도 회개할 줄 모르는 유다 백성들의 어리석음을 닮지 않게 하옵소서. 그러나 백성들을 위한 중보하기를 포기하지 않는 예레미야는 닮게 하옵소서. 탐심이 내 생각과 교회 공동체를 좌우하지 못하게 하시고 성령님의 뜻에 따라 행하게 하시며 나의 일생이 주의 사명을 이루는 과정이 되게 하옵소서.

본문 사사기 2장 | 사도행전 6장 | 예레미야 15장 | 마가복음 1장
주제 **세대** (世代, 같은 시대에 공통의식을 가지는 비슷한 연령층의 사람들)

역사의 흐름 속에 많은 세대가 지나간다. 하나님을 참되게 경외하는 믿음 세대가 있는 반면에 거역하고 우상을 숭배하는 악한 세대도 있다. 선과 악이 공존하는 세대 속에서 복음을 전파하는 밀알 세대가 되자.

사사기 2장 : 선민을 위해 행하신 역사를 모르는 다른 세대

- 여호와의 사자가 길갈에서부터 보김으로 올라와 말하되 내가 너희를 애굽에서 올라오게 하여 내가 너희의 조상들에게 맹세한 땅으로 들어가게 하였으며 또 내가 이르기를...(1-4)
- 백성이 여호수아가 사는 날 동안과 여호수아 뒤에 생존한 장로들 곧 여호와께서 이스라엘을 위하여 행하신 모든 큰 일을 본 자들이 사는 날 동안에 여호와를 섬겼더라(7)
- 그 세대의 사람도 다 그 조상들에게로 돌아갔고 그 후에 일어난 다른 세대는 여호와를 알지 못하며 여호와께서 이스라엘을 위하여 행하신 일도 알지 못하였더라...(10-19)

이스라엘 백성들은 가나안 주민과의 언약을 맺지 말라는 언약을 어겼고 그들을 다 쫓아내지도 않았습니다.(1~5절) 하나님이 그들을 위해 행하신 위대한 일들은 후대에 잘 전수해야 하지만 이 일에 실패하여 여호수아 사후 이스라엘은 급격히 불신앙의 길로 접어들게 됩니다.(6~10절) 하나님을 떠나 우상을 섬기는 이스라엘은 타락하여 악을 행하고, 하나님은 그들을 심판하사 대적의 손에 넘기시고, 심판당하는 중에 백성들이 회개함으로 다시 구원하시는 사사기의 패턴이 만들어집니다.(11~23절) 사사기 내내 이 공식이 반복됩니다. 우리에게 실패와 타락의 순간도 있지만 순종과 실패를 반복하면서 순종의 비율이 점차 높아짐으로 하나님의 백성으로 빚어지는 은혜가 있기를 소망합니다.

사도행전 6장 : 표적을 행하는 스데반을 모함하는 악한 세대

- 그 때에 제자가 더 많아졌는데 헬라파 유대인들이 자기의 과부들이 매일의 구제에 빠지므로 히브리파 사람을 원망하니...(1-8)
- 스데반이 지혜와 성령으로 말함을 그들이 능히 당하지 못하여...(10-12)
- 공회 중에 앉은 사람들이 다 스데반을 주목하여 보니 그 얼굴이 천사의 얼굴과 같더라(15)

성령의 폭발적인 역사로 부흥하던 초대교회에 갈등이 생깁니다.(1~7절) 교회의 구제(=긍휼) 사역에서 문제가 발생했는데 이스라엘 밖에서 거주하다가 돌아온 디아스포라 출신 과부들이 본토 출신 과부들에 비해 차별 대우를 받았기 때문입니다. 이에 사도들은 구제문제를 별도의 일꾼(=집사)을 세워 맡기고 본인들은 기도와 말씀에만 집중하기로 결정합니다. 성령님이 주도하시는 역사가 사도들뿐만 아니라 사도가 세운 신실한 일꾼을 통해서도 나타납니다.(8~15절) 예수님의 이름으로 큰 기사와 표적을 행하는 스데반을 이길 자가 없었습니다. 그는 신성 모독죄로 고소당했으나 성령 충만한 그는 담대했습니다.

예레미야 15장 : 악한 예루살렘은 네 가지 벌로 버림받은 세대

- 여호와께서 내게 이르시되 모세와 사무엘이 내 앞에 섰다 할지라도 내 마음은 이 백성을 향할 수 없나니 그들을 내 앞에서 쫓아 내보내라...(1-4)
- 여호와께서 이르시되 네가 나를 버렸고 내게서 물러갔으므로 네게로 내 손을 펴서 너를 멸하였노니 이는 내가 뜻을 돌이키기에 지쳤음이로다...(6-7)
- 여호와여 주께서 아시오니 원하건대 주는 나를 기억하시며 돌보시사 나를 박해하는 자에게 보복하시고 주의 오래 참으심으로 말미암아 나로 멸망하지 아니하게 하옵시며...(15-20)

하나님은 예레미야에게 이미 유다를 위해 기도해도 소용없다고 말씀하셨습니다. 뿐만 아니라 모세와 사무엘이 기도해도 심판을 막을 수 없을 정도로 유다의 타락은 심각했습니다.(1~6절) 유다의 인구는 심판으로 인해 감소하게 될 것입니다.(7~9절) 하나님을 버린 유다에 대해 심판을 선언하는 예레미야는 동족으로부터 극심한 비난과 박해에 직면해 있습니다.(10, 15~18절) 이에 하나님은 예레미야의 대적자들을 바벨론 군대를 통해 심판하시고(11~14절) 계속해서 예레미야를 예언자로서 쓰실 것이며 보호해 주실 것을 약속하십니다.(19~21절)

마가복음 1장 : 예수 그리스도의 복음을 체험하는 회복 세대

- 하나님의 아들 예수 그리스도의 복음의 시작이라(1)
- 세례 요한이 광야에 이르러 죄 사함을 받게 하는 회개의 세례를 전파하니...(4-5)
- 성령이 곧 예수를 광야로 몰아내신지라...(12-15)
- 예수께서 이르시되 나를 따라오라 내가 너희로 사람을 낚는 어부가 되게 하리라 하시니(17)
- 예수께서 각종 병이 든 많은 사람을 고치시며 많은 귀신을 내쫓으시되...(34-35)
- 이르시되 우리가 다른 가까운 마을들로 가자 거기서도 전도하리니 내가 이를 위하여...(38)

하나님의 아들 예수 그리스도는 가장 복된 소식을 가지고 이 땅에 오셨습니다. 세례요한은 예수 그리스도의 길을 준비하기 위해 먼저 와서 회개의 세례를 베풀었습니다.(1~8절) 본래 예수님은 세례를 베풀 권세를 가지셨지만 겸손하게 요한에게 세례를 받음으로써 공생애를 시작하십니다.(9~11절) 예수님이 세례를 받을 때 하늘로부터 그의 정체성이 선포됩니다. 예수님을 통해 임하는 하나님 나라는 믿음과 회개로 반응하는 자에게 열릴 것입니다.(12~15절) 예수님은 복음의 일꾼이 될 제자들을 부르셨습니다.(16~20절) 예수님의 권세는 귀신을 내어 쫓고, 온갖 병을 치유하는 것으로 나타납니다.(21~45절) 귀신을 쫓고 병을 치유하며 영생을 얻게 하는 것은 복음 외에 없습니다. 예수님은 많은 일로 바쁘셨지만 새벽에 한적한 곳에서 기도하는 것을 가장 중요하게 여기셨습니다.(35절)

하나님! 하나님이 내게 행하신 놀라운 일들을 망각하지 않는 은혜를 주시옵소서. 어려운 현실이 생기더라도 신앙인의 정체성을 잃지 않게 하옵소서. 이 땅의 교회는 여러 가지 어려움과 연약함이 있지만 우리가 교회를 사랑하는 마음으로 하나가 되어 문제를 풀어 나감으로써 주님이 기뻐하시는 교회를 만들어 가게 하옵소서.

본문 사사기 3장 | 사도행전 7장 | 예레미야 16장 | 마가복음 2장
주제 **영광** (榮光, 빛나는 영예)

모든 빛과 영광은 오직 하나님께만 있다. 하나님은 그 빛과 영광을 선민에게 나눠 주셨다. 하지만 그 은혜를 입은 선민이 하나님을 거역하고 그 영광을 욕되게 가렸다. 그럼에도 하나님의 영광은 빛날 뿐이다.

사사기 3장 : 여호와의 영광을 가리고 우상숭배한 이스라엘

- 이스라엘 자손의 세대 중에 아직 전쟁을 알지 못하는 자들에게 그것을 가르쳐 알게 하려 하사 남겨 두신 이방 민족들은(2)
- 남겨 두신 이 이방 민족들로 이스라엘을 시험하사 여호와께서 모세를 통하여 그들의 조상들에게 이르신 명령들을 순종하는지 알고자 하셨더라(4)
- 그들의 딸들을 맞아 아내로 삼으며 자기 딸들을 그들의 아들들에게 주고 또 그들의 신들을 섬겼더라…(6-12)
- 이스라엘 자손이 여호와께 부르짖으매 여호와께서 그들을 위하여 한 구원자를 세우셨으니 그는 곧 베냐민 사람 게라의 아들 왼손잡이 에훗이라 이스라엘 자손이 그를 통하여 모압 왕 에글론에게 공물을 바칠 때에(15)

가나안 정복지 안팎으로 많은 이방 민족들이 살았습니다. 하나님은 그들을 통해 당신의 백성들을 테스트하십니다.(1~8절) 불순종을 일삼으면서도 회개할 줄 모르던 이스라엘 백성들은 잠시 징계를 받았지만 그들이 다시 하나님 앞에 나아올 때 하나님은 사사 옷니엘을 통해 그들을 건져내어 주셨습니다.(9~11절) 이스라엘의 악행은 반복되었고 이번에는 왼손잡이 에훗을 통해 구원하셨습니다.(12~31절)

사도행전 7장 : 영광의 하나님의 구속사를 설교한 스데반

- 스데반이 이르되 여러분 부형들이여 들으소서 우리 조상 아브라함이 하란에 있기 전 메소보다미아에 있을 때에 영광의 하나님이 그에게 보여…(2-4)
- 할례의 언약을 아브라함에게 주셨더니 그가 이삭을 낳아 여드레 만에 할례를 행하고 이삭이 야곱을, 야곱이 우리 열두 조상을 낳으니라…(8-10)
- 요셉이 사람을 보내어 그의 아버지 야곱과 온 친족 일흔다섯 사람을 청하였더니(14)
- 모세가 이 말 때문에 도주하여 미디안 땅에서 나그네 되어 거기서 아들 둘을…(29-35)
- 우리 조상들이 모세에게 복종하지 아니하고자 하여 거절하며 그 마음이 도리어…(39-41)
- 솔로몬이 그를 위하여 집을 지었느니라(47)
- 말하되 보라 하늘이 열리고 인자가 하나님 우편에 서신 것을 보노라 한 대…(56-60)

신성 모독죄로 고소당한 스데반은 공회 앞에서 이스라엘의 역사를 통한 변증을 시도합니다. 예수 그리스도의 십자가의 죽음과 부활은 곧 유대민족에 계시하셨던 하나님의 언약의 성취입니다. 스데반은 출애굽 시대에 이스라엘 백성들이 모세를 배척하고 금송아지를 섬겼던 것처럼 지금의 유대인들이 하나님이 보낸 의로우신 예수님을 배척한다고 책망합니다. 결국 유대인들은 자신들의 죄를 고발하며 회개를 촉구한 스데반을 돌로 쳐 죽입니다. 예수 그리스도께 영원한 생명을 의탁하는 기도를 드리며 죽음을 맞이한 스데반은 영광스러운 첫 번째 순교자였습니다. 그의 순교의 과정 속에서 하나님은 조용히 복음을 위해 크게 쓰임 받을 바울을 준비시키고 계십니다.

예레미야 16장 : 영광의 하나님의 율법을 지키지 않은 이스라엘

- 너는 이 땅에서 아내를 맞이하지 말며 자녀를 두지 말지니라(2)
- 여호와께서 이와 같이 말씀하시되 초상집에 들어가지 말라 가서 통곡하지 말며...(5)
- 너는 잔칫집에 들어가서 그들과 함께 앉아 먹거나 마시지 말라(8)
- 네가 이 모든 말로 백성에게 말할 때에 그들이 네게 묻기를 여호와께서 우리에게 이 모든 큰 재앙을 선포하심은 어찌 됨이며 우리의 죄악은 무엇이며 우리가 우리 하나님 여호와께 범한 죄는 무엇이냐 하거든...(10-13)
- 여호와께서 이르시되 보라 이번에 그들에게 내 손과 내 능력을 알려서 그들로 내 이름이 여호와인 줄 알게 하리라(21)

하나님은 예레미야의 결혼과 출산을 금하고 초상집과 잔칫집의 출입도 금하십니다.(1~9절) 이렇게 상식적인 일들을 금하신 것은 곧 재앙이 임할 것이기 때문입니다. 하나님은 유다에게서 평강과 인자와 사랑을 거두셨습니다.(5절) 유다가 심판을 받게 된 이유는 우상을 섬기고 율법을 어겼기 때문입니다.(10~13절) 유다가 저지른 죄의 값이 치러진 후에(16~18절) 그들은 회복될 것입니다.(14~15절) 공의로운 심판과 은혜로운 회복의 역사를 펼쳐 가시는 하나님은 찬송 받으시기에 합당하십니다.(19~21절)

마가복음 2장 : 중풍병자를 고치신 예수님을 통해 영광 받으신 주

- 많은 사람이 모여서 문 앞까지도 들어설 자리가 없게 되었는데 예수께서 그들에게 도를 말씀하시더니...(2-5)
- 또 지나가시다가 알패오의 아들 레위가 세관에 앉아 있는 것을 보시고 그에게 이르시되 나를 따르라 하시니 일어나 따르니라(14)
- 새 포도주를 낡은 가죽 부대에 넣는 자가 없나니 만일 그렇게 하면 새 포도주가 부대를 터뜨려 포도주와 부대를 버리게 되리라 오직 새 포도주는 새 부대에 넣느니라 하시니라(22)
- 또 이르시되 안식일이 사람을 위하여 있는 것이요 사람이 안식일을 위하여...(27-28)

예수님은 중풍병자를 고치신 기적을 통해 죄 사함의 권세가 있음을 선포하십니다.(1~12절) 의인이 아닌 죄인을 부르러 오신 예수님은 세리였던 레위를 제자로 부르시고 세리 및 죄인들과 함께 식사를 하십니다.(13~17절) 예수님과 함께 하는 사람은 하나님 나라를 맛보는 기쁨을 누립니다.(18~22절) 예수님은 논쟁을 일삼으려는 자들에게 안식일이 사람을 위해 존재하는 것이며 또한 자신이 안식일의 주인이라는 사실을 일깨워 주십니다.(23~28절)

심판과 구원을 결정하시는 하나님은 언제나 옳으시며 찬양받으시기에 합당하십니다. 스데반은 한 알의 썩는 밀알이 되어 많은 열매를 맺었습니다. 복음을 위한 밀알이 되게 하옵소서.

본문 사사기 4장 | 사도행전 8장 | 예레미야 17장 | 마가복음 3장

주제 **단호** (斷乎, 매우 과단성 있고 엄격함)

사람에게 가장 아쉬우면서 미련한 모습은 우유부단한 것이다. 능력이 부족해도 용기를 내어 단호하게 일을 처리하는 자가 멋있고 역사를 이룬다. 드보라, 야엘, 빌립, 예레미야 그리고 예수님은 단호하셨다.

사사기 4장 : 민족구원을 위해 단호하게 행동한 드보라와 야엘

- 에훗이 죽으니 이스라엘 자손이 또 여호와의 목전에 악을 행하매(1)
- 그 때에 랍비돗의 아내 여선지자 드보라가 이스라엘의 사사가 되었는데...(4-9)
- 여호와께서 바락 앞에서 시스라와 그의 모든 병거와 그의 온 군대를 칼날로 혼란에 빠지게 하시매 시스라가 병거에서 내려 걸어서 도망한지라...(15-16)
- 그가 깊이 잠드니 헤벨의 아내 야엘이 장막 말뚝을 가지고 손에 방망이를 들고 그에게로 가만히 가서 말뚝을 그의 관자놀이에 박으매 말뚝이 꿰뚫고 땅에 박히니 그가 기절하여 죽으니라(21)

이스라엘은 반복해서 악을 행합니다. 이번에는 가나안 왕 야빈이 20년간 이스라엘을 압제합니다. 압제 속에서 이스라엘 백성들을 부르짖었고 하나님은 여선지자 드보라와 장군 바락을 통해 이스라엘을 구원하십니다. 그러나 적군의 왕을 죽이는 영광은 소심한 장군 바락이 아닌 용감한 여인 야엘에게 돌아갑니다. 하나님을 떠나면 실패하고 하나님을 붙들면 승리합니다.

사도행전 8장 : 큰 박해 중에도 단호하게 복음을 전파한 빌립

- 사울은 그가 죽임 당함을 마땅히 여기더라 그 날에 예루살렘에 있는 교회에 큰 박해가 있어 사도 외에는 다 유대와 사마리아 모든 땅으로 흩어지니라(1)
- 그 흩어진 사람들이 두루 다니며 복음의 말씀을 전할새...(4-15)
- 이에 두 사도가 그들에게 안수하매 성령을 받는지라(17)
- 베드로가 이르되 네가 하나님의 선물을 돈 주고 살 줄로 생각하였으니 네 은과 네가 함께 망할지어다...(20-24)
- 성령이 빌립더러 이르시되 이 수레로 가까이 나아가라 하시거늘...(29-31)
- 빌립이 입을 열어 이 글에서 시작하여 예수를 가르쳐 복음을 전하니...(35-38)

스데반의 죽음과 함께 초대교회에 큰 박해가 임합니다. 그러나 박해를 피해 흩어진 성도들은 어느 곳에 가든 복음을 전했습니다. 예수님의 이름으로 기적도 나타납니다. 복음은 유대와 사마리아의 오랜 장벽도 허물었습니다. 사마리아 사람들에게 성령이 임합니다.(14~17절) 돈으로 성령의 능력을 사고자 했던 시몬은 사도로부터 무서운 경고의 메시지를 듣습니다. 결국 예루살렘에 임한 박해는 온 유대와 사마리아와 땅끝까지 복음이 전파되게 하시려는 하나님의 섭리였습니다.(1:8) 뜻도 모르고 성경을 읽던 이방인 고위 관료(=에티오피아의 여왕 간다게의 재무장관)는 빌립에 의해 말씀을 듣고 세례도 받습니다.(26~40절)

예레미야 17장 : 유다의 죄와 벌을 단호하게 선포한 예레미야

- 유다의 죄는 금강석 끝 철필로 기록되되 그들의 마음 판과 그들의 제단 뿔에 새겨졌거늘...(1-5)
- 그러나 무릇 여호와를 의지하며 여호와를 의뢰하는 그 사람은 복을 받을 것이라...(7-10)
- 여호와여 주는 나의 찬송이시오니 나를 고치소서 그리하시면 내가 낫겠나이다 나를 구원하소서 그리하시면 내가 구원을 얻으리이다(14)
- 여호와께서 이와 같이 말씀하시되 너희는 스스로 삼가서 안식일에 짐을 지고 예루살렘 문으로 들어오지 말며...(21-22)
- 여호와의 말씀이니라 너희가 만일 삼가 나를 순종하여 안식일에 짐을 지고 이 성문으로 들어오지 아니하며 안식일을 거룩히 하여 어떤 일이라도 하지 아니하면...(24-27)

하나님은 거짓 제사에 속지 않으십니다.(1~4절) 자신이 구축한 안전장치를 의지하는 자들은 결국 쫓겨나게 될 것입니다.(5~8절) 하나님은 우리의 깊은 마음까지 아십니다.(9~11절) 하나님을 버리고 다른 신을 섬긴 자들에게 심판을 선언했다는 이유로 예레미야는 동족으로부터 견디기 힘든 고통과 멸시를 당했습니다.(12~13절) 예레미야는 자신을 지켜 달라고 탄식하며 기도합니다.(14~18절) 그러나 하나님은 침묵하십니다. 예레미야 시대 유다 백성은 안식일을 제대로 지키지 않았습니다. 하나님은 안식일을 거룩히 지키라고 명령하십니다.(19~23절) 안식일을 제대로 준수하면 그들은 이전의 영광을 회복할 것입니다.(24~27절) 그러나 저들은 계속 안식일을 어길 것이며 회개하지도 않을 것을 예레미야는 잘 알고 있었습니다. 그들을 기다리는 것은 심판뿐입니다.

마가복음 3장 : 미쳤다고 하는 자들을 단호하게 교훈하신 예수님

- 예수께서 손 마른 사람에게 이르시되 한 가운데에 일어서라 하시고...(3-5)
- 또 산에 오르사 자기가 원하는 자들을 부르시니 나아온지라...(13-15)
- 예수의 친족들이 듣고 그를 붙들러 나오니 이는 그가 미쳤다 함일러라(21)
- 내가 진실로 너희에게 이르노니 사람의 모든 죄와 모든 모독하는 일은 사하심을 얻되...(28-29)
- 누구든지 하나님의 뜻대로 행하는 자가 내 형제요 자매요 어머니이니라(35)

안식일의 주인이신 예수님은 손 마른 사람을 주저 없이 치유하십니다.(1~6절) 가는 곳마다 고통과 억압에 눌린 자들을 자유케 하신 예수님은 밤새 기도하신 후 12명의 제자를 부르십니다. 제자들 대부분은 사회적으로 초라하고 보잘 것 없는 사람들이었습니다. 우리는 오직 은혜로 구원받았고 오직 은혜로 복음의 일꾼으로 부름을 받았습니다.(13~19절) 예수님이 행하시는 기적을 귀신의 힘을 빌어서 행하는 것으로 여기는 자들이 있었습니다.(22~30절) 사탄의 나라가 내분이 일어날 수 있느냐고 반박하신 예수님은 성령 모독죄는 영원히 사하심을 얻지 못한다고 말씀하십니다. 하나님을 아버지로 모시고 아버지의 뜻대로 사는 자들은 모두 예수님의 가족입니다.(31~35절)

하나님! 주일 성수와 같이 신앙의 기본기를 잘 갖춘 성도가 되게 하옵소서. 오직 은혜로 나를 구원하셨으니 복음의 능력을 확신하며 담대하고 두려워하지 않게 하옵소서.

본문 사사기 5장 | 사도행전 9장 | 예레미야 18장 | 마가복음 4장

주제 **연합** (聯合, 둘 이상의 사람이나 집단이 합하여 하나의 조직체를 만듦)

연합은 놀라운 열매를 가져다 준다. 이스라엘의 연합은 승전을, 사도들의 연합은 기적을, 예수님과의 연합은 금생과 내생에 축복을 준다. 반면 유다와 이스라엘이 멸망할 때는 그들이 죄와 연합했음을 본다.

사사기 5장 : 이스라엘의 영솔자들과 백성이 함께 연합함

- 이 날에 드보라와 아비노암의 아들 바락이 노래하여 이르되…(1-2)
- 아낫의 아들 삼갈의 날에 또는 야엘의 날에는 대로가 비었고 길의 행인들은 오솔길로 다녔도다…(6-7)
- 깰지어다 깰지어다 드보라여 깰지어다 깰지어다 너는 노래할지어다 일어날지어다 바락이여 아비노암의 아들이여 네가 사로잡은 자를 끌고 갈지어다…(12-13)
- 네가 양의 우리 가운데에 앉아서 목자의 피리 부는 소리를 들음은 어찌 됨이냐 르우벤 시냇가에서 큰 결심이 있었도다…(16-18)
- 여호와의 사자의 말씀에 메로스를 저주하라 너희가 거듭거듭 그 주민들을 저주할 것은 그들이 와서 여호와를 돕지 아니하며 여호와를 도와 용사를 치지 아니함이니라…(23-24)
- 여호와여 주의 원수들은 다 이와 같이 망하게 하시고 주를 사랑하는 자들은 해가 힘 있게 돋음 같게 하시옵소서 하니라 그 땅이 사십 년 동안 평온하였더라(31)

구원자(=드보라 선지자)를 세우시고 승리를 주신 하나님을 찬양합니다.(1~18절) 특히 전쟁에 함께 참여한 지파들을 소개하고 있습니다. 드보라는 시를 통해 승리를 주신 하나님을 찬양합니다.(19~31절)

사도행전 9장 : 주를 만나 사울과 베드로가 사역으로 연합함

- 사울이 주의 제자들에 대하여 여전히 위협과 살기가 등등하여 대제사장에게 가서(1)
- 땅에 엎드러져 들으매 소리가 있어 이르시되 사울아 사울아 네가 어찌하여 나를…(4-6)
- 그 때에 다메섹에 아나니아라 하는 제자가 있더니 주께서 환상 중에 불러 이르시되…(10-12)
- 여러 날이 지나매 유대인들이 사울 죽이기를 공모하더니(23)
- 그리하여 온 유대와 갈릴리와 사마리아 교회가 평안하여 든든히 서 가고 주를 경외함과 성령의 위로로 진행하여 수가 더 많아지니라(31)
- 욥바에 다비다라 하는 여제자가 있으니 그 이름을 번역하면 도르가라 선행과…(36-40)

부활하신 예수님이 성도를 핍박하는 사울에게 직접 나타나십니다.(1~7절) 바울은 앞을 보지 못한 상태로 다메섹으로 들어가게 됩니다.(8~9절) 바울은 예수님의 이름으로 고난을 받을 자 곧 하나님이 택한 그릇입니다.(10~16절) 예수님을 만난 그는 즉시 예수의 그리스도 되심을 선포합니다.(17~22절) 복음의 증인이 된 바울은 한순간에 제거대상 1호가 되었습니다.(23~30절) 핍박 속에서도 믿는 성도는 계속 증가합니다.(31절) 예수님의 이름으로 일어나는 기적들은 부활하신 그리스도에 대한 믿음을 더욱 굳건하게 해 주었습니다.(32~43절)

예레미야 18장 : 유다와 이스라엘은 심히 가증한 죄와 연합함

- 너는 일어나 토기장이의 집으로 내려가라 내가 거기에서 내 말을 네게 들려 주리라...(2-4)
- 내가 어느 민족이나 국가를 뽑거나 부수거나 멸하려 할 때에...(7-12)
- 무릇 내 백성은 나를 잊고 허무한 것에게 분향하거니와 이러한 것들은 그들로 그들의 길 곧 그 옛길에서 넘어지게 하며 곁길 곧 닦지 아니한 길로 행하게 하여...(15-16)
- 그들이 말하기를 오라 우리가 꾀를 내어 예레미야를 치자 제사장에게서 율법이, 지혜로운 자에게서 책략이, 선지자에게서 말씀이 끊어지지 아니할 것이니 오라 우리가 혀로 그를 치고 그의 어떤 말에도 주의하지 말자 하나이다(18)
- 여호와여 그들이 나를 죽이려 하는 계략을 주께서 다 아시오니 그 악을 사하지 마옵시며 그들의 죄를 주의 목전에서 지우지 마시고 그들을 주 앞에 넘어지게 하시되 주께서 노하시는 때에 이같이 그들에게 행하옵소서 하니라(23)

하나님은 토기장이, 유다 백성은 진흙입니다. 토기장이가 진흙으로 그릇을 만들다가 마음에 들지 않으면 뭉쳐서 다시 그릇을 빚는 것처럼 유다 백성들도 언제든지 다시 빚어질 수 있습니다.(1~10절) 하나님은 심판이 이르기 전에 돌아오라고 말씀하시지만 유다 백성들은 악한 길에서 돌아설 의사가 없습니다.(11~12절) 결국 하나님은 언약을 깨뜨린 유다를 심판하실 것입니다.(13~17절) 그런데 심판을 외치는 예레미야를 유다 백성들은 배척하면서 죽이려는 계획까지 세웁니다. 생명의 위협을 느낀 예레미야는 그를 죽이려는 원수들을 저주하는 기도를 드립니다.(18~23절)

마가복음 4장 : 천국과 기적을 사모하는 자는 예수님과 연합함

- 들으라 씨를 뿌리는 자가 뿌리러 나가서...(3-8)
- 말씀이 길 가에 뿌려졌다는 것은 이들을 가리킴이니 곧 말씀을 들었을 때에 사탄이 즉시 와서 그들에게 뿌려진 말씀을 빼앗는 것이요...(15-20)
- 또 이르시되 하나님의 나라는 사람이 씨를 땅에 뿌림과 같으니...(26-29)
- 겨자씨 한 알과 같으니 땅에 심길 때에는 땅 위의 모든 씨보다 작은 것이로되...(31-32)
- 큰 광풍이 일어나며 물결이 배에 부딪쳐 들어와 배에 가득하게 되었더라...(37-40)

예수님은 씨 뿌리는 자의 비유와 그 비유에 대한 의미를 설명해 주십니다.(1~20절) 길가(=예수님께 적대적인 바리새인), 돌밭(=젊은 날의 베드로와 같은 사람), 가시 떨기(=돈 많은 부자청년과 같은 사람), 좋은 땅(부활의 증인들) 등 4종류의 사람이 있습니다. 예수 그리스도를 통해 도래하는 하나님의 나라는 감추어질 수 없으며(21~23절), 어떻게 반응하느냐에 따라 생명과 심판으로 갈라지게 됩니다.(24~25절) 하나님의 나라는 반드시 자라나 완성됩니다.(26~34절) 누구도 막을 수가 없습니다. 바람과 파도가 예수님의 권위에 순복합니다.(35~41절) 그를 온전히 신뢰할 때 두려움은 사라집니다.

토기장이 되시는 하나님! 하나님의 손에 의해 하나님의 형상으로 아름답게 날마다 빚어지길 소망합니다. 그리하여 복음의 일꾼으로 쓰임 받게 하옵소서. 주의 말씀이 내게 뿌려져 열매 맺게 하옵소서.

본문 사사기 6장 | 사도행전 10장 | 예레미야 19장 | 마가복음 5장
주제 **음성** (音聲, 사람의 발음 기관에서 나오는 의사소통의 구체적인 소리)

하나님은 이스라엘 자손을 구원하시기 위해 또 개인이나 가정을 구원하시기 위해 주의 사자를 통하여 음성을 들려 주셨고, 예수님도 한 영혼을 구원하시기 위해 그의 음성으로 명령하여 귀신을 내쫓으셨다.

사사기 6장 : 기드온이 하나님을 듣다

- 이스라엘 자손이 또 여호와의 목전에 악을 행하였으므로 여호와께서 칠 년 동안 그들을 미디안의 손에 넘겨 주시니(1)
- 여호와의 사자가 기드온에게 나타나 이르되 큰 용사여 여호와께서 너와 함께 계시도다 하매(12)
- 여호와께서 그를 향하여 이르시되 너는 가서 이 너의 힘으로 이스라엘을 미디안의 손에서 구원하라 내가 너를 보낸 것이 아니냐 하시니라...(14-18)
- 여호와께서 그에게 이르시되 너는 안심하라 두려워하지 말라 죽지 아니하리라 하시니라...(23-26)
- 여호와의 영이 기드온에게 임하시니 기드온이 나팔을 불매 아비에셀이 그의 뒤를 따라 부름을 받으니라...(34-35)

사사 기드온의 이야기입니다. 이스라엘의 반복되는 죄로 인해 미디안의 압제가 시작됩니다.(1~10절) 이스라엘의 부르짖음에 대해 하나님은 한 구원자를 준비시킵니다.(11~24절) 먼저 기드온은 우상 제거 명령을 받아 우상을 제거하였으나 이로 인해 위기를 맞게 됩니다.(25~32절) 이때 아버지 요아스가 강력하게 그를 변호하여 겨우 위기에서 벗어납니다. 미디안과 아말렉과 동방 사람들이 이스라엘을 침략하면서 기드온은 하나님의 명으로 출정하게 됩니다.(33~40절) 이때 기드온은 하나님이 함께 하시는 표징을 요구합니다.

사도행전 10장 : 고넬료와 베드로가 주님의 음성을 듣다

- 가이사랴에 고넬료라 하는 사람이 있으니 이달리야 부대라 하는 군대의 백부장이라...(1-5)
- 이튿날 그들이 길을 가다가 그 성에 가까이 갔을 그 때에 베드로가 기도하려고 지붕에 올라가니 그 시각은 제 육 시더라...(9-15)
- 베드로가 그 환상에 대하여 생각할 때에 성령께서 그에게 말씀하시되 두 사람이 너를 찾으니...(19-22)
- 마침 베드로가 들어올 때에 고넬료가 맞아 발 앞에 엎드리어 절하니...(25-29)
- 하나님이 나사렛 예수에게 성령과 능력을 기름 붓듯 하셨으매 그가 두루 다니시며 선한 일을 행하시고 마귀에게 눌린 모든 사람을 고치셨으니 이는 하나님이 함께 하셨음이라...(38-46)

로마 군대의 백부장 고넬료에게 베드로가 복음을 전합니다.(1~48절) 하나님은 이방인에 대한 유대인의 오랜 편견을 깨뜨리기 위해 베드로에게 환상을 보여주셨으며 고넬료에게는 베드로에게 사람을 보내게 하심으로 둘의 만남을 주선하셨습니다. 베드로를 통해 말씀을 들은 모든 이에게 성령님이 임재하셨습니다. 이로써 하나님은 유대인과 이방인의 장벽을 완전히 허무셨습니다.

예레미야 19장 : 예레미야가 하나님의 음성을 듣다

- 여호와께서 이와 같이 말씀하시되 가서 토기장이의 옹기를 사고 백성의 어른들과 제사장의 어른 몇 사람과...(1-6)
- 너는 함께 가는 자의 목전에서 그 옹기를 깨뜨리고...(10-11)
- 예레미야가 여호와께서 자기를 보내사 예언하게 하신 도벳에서 돌아와 여호와의 집 뜰에 서서 모든 백성에게 말하되(14)

하나님은 힌놈의 골짜기에서 우상숭배와 인신제사를 드린 유다와 예루살렘 백성에 대한 강력한 심판을 선언하십니다.(1~9절) 옹기를 깨뜨리면 다시 회복될 수 없듯이 이 심판은 되돌릴 수 없는 확고한 것입니다.(10~15절) 하나님은 토기장이 되심을 선포했습니다.(18장) 토기장이가 진흙을 뭉개 버릴 수도 있고 완성된 그릇을 깨뜨릴 수 있는 것처럼 하나님은 이스라엘을 다시 조성하실 수도 있고 영원히 버릴 수도 있습니다.

마가복음 5장 : 귀신도 죽은 자도 주의 음성을 듣다

- 예수께서 바다 건너편 거라사인의 지방에 이르러...(1-2)
- 큰 소리로 부르짖어 이르되 지극히 높으신 하나님의 아들 예수여 나와 당신이 무슨 상관이 있나이까 원하건대 하나님 앞에 맹세하고 나를 괴롭히지 마옵소서 하니...(7-9)
- 예수께 이르러 그 귀신 들렸던 자 곧 군대 귀신 지폈던 자가 옷을 입고 정신이 온전하여 앉은 것을 보고 두려워하더라(15)
- 회당장 중의 하나인 야이로라 하는 이가 와서 예수를 보고 발 아래 엎드리어...(22-23)
- 열두 해를 혈루증으로 앓아 온 한 여자가 있어(25)
- 들어가서 그들에게 이르시되 너희가 어찌하여 떠들며 우느냐 이 아이가 죽은 것이 아니라 잔다 하시니(39)

예수님은 어둠의 권세에 매인 한 사람을 고쳐 주십니다.(1~20절) 그러나 수천의 귀신에 사로잡혀 있던 한 영혼의 치유에도 불구하고 마을 사람들은 돼지 떼를 더 안타까워하며 예수님을 배척합니다. 예수님은 당신에 대한 순전한 믿음을 갖고 있던 회당장 야이로의 딸을 죽음에서 살리시고 혈루증 앓던 여인의 병도 고치셨습니다.(21~43절) 예수 그리스도는 생명의 주관자가 되십니다.

하나님 아버지! 백부장 고넬료에게 말씀을 주시고 성령님이 임하신 것처럼 내게도 동일한 역사가 나타났음에 감사드립니다. 하나님은 역사의 절대 주권자이심을 선포합니다. 우상을 버리고 하나님만을 섬기게 하시고 내 영혼과 육신이 강건하게 하옵소서.

본문 사사기 7장 | 사도행전 11장 | 예레미야 20장 | 마가복음 6장
주제 확신 (確信, 굳게 믿음)

하나님을 믿은 사람들은 확신에 차 있다. 이길 수 없는 적과 싸울 때에도, 선민이 아닌 이방인이 성령을 받을 때에도, 부족한 자가 제자가 되어 천국과 회개를 외칠 때에도 능히 역사가 일어날 것을 확신했다.

사사기 7장 : 삼백 명으로 미디안을 물리칠 것을 확신

- 여호와께서 기드온에게 이르시되 너를 따르는 백성이 너무 많은즉 내가 그들의 손에 미디안 사람을 넘겨 주지 아니하리니 이는 이스라엘이 나를 거슬러 스스로 자랑하기를라...(2-4)
- 여호와께서 기드온에게 이르시되 내가 이 물을 핥아 먹은 삼백 명으로 너희를 구원하며 미디안을 네 손에 넘겨 주리니 남은 백성은 각각 자기의 처소로 돌아갈 것이니라 하시니(7)
- 기드온이 그 곳에 이른즉 어떤 사람이 그의 친구에게 꿈을 말하여 이르기를 보라...(13-15)
- 삼백 명이 나팔을 불 때에 여호와께서 그 온 진영에서 친구끼리 칼로 치게 하시므로 적군이 도망하여 스레라의 벧 싯다에 이르고 또 답밧에 가까운 아벨므홀라의 경계에 이르렀으며(22)

기드온과 함께 전쟁에 나가려던 군사들은 3만 2천명이었으나 테스트를 거쳐 3백명만 남게 되었습니다.(1~8절) 3백명은 이스라엘이 자신들의 힘으로 전쟁에서 승리했다고 말할 수 없을 만큼 적은 숫자입니다. 대적의 많은 수와 자신의 적은 수로 인해 두려워하던 기드온은 미디안 병사들이 나누는 꿈 이야기를 우연히 듣고 승리를 확신하게 됩니다.(9~18절) 이 기이한 전투에서 하나님은 큰 승리를 주셨는데 기드온은 은연 중 자신을 높이는 실수를 합니다.(19~25절)

사도행전 11장 : 이방인에게도 구원이 이루어짐을 확신

- 베드로가 예루살렘에 올라갔을 때에 할례자들이 비난하여...(2-3)
- 성령이 내게 명하사 아무 의심 말고 함께 가라 하시매 이 여섯 형제도 나와 함께 가서 그 사람의 집에 들어가니...(12-15)
- 그 중에 구브로와 구레네 몇 사람이 안디옥에 이르러 헬라인에게도 말하여 주 예수를 전파하니...(20-21)
- 바나바는 착한 사람이요 성령과 믿음이 충만한 사람이라 이에 큰 무리가 주께 더하여지더라...(24-26)

이방인들이 하나님의 말씀을 받았다는 소식에 예루살렘 교회의 일부 사람들은 이방인들과 교제한 베드로를 비난했습니다. 이에 베드로는 그동안에 있었던 일들을 설명하면서 하나님이 이방인에게 복음을 통해 생명을 주시길 원하신다는 것을 증언합니다.(1~18절) 스데반의 순교이후 흩어진 예루살렘교회 성도들은 곳곳에서 복음을 전했습니다. 그들은 처음에는 유대인들에게 그리고 이방인들에게 복음을 전했으며 이로 인해 주께 돌아오는 많은 사람들을 보게 되었습니다.(19~21절) 바나바는 바울과 함께 안디옥 교회를 세워갑니다.(22~26절) 안디옥 교회는 흉년으로 인해 경제적인 어려움에 처한 예루살렘 교회를 돕습니다.(27~30절)

예레미야 20장 : 온 유다와 바스훌이 포로가 될 것을 확신

- 임멜의 아들 제사장 바스훌은 여호와의 성전의 총감독이라 그가 예레미야의 이 일...(1-6)
- 내가 말할 때마다 외치며 파멸과 멸망을 선포하므로 여호와의 말씀으로 말미암아...(8-10)
- 의인을 시험하사 그 폐부와 심장을 보시는 만군의 여호와여 나의 사정을 주께...(12)
- 이는 그가 나를 태에서 죽이지 아니하셨으며 나의 어머니를 내 무덤이 되지 않게...(17-18)

제사장 바스훌이 예레미야를 핍박하고 그의 목에 나무 고랑까지 채우는 악행을 저지릅니다.(1~6절) 이는 곧 하나님을 대적하는 행위입니다. 바스훌의 이름을 바꾸신 하나님은 바스훌과 그의 집에 사는 모든 사람들, 그의 거짓 예언을 동조한 친구들까지 모두 바벨론으로 끌려가 그곳에서 죽게 될 것을 말씀하십니다. 예레미야는 그의 심판 선언에 대해 회개하지 않고 오히려 그를 대적하는 현재의 상황으로 인해 큰 상처와 고통 가운데 있습니다. 그는 하나님이 자신을 속였다고 불평합니다.(7~10절) 그는 선지자가 되고 싶지 않았으나 하나님의 강권하심으로 선지자가 되는 바람에 이러한 치욕을 맛보고 있다고 생각했습니다. 그러나 하나님의 말씀을 전하지 않으면 골수에 사무쳐서 전하지 않을 수 없다는 고백도 합니다. 그는 사명자의 모습을 잘 보여주고 있습니다. 우리는 본문 말씀을 통해 현실에서 겪는 고통과 괴로움 그리고 여호와 하나님을 향한 확신과 찬양 사이에서 갈팡질팡하는 예레미야를 볼 수 있습니다.(11~18절) 우리의 현재 모습을 잘 보여주는 것은 아닐까요.

마가복음 6장 : 권능을 받아 회개를 외친 제자들의 확신

- 예수께서 그들에게 이르시되 선지자가 자기 고향과 자기 친척과 자기 집 외에서는...(4-5)
- 열두 제자를 부르사 둘씩 둘씩 보내시며 더러운 귀신을 제어하는 권능을 주시고(7)
- 헤롯이 요한을 의롭고 거룩한 사람으로 알고 두려워하여 보호하며 또 그의 말을...(20)
- 왕이 곧 시위병 하나를 보내어 요한의 머리를 가져오라 명하니 그 사람이 나가...(27-28)
- 예수께서 떡 다섯 개와 물고기 두 마리를 가지사 하늘을 우러러 축사하시고...(41)
- 떡을 먹은 남자는 오천 명이었더라(44)
- 그 온 지방으로 달려 돌아 다니며 예수께서 어디 계시다는 말을 듣는 대로 병든 자를...(55-56)

예수님은 고향에서 가르쳤지만 그들은 예수님을 메시아로 여기지 않았습니다.(1~6절) 예수님은 제자들을 보내며 복음을 전하는 자는 철저히 하나님만을 의지해야 함을 가르치십니다.(7~13절) 헤롯왕의 죄를 고발하는 시대의 양심이자 마지막 선지자 세례 요한은 결국 헤롯에 의해 죽임을 당하게 됩니다.(14~29절) 궁정에서는 요한의 목을 베 무리들의 잔치가 벌어지고 들판에서는 예수님이 베푸시는 잔치가 벌어집니다. 예수님은 오병이어의 기적을 통해 당신이 이 땅에 내려온 참된 양식이심을 보여 주십니다.(30~44절) 오병이어의 기적 이후 예수님은 평소의 습관대로 기도하러 산에 가셨으며 풍랑으로 인해 고통당하는 제자들에게 다시 오셔서 풍랑을 잔잔케 하십니다.(45~56절) "안심하라 내니 두려워하지 말라"(50절) 우리는 풍랑이 아닌 예수님을 바라보아야 합니다.

예레미야와 세례요한을 통해 사명자의 삶이 어떤 것인지를 보게 됩니다. 주님! 내 마음이 요동치지 않기를 원하지만 혹 흔들리더라도 다시 붙잡아 주셔서 꼭 가야 할 길을 끝까지 가는 승리자가 되게 하여 주옵소서.

본문 사사기 8장 | 사도행전 12장 | 예레미야 21장 | 마가복음 7장
주제 **죽음** (생명의 목숨이 끊어지는 일)

모든 인간은 죄로 말미암아 죽게 된다. 한번 죽는 것은 사람에게 정해진 것이다. 하나님의 일을 한 자도 죽고, 악한 일을 한 자도 죽는다. 그러나 믿는 자들에게는 죽음이 영원한 구원으로 이어지는 관문이다.

사사기 8장 : 미디안을 멸한 기드온의 죽음

- 에브라임 사람들이 기드온에게 이르되 네가 미디안과 싸우러 갈 때에 우리를 부르지 아니하였으니 우리를 이같이 대접함은 어찌 됨이냐 하고 그와 크게 다투는지라(1)
- 거기서 브누엘로 올라가서 그들에게도 그같이 구한즉 브누엘 사람들의 대답도 숙곳 사람들의 대답과 같은지라(8)
- 기드온이 숙곳 사람들에게 이르러 말하되 너희가 전에 나를 희롱하여 이르기를 세바와 살문나의 손이 지금 네 손 안에 있다는거냐 어찌 우리가 네 피곤한 사람들에게 떡을 주겠느냐 한 그 세바와 살문나를 보라 하고...(15-17)
- 무리가 대답하되 우리가 즐거이 드리리이다 하고 겉옷을 펴고 각기 탈취한 귀고리를 그 가운데에 던지니...(25-27)
- 기드온이 이미 죽으매 이스라엘 자손이 돌아서서 바알들을 따라가 음행하였으며 또 바알브릿을 자기들의 신으로 삼고(33)

미디안과의 전쟁이 끝난 후 승리에 대한 기여도를 놓고 에브라임 지파와 갈등이 일어났지만 그들의 공로를 인정한 기드온의 기지로 갈등은 종식됩니다.(1~3절) 한편 기드온과 300명의 용사는 요단강을 건너 남은 적을 추격하면서 숙곳 사람들에게 양식을 구했으나 거절당하고 기드온은 보복을 다짐합니다.(4~9절) 결국 전쟁을 승리로 마무리한 기드온은 보복을 자행합니다.(10~21절) 300명으로 거둔 기적적인 승리에 대하여 하나님에 대한 감사와 찬양은 없고 공적에 관한 논란과 보복으로 승리의 의미는 퇴색되고 맙니다. 결국 기드온은 변질되어 직접 왕이 되지만 않았을 뿐이지 실제로는 왕과 다름없는 권력을 누리며 아내를 많이 두어 많은 아들들을 둠으로써 훗날 불행의 씨앗을 남기게 됩니다.(22~35절)

사도행전 12장 : 사도를 핍박한 헤롯 왕의 죽음

- 그 때에 헤롯 왕이 손을 들어 교회 중에서 몇 사람을 해하려 하여...(1-2)
- 이에 베드로는 옥에 갇혔고 교회는 그를 위하여 간절히 하나님께 기도하더라(5)
- 홀연히 주의 사자가 나타나매 옥중에 광채가 빛나며 또 베드로의 옆구리를 쳐 깨워 이르되 급히 일어나라 하니 쇠사슬이 그 손에서 벗어지더라(7)
- 헤롯이 두로와 시돈 사람들을 대단히 노여워하니 그들의 지방이 왕국에서 나는 양식을 먹는 까닭에 한마음으로 그에게 나아와 왕의 침소 맡은 신하 블라스도를 설득하여 화목하기를 청한지라...(20-24)

헤롯(=아그립바 1세)은 자신의 통치 영역에서 교회에 대한 악행을 저지릅니다.(1~25절) 야고보 사도가 순교했고 베드로도 죽임을 당할 위기에 놓였습니다. 교회는 기도했고 베드로는 기적적으로 감옥에서 탈출하게 됩니다. 사람의 운명은 하나님이 정하십니다. 교회를 핍박한 헤롯은 하나님의 심판(=전승에 의하면 극심한 복통으로 인한 고통)으로 죽게 되었고 하나님의 말씀은 더욱 힘 있게 전파됩니다.

예레미야 21장 : 시드기야 왕과 백성의 죽음

- 여호와께로부터 예레미야에게 말씀이 임하니라 시드기야 왕이 말기야의 아들 바스훌과 제사장 마아세야의 아들 스바냐를 예레미야에게 보내니라...(1-7)
- 여호와께서 말씀하시기를 보라 내가 너희 앞에 생명의 길과 사망의 길을 두었노라 너는 이 백성에게 전하라 하셨느니라...(8-10)
- 여호와께서 이와 같이 말씀하시니라 다윗의 집이여 너는 아침마다 정의롭게 판결하여...(12-13)

심판의 예언을 싫어하는 제사장 바스훌과 그에 동조하는 세력들에 의해 핍박을 당하던 예레미야였으나 상황이 급반전됩니다. 바벨론으로부터 침략을 당하자 왕과 제사장을 비롯한 지배층은 예레미야에게 기도를 부탁합니다.(1~2절) 그러나 돌이킬 수 없습니다. 그들은 시드기야 왕과 유다 백성을 향한 하나님의 진노와 바벨론을 통한 가혹한 심판에 대해 다시 한번 듣게 됩니다.(3~7절) 바벨론의 일시적인 강성함과 그들을 통한 심판은 이미 결정이 났습니다. 하나님의 심판에 순복하여 바벨론을 통한 연단을 인정하고 이를 받아들이는 자는 살 수 있겠지만 끝까지 그 사실을 부정하는 자에게는 심판이 임할 것입니다.(8~9절) 예루살렘은 무너지고 유다왕실과 통치자는 심판을 받게 될 것입니다.(10~14절)

마가복음 7장 : 장로 전통을 따르는 자의 죽음

- 이에 바리새인들과 서기관들이 예수께 묻되 어찌하여 당신의 제자들은 장로들의 전통을 준행하지 아니하고 부정한 손으로 떡을 먹나이까...(5-8)
- 너희는 이르되 사람이 아버지에게나 어머니에게나 말하기를 내가 드려 유익하게 할 것이 고르반 곧 하나님께 드림이 되었다고 하기만 하면 그만이라 하고(11)
- 또 이르시되 사람에게서 나오는 그것이 사람을 더럽게 하느니라...(20-22)
- 이에 더러운 귀신 들린 어린 딸을 둔 한 여자가 예수의 소문을 듣고 곧 와서 그 발...(25-26)
- 사람들이 귀 먹고 말 더듬는 자를 데리고 예수께 나아와 안수하여 주시기를 간구하거늘...(32-35)

예수님은 전통과 규례를 따지면서 본질을 잃어버린 자들의 위선을 고발합니다.(1~23절) 음식법이나 정결법을 어긴 것이 사람을 더럽게 하는 것이 아니라 사람의 마음속에 있는 죄가 사람을 더럽게 합니다. 자신을 낮추고 은혜를 구하는 여인의 딸을 고쳐 주시고 귀먹고 말을 더듬는 자도 치유하십니다.(24~37절) 에바다(=열리다 라는 뜻)의 의미처럼 예수 그리스도가 우리에게 참 자유와 안식을 줄 수 있는 유일한 분임을 볼 수 있는 눈이 열려야 합니다.

하나님! 나를 드러내고 싶은 욕심 때문에 하나님의 은혜와 영광을 가리지 않게 하옵소서. 심판이 임하기 전에 회개로 이끄시는 하나님의 음성을 듣게 하시고 위선을 버리고 하나님께 순전함으로 나아오게 하옵소서. 오늘도 하나님의 말씀이 전 세계 곳곳에서 힘 있게 전파되게 하옵소서.

본문 사사기 9장 | 사도행전 13장 | 예레미야 22장 | 마가복음 8장
주제 **욕심** (慾心, 어떠한 것을 정도에 지나치게 탐내거나 누리고자 하는 마음)

욕심은 하나님이 싫어하시는 인간의 타락한 모습이다. 정치적인 욕심이나 물질적인 욕심이나 이기적인 욕심에 빠지지 말아야 한다. 오직 땅끝까지 모든 민족에게 복음을 전할 영적 욕심을 가짐이 아름답다.

사사기 9장 : 아비멜렉의 세속적인 욕심

- 청하노니 너희는 세겜의 모든 사람들의 귀에 말하라 여룹바알의 아들 칠십 명이 다...(2-6)
- 감람나무가 그들에게 이르되 내게 있는 나의 기름은 하나님과 사람을 영화롭게 하나니...(9)
- 여호와께서 또 내게 말씀하여 이르시되 내가 이 백성을 보았노라 보라 이는 목이 곧은 백성이니라(13)
- 아비멜렉이 이스라엘을 다스린 지 삼 년에...(22-23)
- 아비멜렉이 그 날 종일토록 그 성을 쳐서 마침내는 점령하고 거기 있는 백성을 죽이며 그 성을 헐고 소금을 뿌리니라(45)

기드온의 아들 아비멜렉은 형제 70명을 죽이고 스스로 왕이 됩니다.(1~6절) 기드온의 아들 중 막내아들 요담만이 참화를 면했는데 그는 나무 우화를 통해 아비멜렉이 왕의 자격이 없음을 역설합니다.(7~15절) 요담은 아비멜렉을 왕으로 세우는데 공헌한 세겜 사람들을 책망하며 아비멜렉과 세겜인들을 동시에 저주합니다.(16~21절) 하나님은 악한 영을 통해 아비멜렉과 세겜인들의 관계를 이간시켜 세겜인들로 하여금 아비멜렉을 배반하게 만드셨습니다.(22~25절) 가알을 중심으로 한 세겜인들은 아비멜렉에 대하여 항거하는데 아비벨렉은 무자비한 보복을 감행합니다.(26~45절) 세겜에 대한 보복 이후 데베스를 공격하던 아비멜렉이 한 여인이 던진 맷돌에 맞아 죽게 되면서 내전은 끝이 납니다.(46~57절)

사도행전 13장 : 바울의 이방선교의 욕심

- 주를 섬겨 금식할 때에 성령이 이르시되 내가 불러 시키는 일을 위하여 바나바와...(2-3)
- 바울이 일어나 손짓하며 말하되 이스라엘 사람들과 및 하나님을 경외하는 사람들아 들으라(16)
- 곧 하나님이 예수를 일으키사 우리 자녀들에게 이 약속을 이루게 하셨다 함이라...(33-35)
- 회당의 모임이 끝난 후에 유대인과 유대교에 입교한 경건한 사람들이 많이 바울과 바나바를 따르니 두 사도가 더불어 말하고 항상 하나님의 은혜 가운데 있으라 권하니라...(43-48)
- 제자들은 기쁨과 성령이 충만하니라(52)

이방 선교에 있어 중요한 역할을 하던 안디옥 교회는 성령의 인도하심에 순종하여 바나바와 바울을 파송하게 됩니다.(1~5절) 유대인 거짓 마술사 바예수를 만난 바울과 바나바는 하나님의 말씀을 대적하고 방해하는 그를 주의 권능으로 제압하고 하나님의 역사를 보게 된 총독 서기오 바울은 예수 그리스도를 영접하게 됩니다.(6~12절) 바보를 떠나 비시디아 안디옥에 도착한 바울 일행은 비시디아 안디옥 회당에서 구약의 역사를 개관하면서 메시아 예수 그리스도의 오심과 죽으심, 부활에 대해 증언합니다.(13~41절) 사람들은 바울의 설교에 대하여 적극적으로 수용하는 이들과 대적하는 이들로 나뉘게 됩니다.(42~52절) 복음을 대적하는 유대인들의 시기와 비방으로 인해 복음이 이방인의 구원을 향하고 있다고 바울은 선포합니다.(47절)

예레미야 22장 : 유다 왕의 세속적인 욕심

- 이르기를 다윗의 왕위에 앉은 유다 왕이여 너와 네 신하와 이 문들로 들어오는 네 백성은 여호와의 말씀을 들을지니라...(2-6)
- 그들이 대답하기는 이는 그들이 자기 하나님 여호와의 언약을 버리고 다른 신들에게 절하고 그를 섬긴 까닭이라 하셨다 할지니라(9)
- 네가 백향목을 많이 사용하여 왕이 될 수 있겠느냐 네 아버지가 먹거나 마시지...(15-19)
- 여호와께서 이와 같이 말씀하시니라 너희는 이 사람이 자식이 없겠고 그의 평생 동안 형통하지 못할 자라 기록하라 이는 그의 자손 중 형통하여 다윗의 왕위에 앉아 유다를...(30)

유다의 왕이 공의를 세우고 약자를 보호하면 하나님은 그 왕조를 강하게 하시겠지만 그 반대로 행하면 다윗의 영광은 사라지고 황폐하게 될 것입니다.(1~9절) 예레미야는 요시아의 아들 살룸에 대하여 예언합니다. 그는 취임 3개월 만에 이집트로 끌려가 예언대로 다시는 고국으로 돌아오지 못합니다.(10~12절) 살룸의 뒤를 이어 왕이 된 여호야김의 죄도 언급합니다. 그는 하나님의 공의를 행하는 것에는 관심이 없고 자신의 왕권을 과시하려 화려한 왕궁을 짓는 것에만 몰두합니다.(13~19절) 하나님은 백향목(=토목공사)이 왕권을 튼튼하게 하는 것이 아니라고 말씀하십니다.(15절) 여호야김에 이어 다음 왕이 된 여호야긴 역시 바벨론 군대에 사로잡혀 끌려가게 됩니다.(20~30절)

마가복음 8장 : 베드로의 인간적인 욕심

- 그 무렵에 또 큰 무리가 있어 먹을 것이 없는지라 예수께서 제자들을 불러 이르시되...(1-3)
- 예수께서 마음속으로 깊이 탄식하시며 이르시되 어찌하여 이 세대가 표적을 구하느냐 내가 진실로 너희에게 이르노니 이 세대에 표적을 주지 아니하리라 하시고(12)
- 예수께서 맹인의 손을 붙잡으시고 마을 밖으로 데리고 나가사 눈에 침을 뱉으시며...(23-25)
- 또 물으시되 너희는 나를 누구라 하느냐 베드로가 대답하여 이르되 주는...(29-35)
- 누구든지 이 음란하고 죄 많은 세대에서 나와 내 말을 부끄러워하면 인자도...(38)

예수님은 칠병이어의 기적을 통해 우리를 영원히 먹이시는 참 목자이시며 당신이 하늘에서 내려온 참된 양식임을 선포하십니다.(1~13절) 배를 타고 이동하는 상황에서 배에 먹을 것이 없었습니다. 바리새인과 헤롯의 누룩을 조심하라는 예수님의 말씀을 제자들은 잘 이해하지 못합니다.(14~21절) 그들의 간교한 술수와 가르침을 조심하라는 뜻입니다. 예수님은 한 맹인의 눈을 열어 주십니다.(22~26절) 먹을 것에서 벗어나 하나님 나라를 볼 수 있는 눈이 열려야 합니다. 제자들에게 자신의 정체성을 확인하신 예수님은 고난과 죽음에 대해 예고하십니다.(27~38절) 누구든지 자기 십자가를 지고 그리스도를 따라야 합니다.

아비멜렉이나 유다의 왕들은 하나님을 멸시하고 지나치게 권력을 탐하다가 결국 심판을 받게 되었습니다. 성령님의 음성에 매일 귀를 기울이게 하시고 복음을 위한 행전을 쓰는 인생이 되게 하옵소서.

본문 사사기 10장-11장 11절 | 사도행전 14장 | 예레미야 23장 | 마가복음 9장
주제 **세력** (勢力, 여러 요소들이 모여 기세를 뻗치는 힘)

세상에는 부정적 영향을 주는 세력과 긍정적 영향을 주는 세력이 있다. 우상 세력과 핍박 세력과 거짓 세력과 귀신 세력은 모두 영혼을 멸망시키지만 성삼위일체 하나님의 세력은 모든 것을 소성시킨다.

사사기 10장-11장 11절 : 우상 세력을 섬긴 이스라엘은 심히 곤고해 짐

- 아비멜렉의 뒤를 이어서 잇사갈 사람 도도의 손자 부아의 아들 돌라가 일어나서 이스라엘을 구원하니라 그가 에브라임 산지 사밀에 거주하면서(10:1)
- 이스라엘 자손이 여호와께 부르짖어 이르되 우리가 우리 하나님을 버리고 바알들을 섬김으로 주께 범죄하였나이다 하니(10:10)
- 길르앗 사람 입다는 큰 용사였으니 기생이 길르앗에게서 낳은 아들이었고...(11:1-3)
- 암몬 자손이 이스라엘을 치려 할 때에 길르앗 장로들이 입다를 데려오려고 돕 땅에 가서...(11:5-6)

비교적 안정된 사사 돌라의 시대와 큰 부와 권세를 가진 사사 야일의 시대를 지나면서 이스라엘은 다시 악을 행합니다.(1~9절) 지속적으로 구원의 은혜를 잊어버리는 이스라엘에 대하여 하나님은 그들을 구원하지 않겠다고 말씀하십니다.(10~14절) 이는 하나님의 성품이 변한 것이 아니라, 그만큼 이스라엘의 죄악이 심각하다는 의미입니다. 이스라엘은 회개의 제스처를 취하며 하나님 없이 전쟁을 준비합니다.(15~18절) 미천한 출신 때문에 인정받지 못하던 입다는 이스라엘이 전쟁의 위기에 놓이게 되자 다시 지도자로 세워지게 됩니다.(11:1~11절)

사도행전 14장 : 핍박 세력을 이겨낸 사도가 다시 복음을 전함

- 이에 이고니온에서 두 사도가 함께 유대인의 회당에 들어가 말하니 유대와 헬라의 허다한 무리가 믿더라...(1-5)
- 루스드라에 발을 쓰지 못하는 한 사람이 앉아 있는데 나면서 걷지 못하게 되어 걸어 본 적이 없는 자라...(8-10)
- 유대인들이 안디옥과 이고니온에서 와서 무리를 충동하니 그들이 돌로 바울을 쳐서 죽은 줄로 알고 시외로 끌어 내치니라...(19-23)
- 그들이 이르러 교회를 모아 하나님이 함께 행하신 모든 일과 이방인들에게 믿음의 문을 여신 것을 보고하고...(27-28)

박해 속에서 바울과 바나바는 전도를 멈추지 않았습니다. 복음은 도시를 요동케 했습니다.(1~18절) 복음으로 인한 치유의 기적을 본 사람들은 바울과 바나바를 주목하지만 그들은 자신들의 능력이 아닌 하나님의 능력임을 증언합니다. 바울은 유대인들의 선동으로 돌에 맞아 버려지지만 그러한 환난과 핍박에 굴하지 않고 더욱 담대하게 복음을 전합니다.(19~28절)

예레미야 23장 : 거짓 세력인 목자, 선지자, 제사장을 벌하심

- 그러므로 이스라엘의 하나님 여호와께서 내 백성을 기르는 목자에게 이와 같이 말씀하시니라 너희가 내 양 떼를 흩으며 그것을 몰아내고 돌보지 아니하였도다 보라 내가 너희의 악행 때문에 너희에게 보응하리라 여호와의 말씀이니라...(2-6)
- 보라 여호와의 노여움이 일어나 폭풍과 회오리바람처럼 악인의 머리를 칠 것이라(19)
- 여호와의 말씀이니라 보라 거짓 꿈을 예언하여 이르며 거짓과 헛된 자만으로...(32-34)
- 너희는 영원한 치욕과 잊지 못할 영구한 수치를 당하게 하리라 하셨느니라(40)

유다의 지도자들은 하나님이 맡기신 양 떼를 버렸습니다. 그래서 하나님은 친히 참 목자를 세워 양 떼를 돌보실 것입니다.(1~8절) 유다는 총체적 난국입니다. 종교 지도자들은 부패했고 거짓 예언을 선포합니다.(9~22절) 하나님의 이름을 빙자한 거짓 예언자들의 꿈에 대하여 하나님은 심판을 선언하십니다.(23~32절) 하나님은 말씀을 취사선택하는 유다 백성들은 "여호와의 엄중한 말씀이 무엇이냐?"고 물을 것입니다.(33~40절) 하나님의 말씀 중 엄중하지 않은 말씀이 어디 있나요? 그들은 여호와께서 무엇을 말씀하셨는지를 묻되 무엇을 말씀하시든 들으려는 태도로 물어야 합니다. 말씀을 취사선택하는 것 역시 말씀을 왜곡하는 것입니다. 거짓 예언자들은 심판을 피할 수 없습니다.

마가복음 9장 : 귀신 세력을 쫓아내는 힘은 믿음과 기도뿐임

- 엿새 후에 예수께서 베드로와 야고보와 요한을 데리시고 따로 높은 산에 올라가셨더니...(2-5)
- 마침 구름이 와서 그들을 덮으며 구름 속에서 소리가 나되 이는 내 사랑하는 아들이니...(7)
- 예수께서 물으시되 너희가 무엇을 그들과 변론하느냐...(16-20)
- 가버나움에 이르러 집에 계실새 제자들에게 물으시되 너희가 길에서 서로 토론한...(33-37)
- 거기에서는 구더기도 죽지 않고 불도 꺼지지 아니하느니라(48)

예수님이 하나님의 아들이며 모든 영광을 가진 분임을 제자들이 보게 됩니다.(=변화산 사건, 1~8절) 변화산 사건 이후 예수님은 죽음과 부활을 말씀하시면서 엘리야(=세례요한)가 오는 것도 중요하지만 자신이 겪을 고난과 멸시가 더 중요하다고 말씀하십니다.(9~13절) 예수님과 3명의 제자들이 변화산 사건을 경험하는 사이 나머지 제자들은 귀신들린 아이의 치유 문제로 서기관들과 변론 중이었습니다.(14~29절) 믿음은 기도를 통해 능력으로 나타납니다. 십자가의 죽임을 예고하는 예수님을 두고서 누가 큰 자냐라는 논쟁을 벌이는 제자들에게 큰 자는 섬기는 자라고 말씀하십니다.(30~37절) 특권의식과 우월감을 가진 제자들은 자신들 외에 다른 이들을 인정하려 하지 않았는데 예수님은 당신의 이름으로 능력을 행하며 당신을 반대하지 않으면 수용할 것이라고 말씀하십니다.(38~42절) 예수님은 당신의 이름으로 능력을 행하는 것보다 약자에게 물 한 모금 주지 않는 것과 작은 자를 실족시키는 죄에 더 큰 관심을 가지고 계십니다. 우리는 다른 모든 것을 포기하고서라도 영생을 얻어야 합니다.(43~50절)

복음이 주는 평강을 누리며 더욱 겸손히 섬기는 자가 되어 천국에서 큰 자가 되게 하옵소서. 주의 이름만 도용하거나 내가 원하는 말씀만 취사선택하는 거짓 예언자가 되지 않게 하옵소서. 예수님께 속한 자의 삶으로 복음을 전파하게 하옵소서.

본문 사사기 11장 12-40절 | 사도행전 15장 | 예레미야 24장 | 마가복음 10장
주제 **충돌** (衝突, 입장이 다른 세력이나 집단이 서로 맞서 싸움)

충돌에는 크게 두 종류가 있다. 암몬 자손의 왕은 소유를, 유다 백성과 바리새인은 주관적인 견해를 위해 욕심적인 충돌을 벌렸고, 바울과 바나바는 이방인에게 복음을 전하기 위하여 발전적인 충돌을 벌렸다.

사사기 11장 12-40절 : 입다와 암몬 자손의 왕이 땅 문제로 충돌

- 입다가 암몬 자손의 왕에게 사자들을 보내 이르되 네가 나와 무슨 상관이 있기에 내 땅을 치러 내게 왔느냐 하니...(12-13)
- 이스라엘이 헤스본 왕 곧 아모리 족속의 왕 시혼에게 사자들을 보내어 그에게 이르되...(19-21)
- 이스라엘의 하나님 여호와께서 이같이 아모리 족속을 자기 백성 이스라엘 앞에서 쫓아내셨거늘 네가 그 땅을 얻고자 하는 것이 옳으냐...(23-26)
- 그가 이르되 가라 하고 두 달을 기한하고 그를 보내니 그가 그 여자 친구들과 가서 산 위에서 처녀로 죽음을 인하여 애곡하고(38)

요단 동편 땅에 대한 소유권을 놓고 입다와 암몬 왕이 협상을 벌이나 결론을 내지 못하고 결국 전쟁을 하게 되는데 입다가 크게 승리합니다. 문제는 그의 유일한 딸이 그의 잘못된 서원의 희생양이 된 것입니다. 비록 잘못된 서원이지만 그 서원을 이루고자 희생을 자처한 입다의 딸은 매우 훌륭합니다. 우리는 성급하거나 지나치지 말아야 합니다. 서원에 신중해야 하며 서원한 것은 반드시 지켜야 합니다.

사도행전 15장 : 바울 바나바와 유대 형제들이 할례문제로 충돌

- 어떤 사람들이 유대로부터 내려와서 형제들을 가르치되 너희가 모세의 법대로 할례를 받지 아니하면 능히 구원을 받지 못하리라 하니...(1-2)
- 예루살렘에 이르러 교회와 사도와 장로들에게 영접을 받고 하나님이 자기들과 함께...(4-5)
- 많은 변론이 있은 후에 베드로가 일어나 말하되 형제들아 너희도 알거니와...(7-10)
- 말을 마치매 야고보가 대답하여 이르되 형제들아 내 말을 들으라(13)
- 이에 사도와 장로와 온 교회가 그 중에서 사람들을 택하여 바울과 바나바와 함께...(22)
- 바울과 바나바는 안디옥에서 유하며 수다한 다른 사람들과 함께 주의 말씀을 가르치며...(35-41)

15장은 예수님의 부활, 승천 후 역사 속에 탄생한 교회의 방향을 결정짓는 예루살렘 공의회에 대한 기록입니다. 쟁점은 구원의 근거로서의 모세의 율법입니다. 예루살렘 교회 내의 바리새파 기독교인들은 예수 그리스도를 구주로 고백하면서도 동시에 모세의 율법을 준수해야 한다고 고집했습니다.(1~11절) 이에 바울과 바나바는 이방인의 구원은 하나님의 뜻임을 강조하고(12~18절) 야고보 역시 이방인에게 모세의 율법과 할례를 강요하지 말아야 한다고 말하면서 구원과는 상관없지만 4가지 사안(=우상의 더러운 것, 음행, 목매어 죽인 것과 피를 멀리하는 것)에 관해서만 자제하도록 권해야 한다고 제안합니다.(12~29절) 예루살렘 교회는 후자를 선택함으로써 하나님의 뜻을 잘 분별하였습니다. 이 결정은 안디옥 교회에 큰 기쁨을 주었습니다.(30~33절) 한편 바울과 바나바는 1차 전도여행 때 돌연 선교팀에서 이탈해 버린 마가의 거취에 대한 견해차로 인해 각각 따로 선교팀을 꾸리게 됩니다.(34~41절) 바울은 인생의 마지막 순간에 마가에 대한 사랑을 회복합니다.(딤후 4:11)

예레미야 24장 : 좋은 무화과와 나쁜 무화과가 피난문제로 충돌

- 바벨론의 느부갓네살 왕이 유다 왕 여호야김의 아들 여고냐와 유다 고관들과 목공들과 철공들을 예루살렘에서 바벨론으로 옮긴 후에 여호와께서 여호와의 성전 앞에 놓인...(1-2)
- 이스라엘의 하나님 여호와께서 이와 같이 말씀하시니라 내가 이 곳에서 옮겨...(5-8)

바벨론의 느부갓네살이 유다를 침공하여 여호야김의 아들 여고냐와 고관들, 목공, 철공들을 포로로 잡아갔습니다. 이는 예고된 심판이었습니다. 바벨론 침공 이후에 하나님은 예레미야에게 환상을 보여주십니다. 좋은 무화과와 나쁜 무화과가 감겨 있는 두 광주리입니다. 하나님은 바벨론으로 옮겨진 유다의 포로들을 좋은 무화과처럼 잘 돌보시겠다고 말씀하십니다. 그러나 주님의 말씀을 어기고 예루살렘에 남은 자들이나 살길을 찾아 이집트로 간 사람들은 나쁜 무화과처럼 버려지게 될 것입니다. 예레미야가 선포한 말씀은 바벨론에 저항하지 말고 항복하라는 것입니다. 이것은 매국노가 되라는 것이 아니라 하나님의 법을 떠난 유다에 대한 하나님의 심판이 너무나 확고하니 하나님의 심판에 순응하라는 의미입니다. 이럴 때는 죄에 대한 회개로 나아가며 말씀에 순복해야 합니다.

마가복음 10장 : 예수님과 바리새인들이 이혼문제로 충돌

- 바리새인들이 예수께 나아와 그를 시험하여 묻되 사람이 아내를 버리는 것이 옳으니이까(2)
- 그러므로 하나님이 짝지어 주신 것을 사람이 나누지 못할지니라 하시더라(9)
- 이르시되 누구든지 그 아내를 버리고 다른 데에 장가 드는 자는 본처에게 간음을...(11-17)
- 제자들이 그 말씀에 놀라는지라 예수께서 다시 대답하여 이르시되...(24-25)
- 세베대의 아들 야고보와 요한이 주께 나아와 여짜오되 선생님이여 무엇이든지...(35-37)
- 인자가 온 것은 섬김을 받으려 함이 아니라 도리어 섬기려 하고 자기 목숨을...(45-47)
- 예수께서 말씀하여 이르시되 네게 무엇을 하여 주기를 원하느냐 맹인이 이르되...(51-52)

예수님은 사회적 약자인 여성과 어린이에 대한 바른 이해와 태도를 요구합니다.(1~16절) 모세의 율법에 '이혼할 때 이혼증서를 써 주라'는 것은 이혼의 합법화를 말하는 게 아니라 억울하게 버려지는 여성의 권리 보호를 위한 불가피한 조치임을 기억해야 합니다. 사람들은 하나님의 선한 뜻을 왜곡합니다. 영생의 길을 가는데 있어 방해가 되는 것은 내려놓아야 합니다.(17~22절) 그러나 부자청년은 재물을 가장 소중히 여겼기에 내려놓을 수 없었습니다. 예수님은 재물에 대해 경고하십니다.(23~31절) 예수님은 마지막 수난예고를 하시면서 그가 이 땅에 오신 이유를 말씀하십니다.(32~45절) 바디매오의 기도처럼 우리는 주님께 그저 불쌍히 여겨 달라고 기도할 수밖에 없는 존재입니다.(46~52절)

하나님! 승리에 취해서 성급한 결정을 내리지 않게 하시고 서원한 것은 반드시 지키게 하옵소서. 회개할 수 있는 시간을 놓치지 않게 하시고 재물을 섬기는 인생이 되지 않게 하옵소서. 우리 교회가 항상 복음에 합당한 결정을 내리게 하시고 사랑으로 모든 걸 마무리하게 하옵소서.

본문 사사기 12장 | 사도행전 16장 | 예레미야 25장 | 마가복음 11장

주제 **무례** (無禮, 지나치게 자기중심적이고 예의가 없음)

사람은 예의를 통해 관계를 유지하고 발전시킨다. 따라서 예의를 벗어난 무례함은 많은 관계를 불편하게 만들고 단절시키기도 한다. 하나님에 대한 무례함과 사람에 대한 무례함은 멸망으로 향하는 지름길이다.

사사기 12장 : 에브라임 사람들이 입다에게 무례함으로 패함

- 에브라임 사람들이 모여 북쪽으로 가서 입다에게 이르되 네가 암몬 자손과 싸우러 건너갈 때에 어찌하여 우리를 불러 너와 함께 가게 하지 아니하였느냐 우리가 반드시 너와 네 집을 불사르리라 하니...(1-4)
- 그에게 이르기를 쉽볼렛이라 발음하라 하여 에브라임 사람이 그렇게 바로 말하지 못하고...(6)
- 그 뒤를 이어 베들레헴의 입산이 이스라엘의 사사가 되었더라(8)
- 그 뒤를 이어 스불론 사람 엘론이 이스라엘의 사사가 되어 십 년 동안 이스라엘을 다스렸더라(11)
- 그 뒤를 이어 비라돈 사람 힐렐의 아들 압돈이 이스라엘의 사사가 되었더라(13)

입다가 암몬과의 전쟁에서 승리하자 에브라임 지파가 자신들을 전쟁에 참여시키지 않은 문제로 시비를 겁니다. 입다는 도움을 요청했을 때 소극적이었던 그들의 태도를 언급하며 그들의 도움 없이 목숨을 걸고 전쟁을 수행했음을 밝힙니다.(2절) 이 갈등은 증폭되어 결국 전쟁으로 이어졌고 에브라임 지파는 참패를 하게 됩니다.(4~6절) 입다 사후 입산, 엘론, 압돈이 차례로 사사가 됩니다. 자녀의 수를 보면 사사의 권력이 점점 더 커지고 있음을 알 수 있습니다.(7~15절)

사도행전 16장 : 상관들이 로마사람 바울에게 무례함을 뉘우침

- 바울이 더베와 루스드라에도 이르매 거기 디모데라 하는 제자가 있으니 그 어머니는 믿는 유대 여자요 아버지는 헬라인이라...(1-5)
- 밤에 환상이 바울에게 보이니 마게도냐 사람 하나가 서서 그에게 청하여 이르되 마게도냐로 건너와서 우리를 도우라 하거늘...(9-10)
- 여종의 주인들은 자기 수익의 소망이 끊어진 것을 보고 바울과 실라를 붙잡아 장터로 관리들에게 끌어 갔다가...(19-23)
- 그들을 데리고 나가 이르되 선생들이여 내가 어떻게 하여야 구원을 받으리이까...(30-31)
- 그들을 데리고 자기 집에 올라가서 음식을 차려 주고 그와 온 집안이 하나님을 믿으므로 크게 기뻐하니라(34)

바울은 루스드라에서 디모데를 만납니다. 바울은 유대인들에게 복음을 보다 용이하게 전하기 위해 디모데에게 할례를 행합니다.(1~3절) 선교를 주관하시는 하나님은 아시아 선교를 원하는 바울에게 마게도냐인의 환상을 보여주시며 유럽 선교로 이끄십니다.(4~10절) 성령의 인도하심을 따라 마게도냐로 건너간 바울 일행은 하나님이 예비하신 동역자 루디아를 만납니다.(11~15절) 바울은 기도하러 가다가 귀신들린 여종을 예수님의 이름으로 고치게 되는데 이 일이 발단이 되어 억울하게 매를 맞고 투옥되었습니다.(16~40절) 그러나 이것은 간수의 가정을 구원하시려는 하나님의 크신 계획이 있었습니다.

예레미야 25장 : 모든 나라가 여호와께 무례함으로 재앙을 당함

- 선지자 예레미야가 유다의 모든 백성과 예루살렘의 모든 주민에게 말하여 이르되...(2-3)
- 그가 이르시기를 너희는 각자의 악한 길과 악행을 버리고 돌아오라 그리하면 나 여호와가 너희와 너희 조상들에게 영원부터 영원까지 준 그 땅에 살리라...(5-7)
- 내가 여호와의 손에서 그 잔을 받아서 여호와께서 나를 보내신 바 그 모든 나라로...(17-27)
- 보라 내가 내 이름으로 일컬음을 받는 성에서부터 재앙 내리기를 시작하였은즉...(29-31)
- 너희 목자들아 외쳐 애곡하라 너희 양 떼의 인도자들아 잿더미에서 뒹굴라...(34-35)

하나님은 유다 백성의 거듭되는 불순종에 대해 바벨론을 통해 심판할 것이며 이로 인해 유다 백성들은 70년간의 포로생활을 하게 될 것입니다.(5~11절) 그러나 바벨론 역시 하나님의 심판을 피할 수 없습니다.(12~14절) 여호와 하나님을 버리고 다른 신을 섬긴 유다를 포함하여 세상 모든 나라에 대한 하나님의 심판이 있을 것입니다.(15~29절) 하나님의 진노를 피할 수 있는 나라는 없습니다.

마가복음 11장 : 성전에서 매매하는 자들의 무례함을 꾸짖으심

- 너희 목자들아 외쳐 애곡하라 너희 양 떼의 인도자들아 잿더미에서 뒹굴라 이는 너희가 도살 당할 날과 흩음을 당할 기한이 찼음인즉 너희가 귀한 그릇이 떨어짐 같이 될 것이라...(2-3)
- 나귀 새끼를 예수께로 끌고 와서 자기들의 겉옷을 그 위에 얹어 놓으매 예수께서...(7-10)
- 멀리서 잎사귀 있는 한 무화과나무를 보시고 혹 그 나무에 무엇이 있을까 하여 가셨더니...(13-17)
- 이르되 무슨 권위로 이런 일을 하느냐 누가 이런 일 할 권위를 주었느냐...(28-30)
- 이에 예수께 대답하여 이르되 우리가 알지 못하노라 하니 예수께서 이르시되 나도 무슨 권위로 이런 일을 하는지 너희에게 이르지 아니하리라 하시니라(33)

예수님은 나귀를 타고 예루살렘에 입성하십니다.(1~10절) 이로써 나귀를 타시는 고난 받는 종에 관한 스가랴의 예언이 성취됩니다.(슥 9:9) 십자가의 고난과 죽음을 이해하지 못하는 제자들과 군중들은 저마다 자기가 꿈꾸는 메시아를 상상하며 예수님께 환호를 보냈습니다. 예수님은 잎만 무성하고 열매를 기대할 수 없는 무화과를 저주하십니다.(11~14절) 그 시대의 지도자들과 백성들의 열매 없는 삶을 드러내신 것입니다. 성전으로 가신 예수님은 매매하는 자들에 대해 분노하셨습니다.(15~19절) 그들은 기도의 장소를 타락한 이권의 장소로 전락시켰습니다. 말라버린 무화과는 그 시대의 종교 지도자들에게 대한 무서운 경고입니다.(20~26절) 유대 종교 지도자들이 예수님의 권위에 대해 질문했지만 예수님의 역질문을 받고 여론을 의식하여 답을 하지 못합니다.(27~33절) 그들은 진리보다 자신들의 안위를 더 중요하게 여겼습니다.

성령님의 인도하심에 순응하여 선교의 방향을 정했던 바울처럼 성령님의 뜻을 구하며 그 인도하심에 순종하게 하옵소서. 마지막 날 모든 권세를 가지신 예수님께서 구원하러 오실 때 나는 보혈의 공로를 노래할 것입니다.

본문 사사기 13장 | 사도행전 17장 | 예레미야 26장 | 마가복음 12장

주제 **기회** (機會, 어떠한 일이나 행동을 하기에 가장 좋은 때나 경우)

기회는 하나님이 우리에게 주시는 가장 큰 선물 중에 하나다. 성도는 득남의 기회, 전파의 기회, 회개의 기회, 변화의 기회 등을 간과하지 말고 더 나은 모습으로 주 앞에 서기 위해 최선을 다해야 한다.

사사기 13장 : 마노아 부부에게 찾아온 아들 얻을 기회

- 이스라엘 자손이 다시 여호와의 목전에 악을 행하였으므로 여호와께서 그들을 사십 년 동안 블레셋 사람의 손에 넘겨 주시니라...(1-5)
- 마노아가 여호와께 기도하여 이르되 주여 구하옵나니 주께서 보내셨던 하나님의 사람을...(8)
- 포도나무의 소산을 먹지 말며 포도주와 독주를 마시지 말며 어떤 부정한 것도 먹지 말고 내가 그에게 명령한 것은 다 지킬 것이니라 하니라(14)
- 마노아가 또 여호와의 사자에게 말하되 당신의 이름이 무엇이니이까...(17-20)
- 그의 아내가 그에게 이르되 여호와께서 우리를 죽이려 하셨더라면 우리 손에서 번제와 소제를 받지 아니하셨을 것이요 이 모든 일을 보이지 아니하셨을 것이며...(23-25)

또다시 시작된 이스라엘의 악행으로 인해 이스라엘은 블레셋의 지배를 받게 됩니다.(1절) 아직 이스라엘이 회개하며 돌아오지도 않았음에도 불구하고 하나님은 이스라엘의 구원을 위한 새로운 인물 삼손을 준비하십니다.(2~25절) 그는 나실인으로서 구별된 삶을 살아야 합니다.(4~5절)

사도행전 17장 : 바울과 실라에게 찾아온 복음 전할 기회

- 그들이 암비볼리와 아볼로니아로 다녀가 데살로니가에 이르니 거기 유대인의 회당이...(1-5)
- 밤에 형제들이 곧 바울과 실라를 베뢰아로 보내니 그들이 이르러 유대인의 회당에...(10-13)
- 바울이 아덴에서 그들을 기다리다가 그 성에 우상이 가득한 것을 보고 마음에...(16-17)
- 모든 아덴 사람과 거기서 나그네 된 외국인들이 가장 새로운 것을 말하고 듣는 것 이외에는 달리 시간을 쓰지 않음이더라...(21-25)
- 몇 사람이 그를 가까이하여 믿으니 그 중에는 아레오바고 관리 디오누시오와 다마리라 하는 여자와 또 다른 사람들도 있었더라(34)

바울은 데살로니가에서 약 3주 정도 사역하다가 유대인들의 핍박으로 쫓겨났습니다.(1~9절) 그럼에도 불구하고 하나님은 데살로니가에 믿음의 공동체를 탄생시키셨습니다. 복음은 생명을 가지고 있기에 가능한 일입니다. 데살로니가에서 쫓겨 난 바울 일행은 베뢰아로 가게 됩니다. 베뢰아 사람들은 말씀을 묵상하는 사람들이었습니다.(10~15절) 말씀에 대한 사모함은 많은 열매로 이어졌는데 데살로니가의 유대인들이 또 나타나 방해함으로 바울은 아덴(=아테네)으로 이동하게 됩니다. 철학이 발달하고 토론을 좋아하며 종교성이 많은 아덴 사람들을 대상으로 바울은 날마다 복음을 위한 변론을 하게 됩니다.(16~23절) 바울은 하나님의 위대한 창조 사역과 부활의 복음을 증거합니다.(24~34절)

예레미야 26장 : 유다 지도자들에게 찾아온 회개할 기회

- 여호와께서 이와 같이 말씀하시니라 너는 여호와의 성전 뜰에 서서 유다 모든 성읍에서 여호와의 성전에 와서 예배하는 자에게 내가 네게 명령하여 이르게 한 모든 말을 전하되...(2-5)
- 예레미야가 여호와께서 명령하신 말씀을 모든 백성에게 전하기를 마치매 제사장들과 선지자들과 모든 백성이 그를 붙잡고 이르되 네가 반드시 죽어야 하리라(8)
- 보라 나는 너희 손에 있으니 너희 의견에 좋은 대로, 옳은 대로 하려니와...(14-16)
- 그들이 우리야를 애굽에서 연행하여 여호야김 왕에게로 그를 데려오매 왕이 칼로...(23-24)

회개를 촉구하는 예레미야의 성전설교입니다.(1~7절) 그러나 제사장과 백성들의 반응은 예레미야에 대한 살해위협입니다.(8~9절) 예레미야는 자신의 메시지의 출처가 여호와 하나님이심을 분명히 밝히며 위기 속에서도 담대히 선포합니다.(10~15절) 오히려 거짓 선지자와 제사장들의 위협에 맞서서 고관들과 백성들이 예레미야를 지지합니다.(16~19절) 여호야김 왕과 그의 신하들은 일전에 우리야 선지자를 처형한 적이 있습니다.(20~23절) 그들의 칼날이 이번에는 예레미야를 향하고 있지만 사반의 아들 아히감이 나서서 예레미야를 변호합니다.(24절)

마가복음 12장 : 바리새인과 서기관에게 찾아온 변화의 기회

- 예수께서 비유로 그들에게 말씀하시되 한 사람이 포도원을 만들어 산울타리로 두르고...(1-3)
- 이제 한 사람이 남았으니 곧 그가 사랑하는 아들이라 최후로 이를 보내며 이르되...(6-9)
- 이에 예수께서 이르시되 가이사의 것은 가이사에게, 하나님의 것은 하나님께 바치라...(17-19)
- 사람이 죽은 자 가운데서 살아날 때에는 장가도 아니 가고 시집도 아니 가고 하늘에 있는 천사들과 같으니라(25)
- 예수께서 가르치실 때에 이르시되 긴 옷을 입고 다니는 것과 시장에서 문안 받는 것과...(38-44)

예수님은 포도원 농부들의 비유를 통해 포도원 주인(=하나님)의 너그러움과 농부들(=종교지도자들)의 악함을 대조하면서 농부들에 의해 희생되는 아들을 통해 당신의 십자가에서의 죽으심을 말씀하십니다.(1~12절) 바리새인들은 예수님을 반정부 인사로 몰아가기 위해 세금에 관한 질문을 하지만 예수님은 가이사의 형상이 새겨진 돈은 가이사에게 주고 하나님의 형상이 새겨진 너희의 인생은 하나님께 드리라는 매우 현명한 대답을 하십니다.(13~17절) 사두개인과의 부활 논쟁에 있어서는 부활한 이후에는 현세와 같은 결혼 생활은 없으며, 하늘의 천사와 같아지고, 육신은 한번 죽지만 영원한 부활의 세계가 있음을 선포하십니다.(18~27절) 수많은 율법과 계명은 '마음과 목숨과 뜻과 힘을 다하여 하나님을 사랑하고 이웃을 자신과 같이 사랑하라'로 축약됩니다.(28~34절) 예수님은 자신의 정체성에 대해 다윗의 계보에 속한 것은 맞지만 다윗도 그리스도를 주로 호칭했음을 언급하시며 당신이 하나님의 아들이심을 선언하십니다.(35~37절) 위선을 조심하고 마음이 담겨 있는 헌신으로 주님을 기쁘시게 해야 합니다.(38~44절)

하나님! 여호야김 왕처럼 하나님의 말씀에 저항하는 자가 되지 않게 하옵소서. 베뢰아 사람처럼 날마다 말씀을 묵상하는 자가 되게 하시고 가장 중요한 계명인 하나님을 사랑하고 이웃을 사랑하는 거룩한 성도가 하옵소서.

본문 사사기 14장 | 사도행전 18장 | 예레미야 27장 | 마가복음 13장

주제 **의도** (意圖, 무엇을 이루려고 꾀하는 것)

하나님은 모든 사람을 구원하시기 위해 선한 의도를 가지시고 계획을 세우시며 사람을 보내신다. 특히 범죄한 영혼과 민족을 구원하시기 위해 회개를 촉구하실 목적으로 멸망과 종말의 징조를 예언해 주신다.

사사기 14장 : 블레셋을 물리치려는 삼손의 의도

- 삼손이 딤나에 내려가서 거기서 블레셋 사람의 딸들 중에서 한 여자를 보고...(1-4)
- 여호와의 영이 삼손에게 강하게 임하니 그가 손에 아무것도 없이 그 사자를 염소 새끼를 찢는 것 같이 찢었으나 그는 자기가 행한 일을 부모에게 알리지 아니하였더라(6)
- 삼손이 그들에게 이르되 이제 내가 너희에게 수수께끼를 내리니 잔치하는 이레 동안에 너희가 그것을 풀어 내게 말하면 내가 베옷 삼십 벌과 겉옷 삼십 벌을 너희에게 주리라(12)
- 여호와의 영이 삼손에게 갑자기 임하시매 삼손이 아스글론에 내려가서 그 곳 사람...(19-20)

이스라엘을 구원할 사사로 부름 받은 삼손이지만 나실인 규정을 어기고 시신을 만지고 하나님이 주신 강한 힘을 과시하는 등 위태로운 모습을 보여주고 있습니다.(1~9절) 사자의 시체에서 꿀을 얻은 경험으로 수수께끼를 낸 삼손은 결국 이방여인의 미혹에 넘어가 답을 알려주었고 결국 내기에 진 값을 치르기 위해 30명의 블레셋인을 죽이게 됩니다.(10~20절) 삼손은 여인에게 취약한 모습도 보이고 있습니다. 우리는 스스로 인생을 위기에 빠뜨리지 않도록 영적으로 늘 깨어 있어야 하며 한편으론 연약한 우리를 여전히 사용하시는 하나님의 신실함을 신뢰해야 합니다.

사도행전 18장 : 복음전파를 위해 머물려는 바울의 의도

- 그 후에 바울이 아덴을 떠나 고린도에 이르러...(1-4)
- 거기서 옮겨 하나님을 경외하는 디도 유스도라 하는 사람의 집에 들어가니 그 집은...(7-11)
- 에베소에 와서 그들을 거기 머물게 하고 자기는 회당에 들어가서 유대인들과...(19-20)
- 가이사랴에 상륙하여 올라가 교회의 안부를 물은 후에 안디옥으로 내려가서...(22-27)

하나님은 바울에게 최고의 동역자인 브리스길라와 아굴라는 붙여 주십니다.(1~4절) 바울은 로마서 16장에서 그들은 바울을 위하여 목이라도 내어놓을 수 있는 사람이라고 평가했습니다. 바울이 선포하는 복음을 이방인들이 적극적으로 받아들입니다.(5~8절) 고린도 교회는 다름 아닌 회당 근처인 디도 유스도의 집이었습니다.(7절) 회당(=정통 유대인)과 교회(=그리스도인)의 갈등은 불가피한데 주님은 환상 가운데 바울에게 나타나셔서 두려워하지 말고 복음을 선포하라고 말씀하십니다.(9~11절) 결국 바울은 고발을 당했으나 갈리오 총독은 유대인들의 고발을 기각해 버립니다.(12~17절) 바울은 에베소 교회에 들러 교회를 브리스길라와 아굴라에게 맡긴 후 자신을 파송한 안디옥교회로 돌아갑니다.(18~28절) 아굴라 부부는 뛰어난 성경교사이나 성령에 대해 모르는 아볼로를 가르친 후 고린도 교회를 맡깁니다.(27절)

예레미야 27장 : 유다 민족을 살리시려는 하나님의 의도

- 여호와께서 이와 같이 내게 말씀하시되 너는 줄과 멍에를 만들어 네 목에 걸고...(2-9)
- 그러나 그 목으로 바벨론의 왕의 멍에를 메고 그를 섬기는 나라는 내가 그들을 그 땅에 머물러 밭을 갈며 거기서 살게 하리라 하셨다 하라 여호와의 말씀이니라 하시니라...(11-12)
- 이것은 바벨론의 왕 느부갓네살이 유다의 왕 여호야김의 아들 여고니야와 유다와 예루살렘 모든 귀인을 예루살렘에서 바벨론으로 사로잡아 옮길 때에 가져가지 아니하였던 것이라(20)
- 그것들이 바벨론으로 옮겨지고 내가 이것을 돌보는 날까지 거기에 있을 것이니라 그 후에 내가 그것을 올려 와 이 곳에 그것들을 되돌려 두리라 여호와의 말씀이니라(22)

하나님은 지속적으로 우상을 섬기며 하나님을 거역하는 유다를 바벨론을 통해 심판하기로 결정하셨습니다. 그런데 유다는 예레미야의 계속되는 경고에도 불구하고 주변 나라들을 동원하여 바벨론에 대항하려 합니다. 예레미야는 하나님의 뜻인 바벨론의 멍에를 메야 한다고 선포합니다.(1~4절) 하나님이 정한 심판을 받아들여야 합니다. 바벨론은 하나님이 정한 기한까지 매우 강성할 것임에도 불구하고 거짓 선지자들은 바벨론의 힘을 무시합니다.(7~11절) 예레미야는 다시 한번 하나님의 뜻에 순응할 것을 선포합니다.(12~22절) 하나님은 바벨론에서의 징계기간이 끝나면 회복을 약속하셨지만 어느 누구도 듣지 않았습니다.

마가복음 13장 : 구원을 위해 종말을 예언하신 주의 의도

- 우리에게 이르소서 어느 때에 이런 일이 있겠사오며 이 모든 일이 이루어지려 할 때에 무슨 징조가 있사오리이까...(4-10)
- 또 너희가 내 이름으로 말미암아 모든 사람에게 미움을 받을 것이나 끝까지 견디는 자는 구원을 받으리라...(13-14)
- 거짓 그리스도들과 거짓 선지자들이 일어나서 이적과 기사를 행하여 할 수만 있으면 택하신 자들을 미혹하려 하리라(22)
- 그러므로 깨어 있으라 집 주인이 언제 올는지 혹 저물 때일는지, 밤중일는지, 닭 울 때일는지, 새벽일는지 너희가 알지 못함이라(35)

종말의 징조는 거짓 그리스도와 거짓된 진리의 난무, 민족 혹은 나라간의 극심한 대립, 기근과 지진 등 자연재해 그리고 복음으로 인한 핍박과 고난입니다.(1~13절) 멸망의 가증한 것은 더러운 우상숭배를 의미합니다.(14절) 경건한 하나님의 백성들이 고통을 당하게 되고(14~19절) 거짓 그리스도와 거짓 선지자들이 믿는 자도 미혹할 것입니다.(20~23절) 종말의 큰 혼란과 이변, 핍박은 예수님의 재림과 함께 종결됩니다.(24~27절) 그러므로 다시 오시는 예수님은 믿는 자의 위로요 소망입니다. 재림의 구체적인 날은 알 수 없지만 징조를 통해 임박했음은 알 수 있습니다.(28~32절) 우리는 다시 오실 주님에 대한 참 믿음을 가지고 영적 대비태세 속에서 남은 인생을 살아가야 합니다.(33~37절)

오늘도 연약한 나를 붙드시고 사랑하시며 사용하시는 주님께 감사와 영광을 올립니다. 그러나 더 강해지게 하시고 말씀을 더욱 잘 분별하게 하옵소서. 하나님이 분명하게 말씀하신 것에 대해서 아멘으로 받아들이게 하시고 복음의 능력을 믿고 담대하게 하옵소서. 다시 오실 주님께 소망을 두고 오늘을 살아가게 하옵소서.

August
8월

본문 사사기 15장 | 사도행전 19장 | 예레미야 28장 | 마가복음 14장

주제 구실 (口實, 핑계로 삼을 조건이나 변명할 거리)

삶과 일에 있어서 타당한 구실은 합당한 이유가 되지만 거짓된 구실은 범죄를 낳는다. 데메드리오와 하나냐와 대제사장은 자기들의 이익을 위해 그럴듯한 구실을 말함으로 사악한 결과를 만들어 냈다.

사사기 15장 : 삼손이 아내의 일을 구실로 블레셋을 멸함

- 얼마 후 밀 거둘 때에 삼손이 염소 새끼를 가지고 그의 아내에게로 찾아 가서 이르되 내가 방에 들어가 내 아내를 보고자 하노라 하니 장인이 들어오지 못하게 하고...(1-7)
- 유다 사람들이 이르되 너희가 어찌하여 올라와서 우리를 치느냐 그들이 대답하되 우리가 올라온 것은 삼손을 결박하여 그가 우리에게 행한 대로 그에게 행하려 함이로라 하는지라...(10-15)
- 삼손이 심히 목이 말라 여호와께 부르짖어 이르되 주께서 종의 손을 통하여 이 큰 구원을 베푸셨사오나 내가 이제 목말라 죽어서 할례 받지 못한 자들의 손에 떨어지겠나이다 하니...(18-19)

자신의 아내를 만나지 못하게 하는 장인으로 인해 화가 난 삼손은 블레셋의 농작물에 엄청난 피해를 입힙니다.(1~8절) 블레셋 사람들은 삼손의 장인과 아내를 처형했으며 이로 인해 삼손은 나귀 턱뼈로 블레셋 군사 천명을 죽이는 보복을 단행합니다.(6, 9~20절) 이러한 보복전은 삼손이 이방여인을 사랑한 것에서 시작되었습니다. 신중하지 못하고 난폭한 기질이 있는 등 결점이 많은 삼손이지만 사사로서 쓰임 받고 있습니다.(18~20절) 그러나 더 좋은 일꾼이 되려면 많이 다듬어져야 합니다.

사도행전 19장 : 데메드리오는 복음을 구실로 불법집회를 선동함

- 아볼로가 고린도에 있을 때에 바울이 윗지방으로 다녀 에베소에 와서 어떤 제자들을 만나...(1-2)
- 바울이 회당에 들어가 석 달 동안 담대히 하나님 나라에 관하여 강론하며 권면하되...(8-12)
- 그 때쯤 되어 이 도로 말미암아 적지 않은 소동이 있었으니...(23-29)
- 그들은 그가 유대인인 줄 알고 다 한 소리로 외쳐 이르되 크다 에베소 사람의 아데미여 하기를 두 시간이나 하더니...(34-41)

2차 전도여행이 마무리될 때 에베소 신자들은 바울에게 더 머물러 달라고 요청했지만 하나님의 뜻이면 다시 오겠다고 약속합니다.(18:21) 바울은 이 약속에 따라서 에베소를 3차 전도여행의 중심지로 삼습니다. 바울의 성령에 대한 강의와 안수기도를 통해 에베소의 12제자에게 성령이 임합니다.(1~7절) 이어 회당에서 3개월, 두란노 서원에서 2년 동안 말씀을 가르칩니다.(8~10절) 바울의 에베소 사역 중 예수님의 이름으로 일어나는 기적을 보고 자기 유익으로 삼고 싶어 했던 스게와의 일곱 아들은 오히려 악귀에게 제압당합니다.(11~16절) 에베소에 복음의 능력이 크게 나타나 많은 이들이 회심하고 각종 마술책을 불태워 버립니다.(17~22절) 기득권에 눈이 먼 자들의 선동으로 큰 소동이 일어났지만 서기장의 차분한 대응으로 진정이 됩니다.(23~41절)

예레미야 28장 : 하나냐가 주의 이름을 구실로 거짓 예언을 함

- 그 해 곧 유다 왕 시드기야가 다스리기 시작한 지 사 년 다섯째 달 기브온앗술의 아들 선지자 하나냐가 여호와의 성전에서 제사장들과 모든 백성이 보는 앞에서 내게 말하여 이르되...(1-4)
- 선지자 하나냐가 선지자 예레미야의 목에서 멍에를 꺾어 버린 후에 여호와의 말씀이 예레미야에게 임하니라 이르시기를(12)
- 만군의 여호와 이스라엘의 하나님께서 이와 같이 말씀하시니라 내가 쇠 멍에로 이 모든 나라의 목에 메워 바벨론의 왕 느부갓네살을 섬기게 하였으니 그들이 그를 섬기리라 내가 들짐승도 그에게 주었느니라 하라...(14-17)

하나냐는 2년 내에 하나님이 구원과 회복을 주실 것이라고 선포했고 예레미야는 하나님의 심판으로 바벨론으로 끌려가 오랜 시간 있게 될 것을 선포합니다. 어떤 말이 더 듣기에 좋은가요. 그리고 누구의 말이 참 예언일까요. 거짓 예언자 하나냐에 대한 하나님의 심판이 즉시 이루어집니다.

마가복음 14장 : 대제사장이 신성모독을 구실로 예수를 죽임

- 이틀이 지나면 유월절과 무교절이라 대제사장들과 서기관들이 예수를 흉계로 잡아 죽일 방도를 구하며(1)
- 예수께서 베다니 나병환자 시몬의 집에서 식사하실 때에 한 여자가 매우 값진 향유 곧 순전한 나드 한 옥합을 가지고 와서 그 옥합을 깨뜨려 예수의 머리에 부으니(3)
- 예수께서 제자 중의 둘을 보내시며 이르시되 성내로 들어가라 그리하면...(13-15)
- 예수께서 제자들에게 이르시되 너희가 다 나를 버리리라 이는 기록된 바 내가 목자를 치리니 양들이 흩어지리라 하였음이니라(27)
- 이르시되 아빠 아버지여 아버지께는 모든 것이 가능하오니 이 잔을 내게서...(36-38)
- 베드로가 불 쬐고 있는 것을 보고 주목하여 이르되 너도 나사렛 예수와 함께 있었도다...(67-72)

자신이 소유한 가장 귀한 것으로 죽음의 길을 가는 예수님께 감사를 표현하는 여인과 곧 예수님을 배반하게 될 가룟 유다의 모습이 대조됩니다.(1~11절) 제자를 보내 유월절을 준비시키시는 예수님은 유월절 어린양으로 이 땅에 오신 우리의 생명의 양식이 되시는 분입니다.(12~21절) 예수님은 성찬을 통해 십자가에서 상하게 될 몸과 흘리실 피를 영원히 기억하라고 말씀하십니다.(22~26절) 이어서 제자들에게 닥칠 시련과 부활하신 후 만날 장소, 베드로의 배신을 예고하십니다.(27~31절) 예수님은 겟세마네에서의 생명을 건 기도를 드리시고 체포되셨으며 이때 제자들은 전부 도망갔습니다.(32~52절) 거짓 증언이 난무하는 가운데 예수님은 자기변호를 하지 않으셨지만 자신의 정체성을 묻는 질문에는 답변하셨습니다.(53~65절) 베드로는 예수님의 예고하신대로 예수님과의 관계를 3번 부정합니다.(66~72절)

십자가를 향해 한 걸음씩 나아가는 예수님을 봅니다. 당신은 가장 아름답고 숭고한 길을 가신 분입니다. 성령님! 내가 복음의 능력을 더욱 깊이 발견하도록 말씀을 통해 역사하여 주시옵소서. 삼손처럼 결점 많은 나를 부르셔서 구원하시고 선한 도구로 사용해 주옵소서.

본문 사사기 16장 | 사도행전 20장 | 예레미야 29장 | 마가복음 15장
주제 **수난** (受難, 견디기 힘든 어려운 일을 당함)

선택된 자가 사명 감당을 위하여 하나님 앞에서 당하는 수난은 타인을 위한 헌신이다. 사사나 사도나 선지자나 예수 그리스도는 하나님의 선택을 받아 정한 때에 힘든 수난을 감당함으로 주의 뜻을 이루었다.

사사기 16장 : 힘의 비밀을 말함으로 블레셋에게 수난 당함

- 삼손이 가사에 가서 거기서 한 기생을 보고 그에게로 들어갔더니...(1-2)
- 이 후에 삼손이 소렉 골짜기의 들릴라라 이름하는 여인을 사랑하매...(4-8)
- 삼손이 그에게 이르되 만일 쓰지 아니한 새 밧줄들로 나를 결박하면 내가 약해져서 다른 사람과 같으리라 하니라(11)
- 들릴라가 삼손에게 자기 무릎을 베고 자게 하고 사람을 불러 그의 머리털 일곱 가닥을 밀고 괴롭게 하여 본즉 그의 힘이 없어졌더라...(19-30)

딤나 여인에 이어 잠시동안 가사의 한 기생을 만났던 삼손은 이제 그의 인생에 가장 큰 악영향을 주었던 3번째 여인인 들릴라와 만나 사랑에 빠지게 됩니다.(1~14절) 그는 계속 이방 여인에게서 헤어 나오지 못하고 있습니다. 결국 들릴라의 유혹에 넘어가 그의 힘의 근원이 밝혀지고 그는 힘을 다 잃고 눈이 뽑힌채 옥에서 맷돌을 돌리는 비참한 신세가 되었습니다.(15~22절) 블레셋 사람들은 삼손을 희롱하면서 축제를 벌입니다.(23~25절) 그러나 하나님은 삼손의 기도에 응답하셔서 마지막 순간에 다시 한번 사사의 사명을 감당하게 하십니다.(26~31절)

사도행전 20장 : 복음을 전하면서 유대인들에게 수난을 당함

- 거기 석 달 동안 있다가 배 타고 수리아로 가고자 할 그 때에 유대인들이 자기를 해하려고 공모하므로 마게도냐를 거쳐 돌아가기로 작정하니(3)
- 그 주간의 첫날에 우리가 떡을 떼려 하여 모였더니 바울이 이튿날 떠나고자 하여...(7-12)
- 바울이 아시아에서 지체하지 않기 위하여 에베소를 지나 배 타고 가기로 작정하였으니...(16-24)

바울의 3차 전도여행이 마무리 단계에 접어들었습니다. 에베소에서 큰 위기가 있었지만 바울은 사역을 멈추지 않습니다. 마게도냐 여러 지방의 도시들을 방문해 제자들을 말씀으로 권면합니다.(1~3절) 당초 수리아로 가려 했으나 그를 없애려는 유대인들의 공모소식에 마게도냐를 거쳐 복귀하는 계획을 세웁니다.(3절) 그의 여정에는 언제나 함께 하는 동역자들이 있었습니다.(4절) 드로아에서 밤중까지 지속된 말씀강해 중 한 청년이 3층에서 떨어져 죽는 사고가 있었지만 하나님이 그를 살리심으로 인해 오히려 부흥의 기회가 되었습니다.(7~12절) 바울은 동역자들을 배로 보내고 자신은 도보로 이동합니다.(13~15절) 3년간 사역했던 에베소에 들르려 했으나 시간이 허락하지 않자 에베소 장로들을 밀레도로 오게 합니다.(16~17절) 바울은 에베소 장로들에게 자신은 사명을 위해 핍박과 고난이 기다리는 예루살렘으로 갈 것이라고 말합니다.(18~24절) 바울은 자신이 에베소에서 어떻게 사역했는지를 언급하며 성도들을 잘 돌볼 것과 교회를 향한 영적 공격에 대비할 것을 당부하며 에베소 장로들과 눈물의 이별을 합니다.(25~38절)

예레미야 29장 : 주의 말씀을 전함으로 스마야에게 수난 당함

- 선지자 예레미야가 예루살렘에서 이같은 편지를 느부갓네살이 예루살렘에서 바벨론으로 끌고 간 포로 중 남아 있는 장로들과 제사장들과 선지자들과 모든 백성에게 보냈는데(1)
- 만군의 여호와 이스라엘의 하나님께서 예루살렘에서 바벨론으로 사로잡혀 가게 한...(4-13)
- 너는 느헬람 사람 스마야에게 이같이 말하여 이르라...(24-28)
- 너는 모든 포로에게 전언하여 이르기를 여호와께서 느헬람 사람 스마야를 두고...(31-32)

29장은 예레미야가 바벨론에 포로로 끌려간 동족들에게 보낸 편지입니다.(1~4절) 하나님은 70년이 차면 다시 조국으로 돌아오게 하리라는 약속과 함께 그 기간이 차기까지 바벨론에 정착하여 최선을 다하는 삶을 살라고 말씀하십니다.(5~14절) 또한 하나님의 말씀을 신뢰하지 않고 유다에 남아있는 자들과 거짓 선지자들에 대하여 심판하실 것도 말씀하십니다.(15~23절) 그런데 바벨론에 거주하는 거짓 선지자 스마야는 거꾸로 유다의 백성들과 제사장에게 예레미야를 처단하라고 편지합니다.(24~28절) 하나님은 거짓 선지자 스마야를 심판하실 것입니다.(29~32절)

마가복음 15장 : 대제사장과 백성과 빌라도에게 수난을 당함

- 새벽에 대제사장들이 즉시 장로들과 서기관들 곧 온 공회와 더불어 의논하고...(1-2)
- 예수께서 다시 아무 말씀으로도 대답하지 아니하시니 빌라도가 놀랍게 여기더라(5)
- 예수에게 자색 옷을 입히고 가시관을 엮어 씌우고...(17-25)
- 예수께서 큰 소리를 지르시고 숨지시니라...(37-39)
- 이 날은 준비일 곧 안식일 전날이므로 저물었을 때에...(42-46)

예수님을 두고서 불의한 재판이 벌어집니다. 빌라도는 여론에 의해 사형을 언도하는 중대한 실책을 범하게 됩니다.(1~15절) 로마 군병들은 십자가형이 언도된 예수님에게 모욕과 수치를 안겨주며 골고다 언덕으로 예수님을 끌고 갑니다.(16~23절) 예수님이 십자가에 못 박히신 이후에도 그를 향한 조롱은 멈추지 않습니다.(24~32절) 우리 대신 하나님으로부터 버림받으신 예수님은 십자가에서 물과 피를 다 쏟으시고 운명하셨습니다.(33~47절) 휘장의 찢어짐은 죄로 인해 하나님과 인간 사이의 막혔던 담이 허물어졌음을 의미합니다. 놀랍게도 십자가 현장에 있던 로마의 백부장은 예수님의 하나님의 아들 됨을 고백합니다. 아리마대 요셉은 예수님의 시신을 거두어 무덤에 안치합니다.

죄로 인해 비참해진 삼손을 하나님은 포기하지 않으셔서 그는 마지막 순간에 승리자가 되었습니다. 예레미야는 수많은 대적들로부터 공격을 당했지만 예언자로써 승리했습니다. 바울 역시 수많은 위기가 있었지만 세상은 그를 감당할 수 없었습니다. 예수님의 십자가는 패배가 아닌 승리의 상징입니다. 우리도 십자가를 붙들고 승리하게 하옵소서.

본문 사사기 17장 | 사도행전 21장 | 예레미야 30-31장 | 마가복음 16장
주제 **소견** (所見, 일이나 물건 또는 사건을 보고 느끼는 생각이나 의견)

모든 사람은 자신의 소견대로 말하고 행동한다. 그 소견이 주 뜻과 말씀에 비춰 볼 때 바르면 유익하나, 자신의 뜻과 세상풍조를 따르는 것이라면 무익하고 그 결과는 어두움과 심판이다.

사사기 17장 : 신앙생활에 대한 미가의 그릇된 소견

- 에브라임 산지에 미가라 이름하는 사람이 있더니...(1-6)
- 미가가 그에게 묻되 너는 어디서부터 오느냐 하니 그가 이르되 나는 유다 베들레헴의 레위인으로서 거류할 곳을 찾으러 가노라 하는지라...(9-10)
- 미가가 그 레위인을 거룩하게 구별하매 그 청년이 미가의 제사장이 되어 그 집에...(12-13)

사사시대는 자기 소견에 옳은 대로 행하던 시대입니다. 미가의 어머니는 은 천백을 훔친 사람을 저주했으나 그 범인이 아들인 것을 알고 여호와의 이름으로 아들을 축복합니다.(1~2절) 자기 마음대로 하나님의 이름으로 저주와 축복을 선언하는 것은 여호와의 이름을 경홀히 여기는 것입니다. 게다가 아들에게서 돌려받은 은으로 우상을 만들고, 떠돌이 레위 청년을 자기 집의 제사장으로 삼기까지 합니다.(3~13절)

사도행전 21장 : 복음 전파에 대한 바울의 사명적 소견

- 제자들을 찾아 거기서 이레를 머물더니 그 제자들이 성령의 감동으로 바울더러 예루살렘에 들어가지 말라 하더라(4)
- 이튿날 떠나 가이사랴에 이르러 일곱 집사 중 하나인 전도자 빌립의 집에 들어가서...(8-14)
- 예루살렘에 이르니 형제들이 우리를 기꺼이 영접하거늘...(17-24)
- 바울을 데리고 영내로 들어가려 할 그 때에 바울이 천부장에게 이르되 내가 당신에게 말할 수 있느냐 이르되 네가 헬라 말을 아느냐...(37-40)

바울은 밀레도를 떠나 긴 항해 끝에 두로, 돌레마이를 거쳐 가이사랴에 도착하는데 예루살렘이 가까울수록 더욱 위험합니다.(1~14절) 그러나 사명을 위해 목숨을 건 바울은 이방인 교회에서 모은 연보를 가지고 마침내 예루살렘에 도착합니다.(15~20절) 바울의 선교 보고를 들은 예루살렘 교회는 이방인들이 구원받게 된 것을 기뻐합니다. 한편 바울은 예루살렘 교회 장로들의 제안으로 정결례를 행하게 되는데 이는 율법 파괴자라는 일부의 오해를 풀기 위함입니다.(20~26절) 예상한대로 바울은 율법을 어기고 성전을 유린했다는 죄로 고소를 당하였고 소요가 발생하자 천부장이 개입하여 고소에 대한 사실관계를 확인하려 합니다.(26~40절)

예레미야 30-31장 : 회복에 대한 예레미야의 대언적 소견

- 이스라엘의 하나님 여호와께서 이와 같이 말씀하여 이르시기를 내가 네게 일러 준...(30:2-3)
- 여호와의 말씀이니라 그들이 쫓겨난 자라 하매 시온을 찾는 자가 없은즉...(30:17)
- 여호와께서 이같이 말씀하시니라 칼에서 벗어난 백성이 광야에서 은혜를 입었나니 곧 내가 이스라엘로 안식을 얻게 하러 갈 때에라...(31:2-6)
- 그들이 와서 시온의 높은 곳에서 찬송하며 여호와의 복 곧 곡식과 새 포도주와 기름과...(31:12)
- 에브라임은 나의 사랑하는 아들 기뻐하는 자식이 아니냐 내가 그를 책망하여...(31:20)
- 여호와께서 이와 같이 말씀하시니라 위에 있는 하늘을 측량할 수 있으며...(31:37)

(30장) 예레미야의 심판 메시지를 유대인들은 싫어했습니다. 그러나 하나님은 징계 후 반드시 회복하신다는 소망의 메시지를 들려주십니다.(1~11절) 포로기간이 끝나면 유대인들은 돌아가서 성읍을 건축하게 될 것이며 바벨론은 멸망하게 될 것입니다.(12~24절) 하나님이 주시는 소망은 구체적입니다. 하나님은 모세와 맺은 시내산 언약을 그대로 지키십니다. "너희는 내 백성이 되겠고 나는 너희들의 하나님이 되리라"(22절)
(31장) 예레미야의 선포는 심판으로 끝나지 않습니다. 그는 유아의 회복뿐 아니라 이스라엘 민족 전체의 회복과 구원을 선포합니다. 하나님은 사마리아(=북이스라엘) 백성을 다시 세우시고 연약한 자들을 통해서 회복의 역사를 이루실 것입니다.(1~9절) 목자같이 양을 돌보실 하나님은 바벨론에 끌려간 아들들이 돌아올 것을 말씀하시며 위로하시고 탄식하는 백성들을 불쌍히 여기실 것을 약속하십니다.(10~20절) 하나님은 이스라엘을 처녀 이스라엘이라고 호칭하십니다.(21~22절) 영적으로는 간음한 이스라엘이 맞지만 이렇게 말씀하시는 것은 그들을 정결한 백성으로 회복시키겠다는 뜻으로 하나님이 이루시는 회복의 역사는 이전보다 더욱 차고 넘치는 복으로 나타날 것입니다.(23~30절) 이스라엘은 언약을 파기했지만 하나님은 새 언약을 맺으십니다.(31~40절)

마가복음 16장 : 부활에 대한 제자들의 불신앙적 소견

- 안식 후 첫날 매우 일찍이 해 돋을 때에 그 무덤으로 가며(2)
- 무덤에 들어가서 흰 옷을 입은 한 청년이 우편에 앉은 것을 보고 놀라매...(5-14)
- 또 이르시되 너희는 온 천하에 다니며 만민에게 복음을 전파하라 ...(15-18)

성경대로 십자가에서 죽으신 예수님은 성경대로 부활하십니다. 여인들은 빈 무덤에서 만난 흰옷 입은 청년(=천사)으로부터 "그가 살아나셨고 여기 계시지 아니하니라"라는 말을 듣게 됩니다.(1~8절) 그러나 제자들은 부활의 예수님을 만나기 전까지 증인들의 증언을 믿지 않았습니다.(9~14절) 예수님의 부활소식을 만민에게 전하는 것이 우리의 사명입니다.(15~20절)

십자가에서 죽으시고 부활하신 예수님! 죄 사함과 정결의 은혜를 매일 사모합니다. 세상의 부귀영화와 복음의 진리를 바꾸지 않게 하시고 특별히 우상을 섬기지 않게 하옵소서. 내 소견에 옳은 대로 살지 않고 예수님의 뜻에 따라 살아가게 하옵소서.

8/4

본문 사사기 18장 | 사도행전 22장 | 예레미야 32장 | 시편 1-2편

주제 **입장** (立場, 어떤 관점의 바탕을 이루는 기본 테두리의 생각과 태도)

사람은 대상적 관계 속에서 창조되었다. 근본적으로는 하나님을, 태어나면서부터는 많은 대상을 접하는 존재인 것이다. 그 모든 대상과 여러 상황을 대하면서 나름 입장을 갖고 인생의 역사를 써 내려간다.

사사기 18장 : 단지파의 제안에 대한 청년 제사장의 입장

- 그 때에 이스라엘에 왕이 없었고 단 지파는 그 때에 거주할 기업의 땅을 구하는 ...(1-2)
- 너희가 가면 평화로운 백성을 만날 것이요 그 땅은 넓고 그 곳에는 세상에 있는 것이 하나도 부족함이 없느니라 하나님이 그 땅을 너희 손에 넘겨 주셨느니라 하는지라(10)
- 전에 라이스 땅을 정탐하러 갔던 다섯 사람이 그 형제들에게 말하여 이르되 이 집에...(14-16)
- 미가가 이르되 내가 만든 신들과 제사장을 빼앗아 갔으니 이제 내게 오히려 남은...(24-26)
- 그들을 구원할 자가 없었으니 그 성읍이 베드르홉 가까운 골짜기에 있어서 시돈과...(28-30)

단 지파가 기업을 분배받지 못했다는 것은 하나님이 주신 땅을 차지하지 못했다는 의미입니다.(수 19:40~48) 그들은 본래 분배받은 땅이 아닌 다른 땅을 찾아 나섭니다.(2절) 단 지파의 정탐꾼들은 미가의 집에 고용된 레위인에게 자신들의 형통의 여부를 묻고 레위인은 자의로 그들에게 평안을 선언합니다.(3~6절) 정탐꾼들은 라이스(=레셈)에 대해 하나님이 주신 좋은 땅이라고 보고하는데 그들은 본래 그들의 몫으로 주어진 땅을 차지했어야 합니다.(7~13절) 무장한 단 지파는 미가의 집에서 신상을 훔친 후 레위인에게 같이 가자고 협박합니다.(14~20절) 한 집안의 제사장보다 한 지파의 제사장이 낫다고 생각한 레위인은 따라 나섭니다. 그러자 신상과 제사장을 빼앗긴 미가가 단 지파를 쫓아왔고 단 지파는 미가를 협박하여 다시 돌려보냅니다.(21~26절) 단 지파는 라이스를 차지한 후 미가에게서 빼앗아 온 신상과 제사장을 세움으로써 사실상 우상숭배의 길로 나아가게 됩니다.(27~31절)

사도행전 22장 : 율법주의자들의 반발에 대한 바울의 입장

- 나는 유대인으로 길리기아 다소에서 났고 이 성에서 자라 가말리엘의 문하에서 우리 조상들의 율법의 엄한 교훈을 받았고 오늘 너희 모든 사람처럼 하나님께 대하여 열심이...(3-4)
- 내가 이르되 주님 무엇을 하리이까 주께서 이르시되 일어나 다메섹으로 들어가라...(10)
- 보매 주께서 내게 말씀하시되 속히 예루살렘에서 나가라 그들은 네가 내게 대하여...(18-21)
- 천부장이 대답하되 나는 돈을 많이 들여 이 시민권을 얻었노라 바울이 이르되...(28-29)

바울은 철저한 유대인으로 자라 율법에서 벗어난 적이 없었고 유대인에게 존경받는 가말리엘의 제자였음을 강조하며 어떻게 예수 그리스도를 만나게 되었는지 그 과정에 대해 간증합니다.(1~21절) 군중들은 바울의 이야기를 다 들으려 하지 않고 분노하며 소요를 일으키려 합니다.(22~30절) 천부장은 바울을 채찍질하여 그의 혐의에 대한 정보를 얻으려 했으나 그가 로마시민권자임을 알고 물러납니다. 천부장은 군중의 여론에 의해 정당한 절차 없이 로마 시민권자를 체포하는 실수를 범했습니다.

예레미야 32장 ; 말씀을 믿고 토지를 사는 예레미야의 입장

- 그 때에 바벨론 군대는 예루살렘을 에워싸고 선지자 예레미야는 유다의 왕의 궁중에...(2-5)
- 만군의 여호와 이스라엘의 하나님께서 이와 같이 말씀하시니라 사람이 이 땅에서...(15)
- 그들이 들어가서 이를 차지하였거늘 주의 목소리를 순종하지 아니하며 주의 율법에서...(23-25)
- 보라 내가 노여움과 분함과 큰 분노로 그들을 쫓아 보내었던 모든 지방에서 그들을...(37-42)
- 베냐민 땅과 예루살렘 사방과 유다 성읍들과 산지의 성읍들과 저지대의 성읍들과...(44)

유다의 마지막 왕 시드기야는 바벨론에 복종하라는 하나님의 말씀을 듣지 않고 예레미야를 감금하고 바벨론에 대항합니다.(1~5절) 결국 유다는 바벨론의 침공으로 멸망하게 됩니다. 예레미야는 감금된 상태에서 하나님의 명으로 아나돗 땅을 매입합니다.(6~15절) 멸망 직전에 땅을 매입하는 것은 어리석게 보이지만 이는 그 땅을 반드시 회복시키겠다는 하나님의 말씀에 대한 철저한 신뢰를 의미합니다. 이스라엘을 애굽에서 구원하셨던 하나님은 죄의 길에서 끝내 돌이키지 않는 유다를 심판하십니다. 멸망해 가는 조국의 현실에 예레미야는 탄식하고 하나님은 재앙을 내릴 수밖에 없는 이유(=우상숭배)를 말씀하십니다.(16~35절) 바벨론 군대에 포위된 예루살렘의 상황은 매우 절망적이지만 하나님은 성읍의 회복, 언약의 회복, 땅의 회복을 약속하십니다.(36~44절)

시편 1-2편 : 여호와의 율법에 대한 복있는 사람의 입장

- 복 있는 사람은 악인들의 꾀를 따르지 아니하며 죄인들의 길에 서지 아니하며 오만한...(1:1-3)
- 무릇 의인들의 길은 여호와께서 인정하시나 악인들의 길은 망하리로다(1:6)
- 세상의 군왕들이 나서며 관원들이 서로 꾀하여 여호와와 그의 기름 부음 받은 자를...(2:2-4)
- 그런즉 군왕들아 너희는 지혜를 얻으며 세상의 재판관들아 너희는 교훈을 받을지어다...(2:10-11)

(1편) 악인, 죄인, 오만한 자의 반대 개념으로 복 있는 사람이 등장합니다. 복 있는 사람은 하나님의 말씀을 즐거워하며 주야로 묵상하는 사람입니다. 그는 시냇가의 푸른 나무 같아서 가뭄(=시련, 역경)에도 그 잎이 무성합니다. 악인은 망할 것이나 의인은 여호와께서 인정하십니다.
(2편) 하나님의 주권을 인정하지 않는 주권자들과 나라들은 하나님을 대적합니다. 하나님은 그들의 모든 시도를 결국 웃음거리로 만드실 것입니다.(4절) 반면 하나님은 왕(=하나님의 아들)을 세우시고 그가 구하는 모든 것을 이루어 주시며, 모든 나라와 함께 심판의 권세까지 그에게 주실 것입니다.(7~9절) 이는 메시아에 대한 예언입니다.

단지파와 레위인 청년은 자기 멋대로 하는 신앙생활의 전형을 보여줍니다. 하나님의 뜻과 상관없이 사는 신자가 되지 않게 하옵소서. 현실과는 맞지 않더라도 하나님의 말씀을 신뢰하며 땅을 매입한 예레미야의 본을 따르게 하옵소서. 복음을 위해 용감한 바울을 닮게 하시고 주야로 말씀을 가까이하여 시냇가의 푸른 나무 같은 존재가 되게 하옵소서.

본문 사사기 19장 | 사도행전 23장 | 예레미야 33장 | 시편 3-4편

주제 패역 (悖逆, 사람으로서 마땅히 해야 할 도리에 어긋나고 순리를 거스름)

인간은 죄인이다. 그러므로 인간이 구성한 사회는 타락하고 패역하게 된다. 오직 하나님의 법과 예수 그리스도의 속죄 안에서만 거듭난다. 그리고 보혜사 성령 안에서 새 삶을 살아 갈 수 있다.

사사기 19장 : 레위 제사장과 성읍 사람들의 패역함

- 이스라엘에 왕이 없을 그 때에 에브라임 산지 구석에 거류하는 어떤 레위 사람이...(1-5)
- 그 사람이 다시 밤을 지내고자 하지 아니하여 일어나서 떠나 여부스 맞은편에...(10)
- 주인이 그에게 이르되 우리가 돌이켜 이스라엘 자손에게 속하지 아니한 이방...(12)
- 그 노인이 이르되 그대는 안심하라 그대의 쓸 것은 모두 내가 담당할 것이니...(20-25)
- 그에게 이르되 일어나라 우리가 떠나가자 하나 아무 대답이 없는지라 이에 그의...(28-30)

레위 사람이 베들레헴 출신의 첩을 얻습니다.(1~3절) 성막에서 섬기는 사명을 받은 레위인이 첩을 둔다는 것 자체가 당시의 영적 타락상을 잘 보여줍니다. 친정으로 돌아간 첩을 레위인이 다시 데리고 오는 도중 기브아에서 유숙하게 됩니다.(4~15절) 여기서 소돔과 고모라에서 일어났던 사건과 동일한 상황이 발생합니다. 불량배들이 레위인이 유숙한 집으로 몰려와 그를 끌어내라고 요구하였고 레위인을 대신해 끌려나간 첩은 밤새 능욕을 당하고 죽게 됩니다.(16~26절) 지금으로서는 이해할 수 없지만 레위인은 죽은 자신의 첩의 시신을 나누어 이스라엘 전역으로 보냅니다.(27~30절) 기브아인의 악행을 널리 알려서 이스라엘 총회를 소집한 후 보복하기 위함입니다. 기브아 사람들이나 레위인이나 하나님이 기대하시는 이스라엘의 모습과는 너무나 거리가 멉니다.

사도행전 23장 : 대제사장 아나니아와 유대인의 패역함

- 바울이 공회를 주목하여 이르되 여러분 형제들아 오늘까지 나는 범사에 양심을 따라...(1-3)
- 그 날 밤에 주께서 바울 곁에 서서 이르시되 담대하라 네가 예루살렘에서 나의 일을...(11-13)
- 백부장 둘을 불러 이르되 밤 제 삼 시에 가이사랴까지 갈 보병 이백 명과 기병 칠십...(23-25)
- 이르되 너를 고발하는 사람들이 오거든 네 말을 들으리라 하고 헤롯 궁에 그를 지키라 명하니라(35)

바울은 공회에서 복음에 대해 변증하면서, 자신은 지금까지 양심을 따라 하나님을 섬겼다고 말합니다.(1~5절) 도리어 바울에 대해 격분하고 있는 대제사장이야말로 로마 권력의 배후에 숨어 자신의 자리 지키기에만 연연해하며 살아왔습니다. 지금의 상황이 죽은 자의 부활에 대한 자신의 선포 때문이라는 바울의 말에 바리새인과 사두개인 간의 다툼이 일어나 공회는 자연스럽게 해산되었습니다.(6~11절) 이후 바울의 조카는 바울을 암살하기 위한 조직이 생겨났음을 천부장에게 보고합니다.(12~22절) 하나님은 사명을 위해 로마로 가야하는 바울을 군대를 통해 보호받게 하십니다.(23~35절)

예레미야 33장 : 예언을 믿지 않고 싸우는 백성의 패역함

- 예레미야가 아직 시위대 뜰에 갇혀 있을 때에 여호와의 말씀이 그에게 두 번째로...(1-9)
- 여호와의 말씀이니라 보라 내가 이스라엘 집과 유다 집에 대하여 일러 준 선한 말을...(14-16)
- 내 앞에서 번제를 드리며 소제를 사르며 다른 제사를 항상 드릴 레위 사람...(18)
- 여호와께서 이와 같이 말씀하시니라 너희가 능히 낮에 대한 나의 언약과 밤에 대한...(20-22)

하나님은 크고 은밀한 일을 행하십니다.(3절) 하나님이 말씀하시는 크고 은밀한 일은 예루살렘의 파괴(1~5절), 파괴 이후 그들을 새롭게 세워가는 일, 즉 유다 백성들을 포로에서 돌아오게 하셔서 정결한 삶을 살게 하시는 것(6~9절), 그리고 그들을 완전하게 회복하시고 풍성한 은혜를 주시는 것입니다.(10~13절) 하나님은 다윗과 세운 언약을 지키실 것을 약속하십니다.(14~18절) 실제로 유다가 망하고 나서 다윗의 후손이 지상나라의 왕이 된 적이 없습니다. 그럼에도 불구하고 다윗과 맺은 언약은 무너지지 않는다고 하십니다.(19~22절) 하나님은 자기 백성과 맺은 언약을 절대로 폐기하지 않으십니다.(23~26절) 시내산 언약(나는 너희의 하나님, 너희는 나의 백성)과 다윗 언약(영원히 너의 왕위를 견고히 서게 하리라)의 온전히 성취는 예수 그리스도를 통해 이루어집니다.

시편 3-4편 : 압살롬과 경건하지 못한 자의 패역함

여호와여 나의 대적이 어찌 그리 많은지요 일어나 나를 치는 자가 많으니이다...(3:1-4)
천만인이 나를 에워싸 진 친다 하여도 나는 두려워하지 아니하리이다(3:6)
내 의의 하나님이여 내가 부를 때에 응답하소서 곤란 중에 나를 너그럽게 하셨사오니...(4:1)
여호와께서 자기를 위하여 경건한 자를 택하신 줄 너희가 알지어다 내가 그를 부를...(4:3-5)
주께서 내 마음에 두신 기쁨은 그들의 곡식과 새 포도주가 풍성할 때보다 더하니이다...(4:7-8)

(3편) 탄식시. 아들 압살롬의 반란으로 궁을 버리고 도망가야 하는 다윗이 지은 시입니다. 아들의 반란으로 도망가야 하는 현실은 참담하지만 그럼에도 불구하고 다윗은 응답을 확신하며 여호와의 이름을 부릅니다.(1~4절) 고통의 밤을 보내며 기도하는 다윗에게 하나님은 평안을 주셨고 두려움은 사라지게 하셨습니다.(5~6절) 그는 하나님이 곧 자신의 군대임을 고백합니다.(78절)

(4편) 탄식시. 시편기자는 대적들의 공격 속에서 의로운 재판장 되시는 하나님을 부릅니다.(1절) 시인은 기도한 후에 악인들을 향해 하나님은 경건한 자의 편이시니 죄에 대한 두려운 마음을 갖고 하나님을 의지하라고 권면합니다.(2~5절) 또한 하나님의 선하심을 간구하면서 하나님이 주신 기쁨은 외적 기쁨보다 더 크다고 고백합니다.(6~7절) 주 안에 있는 자는 안전과 평안을 누립니다.(8절)

하나님의 말씀이 중심에 없을 때 어떤 일이 일어나는지 한 레위인의 이야기가 잘 보여주고 있습니다. 말씀이 없는 그리스도인이 되지 않게 하옵소서. 자기 백성의 심각한 타락에도 다시 일으키시기 위해 크고 은밀한 일을 나타내시는 신실하신 하나님! 모든 민족이 복음으로 인해 더욱 흥왕하게 하옵소서. 대적들로 둘러 쌓여있다 해도 하나님의 선하심으로 인해 더욱 하나님을 의뢰하게 하옵소서.

본문 사사기 20장 | 사도행전 24장 | 예레미야 34장 | 시편 5-6편

주제 정의 (正義, 사회나 공동체를 위한 옳고 바른 도리)

정의와 공의는 하나님 통치의 기본이다. 하지만 악한 인간은 정의를 무너뜨린다. 불법과 불신과 거역과 배도를 일삼는 악한 자들과 단체와 집단에 대해 성도는 믿는 자로서 정의의 편에서 외치고 일어서야 한다.

사사기 20장 : 기브아 사람을 향한 이스라엘 자손의 정의

- 이에 모든 이스라엘 자손이 단에서부터 브엘세바까지와 길르앗 땅에서 나와서...(1-5)
- 모든 백성이 일제히 일어나 이르되 우리가 한 사람도 자기 장막으로 돌아가지 말며...(8-11)
- 이스라엘 자손이 일어나 벧엘에 올라가서 하나님께 여쭈어 이르되 우리 중에 누가...(18)
- 이스라엘 자손이 올라가 여호와 앞에서 저물도록 울며 여호와께 여쭈어 이르되...(23)
- 베냐민 중에서 엎드러진 자가 만 팔천 명이니 다 용사더라(44)
- 이스라엘 사람이 베냐민 자손에게로 돌아와서 온 성읍과 가축과 만나는 자를...(48)

레위인에 의해 기브아 사람들의 악행이 이스라엘 전역에 전파되었으며 이스라엘 모든 지파는 그들의 패역한 행위로 인해 분노하게 됩니다.(1~18절) 기브아가 속한 베냐민 지파에 대한 응징이 결의되었는데 베냐민 지파는 이스라엘 전 지파와 맞서 싸우기로 결정합니다. 결국 동족상잔의 비극이 일어나 베냐민 지파는 전멸에 가까운 피해를 입었습니다.(19~48절)

사도행전 24장 : 장로들 앞에서 부활을 전하는 바울의 정의

- 닷새 후에 대제사장 아나니아가 어떤 장로들과 한 변호사 더둘로와 함께 내려와서 총독 앞에서 바울을 고발하니라(1)
- 우리가 보니 이 사람은 전염병 같은 자라 천하에 흩어진 유대인을 다 소요하게 하는...(5-7)
- 총독이 바울에게 머리로 표시하여 말하라 하니 그가 대답하되 당신이 여러 해 전부터 이 민족의 재판장 된 것을 내가 알고 내 사건에 대하여 기꺼이 변명하나이다...(10-21)
- 백부장에게 명하여 바울을 지키되 자유를 주고 그의 친구들이 그를 돌보아 주는 것을 금하지 말라 하니라...(23-27)

대제사장이 선임한 더둘로라는 변호사에 의해 바울은 고발을 당합니다. 사유는 전염병 같은 자로 사회에 소요를 일으켰고 나사렛 이단의 우두머리이며 성전을 모독했다는 것입니다.(1~9절) 이에 바울은 고발당한 내용에 근거가 없으며 자신은 예루살렘에 온지 며칠 되지 않아서 소요를 일으킬만한 시간도 없었고 성전에서 정결례를 행하였기에 성전을 모독했다는 주장도 거짓이라고 반박합니다.(10~21절) 다만 자신은 죽은 자의 부활로 인해 심문받게 된 것이라고 말합니다. 벨릭스 총독은 재판을 연기하고 뇌물을 기대하면서 바울을 불러 그의 이야기를 듣습니다.(22~27절)

예레미야 34장 : 왕에게 멸망을 선포하시는 하나님의 정의

- 바벨론의 느부갓네살 왕과 그의 모든 군대와 그의 통치하에 있는 땅의 모든 나라와 모든 백성이 예루살렘과 그 모든 성읍을 칠 때에 말씀이 여호와께로부터 예레미야에게...(1-5)
- 너희 형제 히브리 사람이 네게 팔려 왔거든 너희는 칠 년 되는 해에 그를 놓아 줄 것이니라 그가 육 년 동안 너를 섬겼은즉 그를 놓아 자유롭게 할지니라 하였으나...(14)
- 그러므로 여호와께서 이와 같이 말씀하시니라 너희가 나에게 순종하지 아니하고 각기 형제와 이웃에게 자유를 선포한 것을 실행하지 아니하였은즉 내가 너희를 대적하여...(17)

바벨론의 침공으로 유다의 대부분의 지역이 점령되고 사실상 예루살렘만 남은 상태에서 주신 말씀입니다. 하나님은 시드기야 왕이 패전으로 인해 비참한 죽음을 당하지 않게 하시겠다고 약속하십니다.(4~5절) 시드기야는 급한 마음에 노비 해방정책을 시행했으나 결국 실패합니다.(8~11절) 왕과 귀족들이 하나님 보시기에 바른 일을 하면 혹시 심판이 철회될까 하는 마음으로 노비를 해방했다가 애굽과의 전쟁을 위해 바벨론이 군대를 철수시키자 위기가 완전히 사라진 줄 알고 노비 해방선언을 다시 취소하는 어리석음을 범한 것입니다. 하나님은 진정성 없는 거짓 선행을 책망하시면서 심판은 예정대로 진행될 것이라고 말씀하십니다.(12~22절)

시편 5-6편 : 기도로 원수들을 심판한 다윗의 정의

- 여호와여 나의 말에 귀를 기울이사 나의 심정을 헤아려 주소서...(5:1-3)
- 오직 나는 주의 풍성한 사랑을 힘입어 주의 집에 들어가 주를 경외함으로 성전을 향하여 예배하리이다...(5:7-8)
- 여호와여 주는 의인에게 복을 주시고 방패로 함 같이 은혜로 그를 호위하시리이다(5:12)
- 여호와여 내가 수척하였사오니 내게 은혜를 베푸소서 여호와여 나의 뼈가 떨리오니 나를 고치소서...(6:2-4)
- 내가 탄식함으로 피곤하여 밤마다 눈물로 내 침상을 띄우며 내 요를 적시나이다...(6:6-7)
- 여호와께서 내 간구를 들으셨음이여 여호와께서 내 기도를 받으시리로다(6:9)

(5편) 악인들이 거짓말로 다윗을 속이고 모함하는 상황에서 다윗은 하나님께 부르짖으며 도움을 구합니다.(1~3절) 악인들은 하나님의 심판을 받게 될 것이나 하나님을 경외하는 다윗은 하나님이 의로 인도하여 주실 것입니다.(4~8절) 하나님은 악인의 죄에 대해 판결하실 것이며, 주께 피하는 의인에게 복을 주실 것입니다.(9~12절)
(6편) 다윗은 뼈가 떨릴 정도로 극심한 고통과 두려움 가운데 있습니다.(1~3절) 그는 죽음에 가까워진 현재의 상황에서 구원하여 주시길 기도합니다.(4~7절) 하나님은 두려워하던 다윗에게 강한 확신을 주십니다.(8~10절)

하나님! 시드기야처럼 위장된 선행과 충성을 하지 않게 하옵소서. 참 신자가 되기를 소원합니다. 고통과 아픔이 있는 세상에서 결국 내가 의지하는 분은 하나님 한 분이십니다. 나를 긍휼히 여겨 주옵소서.

본문 사사기 21장 | 사도행전 25장 | 예레미야 35장 | 시편 7-8편

주제 **방안** (方案, 어떤 문제를 해결하거나 교훈하기 위한 방법이나 계획)

하나님은 사람에게 지혜를 주셨다. 그 지혜 안에는 모든 원리와 방법, 그리고 선하고 타당한 방안들이 있다. 성도는 어떠한 상황 속에서도 여호와께 기도함으로 방안을 얻어 바르고 온전한 곳으로 나가야 한다.

사사기 21장 : 베냐민 자손에게 아내를 마련해 주는 방안

- 백성이 벧엘에 이르러 거기서 저녁까지 하나님 앞에 앉아서 큰 소리로 울며...(2-3)
- 그 남은 자들에게 우리가 어떻게 하면 아내를 얻게 하리요 우리가 전에 여호와로 맹세하여 우리의 딸을 그들의 아내로 주지 아니하리라 하였도다...(7-14)
- 또 이르되 보라 벧엘 북쪽 르보나 남쪽 벧엘에서 세겜으로 올라가는 큰 길 동쪽...(19-23)
- 그 때에 이스라엘에 왕이 없으므로 사람이 각기 자기의 소견에 옳은 대로 행하였더라(25)

이스라엘과 전쟁을 벌인 베냐민 지파는 이제 600여명의 남자만 남아 있습니다. 지파 하나가 몰락 직전의 상황이 되자 이스라엘은 베냐민 지파 부흥계획을 세웁니다.(1~5절) 그런데 그 계획이란 이번 전쟁에 불참한 야베스 길르앗 주민을 진멸하고 그들 중 처녀를 얻어 베냐민 지파에게 주는 것이었습니다.(6~12절) 베냐민 지파를 살린다는 명목으로 또 다시 동족을 살해하는 악을 저지릅니다. 이스라엘은 베냐민을 향해 평화를 선포합니다만 그것은 인간이 억지로 만든 외형적 평화에 불과합니다.(13~15절) 여전히 베냐민 지파의 남자들에게 여인이 부족하자 이번에는 실로의 여인을 납치하는 방법을 동원합니다.(16~24절) 이스라엘은 하나님의 주권을 인정하지 않고 자기의 소견대로 행합니다.(25절)

사도행전 25장 : 바울이 고소를 피해 가이사에게 서는 방안

- 베스도가 부임한 지 삼 일 후에 가이사랴에서 예루살렘으로 올라가니...(1-4)
- 바울이 이르되 내가 가이사의 재판 자리 앞에 섰으니 마땅히 거기서 심문을 받을...(10-11)
- 내가 대답하되 무릇 피고가 원고들 앞에서 고소 사건에 대하여 변명할 기회가 있기 전에 내주는 것은 로마 사람의 법이 아니라 하였노라(16)
- 그에 대하여 황제께 확실한 사실을 아뢸 것이 없으므로 심문한 후 상소할 자료가...(26-27)

유대인들은 베스도가 벨릭스 후임 총독으로 부임하자마자 바울을 예루살렘에서 재판할 수 있게 해 달라고 요청합니다.(1~5절) 베스도는 이 요청을 거절하고 바울이 구금되어있는 가이사랴로 자신이 곧 갈 예정이니 그때 고발하라고 말합니다. 베스도가 주관하는 가이사랴 재판에서 바울은 변증합니다.(6~8절) 베스도는 재판 장소를 예루살렘으로 옮기려 하지만 바울은 로마 시민권자로서 가이사(=로마황제)에게 상소하겠다는 의사를 밝힙니다.(9~12절) 로마의 실정법을 어긴 일이 없는 바울로 인해 총독은 황제에게 보낼 고소장에 쓸 바울의 죄목이 없어서 고심하게 됩니다.(13~22절) 결국 베스도가 아그립바 왕을 배심원으로 초청한 상황에서 바울은 변증하게 됩니다.(23~27절)

예레미야 35장 : 레갑 가문을 통해 유다를 깨우치시려는 방안

- 유다의 요시야 왕의 아들 여호야김 때에 여호와께로부터 말씀이 예레미야에게 임하여...(1-5)
- 우리가 레갑의 아들 우리 선조 요나답이 우리에게 명령한 모든 말을 순종하여...(8-10)
- 만군의 여호와 이스라엘의 하나님께서 이와 같이 말씀하시니라 너는 가서 유다 사람들과 예루살렘 주민에게 이르기를 너희가 내 말을 들으며 교훈을 받지 아니하겠느냐...(13-16)
- 예레미야가 레갑 사람의 가문에게 이르되 만군의 여호와 이스라엘의 하나님께서 이와 같이 말씀하시기를 너희가 너희 선조 요나답의 명령을 순종하여 그의 모든 규율을...(18-19)

신실하지 못한 유다 백성들을 부각시키기 위해 하나님은 예레미야에게 유목민 고유의 생활방식으로 살아가는 레갑 족속을 찾아가게 하십니다.(1~4절) 예레미야는 레갑 족속에게 포도주를 권하는데 그들은 거부합니다.(5~11절) 그들은 자신들의 선조인 요나답이 남긴 4가지 유지(=포도주 금지, 집 건축 금지(정착금지), 종자 및 포도원 소유 금지)를 그 때까지도 지키고 있었습니다. 하나님은 말씀을 쉽게 버리는 유다 백성들을 책망하시고 심판을 선언하시면서 레갑 족속에게는 약속의 말씀을 주십니다.(12~19절) 그들이 포도주를 거부할 수 있었던 것은 포도주를 마셔본 적이 없기 때문입니다. 금연하는 사람이 담배를 거부하는 것은 쉽습니다. 우리가 죄악을 최대한 멀리해야 하는 이유입니다.

시편 7-8편 : 다윗이 억울한 고난으로 부터 피하는 방안

- 여호와 내 하나님이여 내가 주께 피하오니 나를 쫓아오는 모든 자들에게서 나를...(7:1-2)
- 여호와여 진노로 일어나사 내 대적들의 노를 막으시며 나를 위하여 깨소서 주께서...(7:6)
- 사람이 무엇이기에 주께서 그를 생각하시며 인자가 무엇이기에 주께서 그를...(8:4)
- 주의 손으로 만드신 것을 다스리게 하시고 만물을 그의 발 아래 두셨으니(8:6)
- 여호와 우리 주여 주의 이름이 온 땅에 어찌 그리 아름다운지요(8:9)

(7편) 탄원시. 표제어를 통해 베냐민인 구시(=사울왕의 친척으로 추정)가 다윗을 무고하게 괴롭히는 상황을 추측할 수 있습니다. 다윗은 억울한 상황에 대해 간구합니다.(1~2절) 그는 자신의 무고함을 하나님께 아뢰며 하나님이 재판관 되어 주시길 요청합니다.(3~9절) 기도 가운데 다윗은 하나님이 자신을 지키시는 방패요 구원자이심을 확신하며 노래합니다.(10~13절) 악인은 결국 멸망하게 될 것을 믿으며 그는 여호와의 이름을 찬양합니다.(14~17절)

(8편) 다윗은 하나님의 이름의 아름다움을 노래합니다.(1,9절) 원수들이 아무리 하나님을 대적한다 해도 하나님은 가장 연약한 존재들을 통해서도 당신의 권능을 능히 세우실 수 있습니다.(2절) 인간은 지극히 연약하지만 하나님이 친히 돌보시며 하나님보다 조금 못한 존재(=하나님과 인간의 특별한 관계를 표현)로 만드셨습니다.(3~8절)

하나님과 상관없이 내 멋대로 세운 계획이 어떤 파괴적인 결과를 초래하는지 사사기를 통해 보면서 내 소견이 아닌 하나님의 뜻에 순복하는 삶을 살아가기를 소원합니다. 하나님의 형상으로 우리를 지으셨으니 하나님의 크고 위대하신 이름을 날마다 노래하게 하옵소서. 레갑 사람들처럼 하나님을 경외하는 마음이 변함없게 하옵소서.

8/8

본문 룻기 1장 | 사도행전 26장 | 예레미야 36-37장 | 시편 9편

주제 **의지** (意志, 어떤 일을 이루려는 강하고 적극적인 마음)

하나님은 자기의 형상대로 창조한 사람에게 자유의지를 주셨다. 속죄받은 성도는 이 의지로 오직 하나님을 따르는 믿음 안에서 사람을 선택하고 복음을 붙잡으며 사명을 완수하고 문제를 해결해 갈 수 있다.

룻기 1장 : 끝까지 나오미를 따르는 며느리 룻의 의지

- 사사들이 치리하던 때에 그 땅에 흉년이 드니라 유다 베들레헴에 한 사람이 그의 아내와...(1-5)
- 나오미가 두 며느리에게 이르되 너희는 각기 너희 어머니의 집으로 돌아가라...(8-10)
- 그들이 소리를 높여 다시 울더니 오르바는 그의 시어머니에게 입 맞추되 룻은 그를...(14-17)
- 이에 그 두 사람이 베들레헴까지 갔더라 베들레헴에 이를 때에 온 성읍이 그들로...(19-21)

베들레헴에 살던 엘리멜렉은 흉년으로 인해 가족들을 데리고 모압으로 이주합니다.(1절) 모압에서 두 아들 말론과 기룐은 각각 모압 여인과 만나 결혼하게 되었는데 모압 이주 10년 만에 엘리멜렉과 두 아들 모두 죽고 시어머니 나오미와 두 며느리 오르바와 룻만 남게 되었습니다.(2~5절) 나오미는 홀로 된 두 며느리를 친정으로 보내 주려 했으나 오르바만 돌아가고 신앙과 어머니를 포기할 수 없었던 룻은 고향을 떠나 나오미와 함께 베들레헴으로 오게 됩니다.(6~22절)

사도행전 26장 : 아그립바 왕에게 복음을 전하는 바울의 의지

- 아그립바 왕이여 유대인이 고발하는 모든 일을 오늘 당신 앞에서 변명하게 된 것을...(2-5)
- 당신들은 하나님이 죽은 사람을 살리심을 어찌하여 못 믿을 것으로 여기나이까...(8-11)
- 먼저 다메섹과 예루살렘에 있는 사람과 유대 온 땅과 이방인에게까지 회개하고...(20)
- 바울이 이르되 베스도 각하여 내가 미친 것이 아니요 참되고 온전한 말을 하나이다(25)
- 아그립바 왕이여 선지자를 믿으시나이까 믿으시는 줄 아나이다...(27-29)

바울은 아그립바 왕에게 자신은 철저한 바리새인이자 열정적으로 그리스도인을 핍박했던 사람이었으나 부활의 확실한 증거로 인해 지금 고소를 당했다고 말합니다.(1~12절) 그는 부활하신 예수님을 만난 과정을 설명하면서 전에는 박해자였으나 지금은 부활의 증인이 되었음을 간증합니다.(13~23절) 예수님의 부활과 구원자 되심을 확신 있게 전하는 바울에게 배심원들은 죄가 없다는 결론을 내립니다.(24~32절) 가이사(=로마 황제)에게 상소하지만 않았어도 그는 바로 풀려났을 것입니다. 자유인인 바울은 오직 복음 때문에 결박당했습니다.

예레미야 36-37장 : 유다멸망을 기록하고 전하는 예레미야의 의지

- 너는 두루마리 책을 가져다가 내가 네게 말하던 날 곧 요시야의 날부터 오늘까지...(36:2-3)
- 바룩이 여호와의 성전 위뜰 곧 여호와의 성전에 있는 새 문 어귀 곁에 있는 사반의...(36:10)

• 너는 다시 다른 두루마리를 가지고 유다의 여호야김 왕이 불사른 첫 두루마리의...(36:28-32)
• 그와 그의 신하와 그의 땅 백성이 여호와께서 선지자 예레미야에게 하신 말씀을...(37:2-3)
• 베냐민 문에 이른즉 하나냐의 손자요 셀레먀의 아들인 이리야라 이름하는 문지기의...(37:13)
• 내 주 왕이여 이제 청하건대 내게 들으시며 나의 탄원을 받으사 나를 서기관...(37:20-21)

(36장) 하나님 앞에 신실한 왕이었던 요시야가 죽고 그 뒤를 이은 여호야김 4년에 바벨론의 느부갓네살 왕은 갈그미스 전투에서 애굽 군대를 크게 격파하고 중동의 패권을 차지합니다. 애굽을 의지하며 바벨론에 대항했던 여호야김과 신하들은 성전에 나아와 금식합니다.(9절) 이는 당장의 위기를 극복해 보려는 진정성 없는 종교행위였습니다. 예레미야는 그의 서기관 바룩에게 하나님의 말씀을 받아 적어 성전에 가서 낭독하라고 지시합니다.(4~10절) 바룩이 낭독하는 말씀을 왕이 듣지 않을뿐더러 보복이 우려되므로 예레미야를 지지하는 고관들은 바룩에게 예레미야와 함께 숨으라고 권면합니다.(11~19절) 예상대로 왕은 하나님의 말씀이 기록된 두루마리를 칼로 베어 화롯불에 던졌으며, 하나님은 누구도 말씀을 변개할 수 없음을 강조하시며 여호야김의 비참한 최후를 예고하십니다.(20~32절)
(37장) 바벨론은 여호야김을 포로로 끌고 갔으며 시드기야를 유다 왕으로 대신 세웠습니다.(1~4절) 시드기야는 집권 초기 예레미야의 말을 듣는듯 했으나 여호야김처럼 바벨론을 배반하고 또다시 애굽에 의존하는 정책을 폅니다.(5~10절) 예레미야는 다시 한번 바벨론에 의한 예루살렘의 멸망을 선포합니다. 결국 예레미야는 그가 전한 심판 메시지가 국가를 해롭게 한다는 판단 때문에 유다가 멸망할 때까지 감금됩니다.(11~21절)

시편 9편 : 원수 앞에서 여호와만 의지하는 다윗의 의지

• 내가 전심으로 여호와께 감사하오며 주의 모든 기이한 일들을 전하리이다...(1-2)
• 주께서 나의 의와 송사를 변호하셨으며 보좌에 앉으사 의롭게 심판하셨나이다(4)
• 공의로 세계를 심판하심이여 정직으로 만민에게 판결을 내리시리로다...(8-10)
• 여호와여 내게 은혜를 베푸소서 나를 사망의 문에서 일으키시는 주여 나를 미워하는...(13-14)
• 여호와여 일어나사 인생으로 승리를 얻지 못하게 하시며 이방 나라들이 주 앞에서...(19-20)

개인 탄원시(13, 19~20절)로 분류되지만 감사시의 요소가 함께 드러나는 시입니다. 시인과 그의 민족이 과거에 경험한 하나님의 구원은 찬양의 이유가 됩니다.(1~6절) 시인은 공의로운 재판장이신 하나님을 신뢰합니다.(7~10절) 시인은 회중들에게 하나님을 찬양할 것을 요청하면서 하나님이 개입하셔서 구원하여 주시길 청원합니다.(11~14절) 악인들은 스스로 웅덩이에 빠질 것이며 하나님은 궁핍한 자를 기억하여 구원해 주실 것입니다.(15~18절) 하나님의 개입으로 참된 주권자가 누구인지 악인들은 깨닫게 될 것입니다.(19~20절)

하나님의 말씀을 불신하는 자들에게 심판을 선언해야 했기에 미움과 핍박의 대상이 될 수밖에 없었던 예레미야였지만 결국 그가 선포한 대로 역사는 흘러갑니다. 역사의 주관자 되시는 하나님의 말씀에 귀 기울이게 하옵소서. 인생의 어두운 날이 오더라도 하나님의 주권과 복음에 대한 확신으로 담대하게 살아가게 하옵소서.

본문 룻기 2장 | 사도행전 27장 | 예레미야 38장 | 시편 10편

주제 **건짐** (하나님이 사람을 통해 선택한 백성을 고통과 환난에서 건지심)

세상에는 하나님을 인정하는 자와 인정하지 않는 자가 있다. 세상은 믿는 자에게 끊임없이 고난과 환난을 준다. 이때 감찰하시는 하나님은 선택된 사자를 통하여 그들을 그 구덩이에서 건지신다.

룻기 2장 : 보아스가 가난한 모압여자 룻을 절망에서 건짐

- 나오미의 남편 엘리멜렉의 친족으로 유력한 자가 있으니 그의 이름은 보아스더라...(1-2)
- 마침 보아스가 베들레헴에서부터 와서 베는 자들에게 이르되 여호와께서 너희와 함께 하시기를 원하노라 하니 그들이 대답하되 여호와께서 당신에게 복 주시기를 원하나이다 하니라(4)
- 식사할 때에 보아스가 룻에게 이르되 이리로 와서 떡을 먹으며 네 떡 조각을 초에 찍으라 하므로 룻이 곡식 베는 자 곁에 앉으니 그가 볶은 곡식을 주매 룻이 배불리 먹고 남았더라(14)
- 이에 룻이 보아스의 소녀들에게 가까이 있어서 보리 추수와 밀 추수를 마치기까지 이삭을 주우며 그의 시어머니와 함께 거주하니라(23)

룻은 추수가 끝난 밭에서 이삭을 주워 시어머니를 봉양하는데 그녀가 이삭을 주웠던 밭의 주인은 모압에서 죽은 그의 시아버지 엘리멜렉의 유력한 친족이었습니다. 성경은 우연히 보아스의 밭에 이르렀다고 표현하지만 이 우연 속에 하나님의 필연이 숨어 있습니다.(3절) 시어머니의 하나님이 곧 나의 하나님이라고 말하며 낯선 유다 땅으로 건너와 이방인의 신분으로 시어머니를 봉양하던 모압 여인과 미래의 남편이 될 보아스는 이렇게 만나게 됩니다.

사도행전 27장 : 바울이 유라굴로 광풍에서 죽을 자들을 건짐

- 이튿날 시돈에 대니 율리오가 바울을 친절히 대하여 친구들에게 가서 대접 받기를 허락하더니(3)
- 거기서 백부장이 이달리야로 가려 하는 알렉산드리아 배를 만나 우리를 오르게 하니(6)
- 여러 날이 걸려 금식하는 절기가 이미 지났으므로 항해하기가 위태한지라 바울이...(9-14)
- 암초에 걸릴까 하여 고물로 닻 넷을 내리고 날이 새기를 고대하니라...(29-37)
- 두 물이 합하여 흐르는 곳을 만나 배를 걸매 이물은 부딪쳐 움직일 수 없이 붙고...(41-44)

바울에 대한 유대인의 고소는 오히려 복음의 진보를 이루었습니다. 바울은 하나님의 뜻에 따라 로마로 갑니다.(1~3절) 로마 백부장 율리오가 바울의 수송을 맡았고 복음의 동역자 누가와 아리스다고가 동행했습니다. 지중해는 9월 중순에서 이듬해 3월까지 항해가 어려운 시기인데 금식하는 절기(=10월 중순)가 지났음에도 백부장은 항해를 결정합니다.(4~12절) 결국 큰 폭풍을 만나 모두가 죽을 위기에 놓이게 되었는데 바울은 모두가 살게 될 것이라고 자신 있게 선포합니다.(13~26절) 위기상황을 수습해 나가는 상황에서 미결수인 바울은 리더가 되어 있습니다. 그는 배에 탄 모든 이들의 생명을 지키고 안심시켰으며 먹였습니다.(27~37절) 그는 도주 우려로 인해 죄수들을 죽이려는 군인들의 행동도 막았습니다. 오직 하나님만을 의지한 한 사람을 통해 276명이 살게 되었습니다.(38~44절) 우리가 하나님께 신실하면 하나님은 우리를 높이십니다.

예레미야 38장 : 에벳멜렉이 진창구덩이에 빠진 예레미야를 건짐

- 맛단의 아들 스바댜와 바스훌의 아들 그다랴와 셀레먀의 아들 유갈과 말기야의 아들...(1-11)
- 시드기야 왕이 사람을 보내어 선지자 예레미야를 여호와의 성전 셋째 문으로 데려오게 하고 왕이 예레미야에게 이르되 내가 네게 한 가지 일을 물으리니 한 마디도 내게 숨기지 말라(14)
- 시드기야 왕이 비밀히 예레미야에게 맹세하여 이르되 우리에게 이 영혼을 지으신...(16-18)
- 예레미야가 이르되 그 무리가 왕을 그들에게 넘기지 아니하리이다 원하옵나니 내가 왕에게 아뢴 바 여호와의 목소리에 순종하소서 그리하면 왕이 복을 받아 생명을 보전하시리이다(20)

유다의 멸망을 선포하는 예레미야는 바벨론과 싸우려는 백성들의 사기를 떨어뜨린다는 죄목으로 진흙 구덩이에 갇히게 됩니다.(1~6절) 유다는 하나님의 심판으로 멸망 당하는 것이라 절대로 전쟁에서 이길 수 없습니다. 진흙 구덩이에서 굶어 죽을 위기에 놓였던 예레미야는 구스인(=에티오피아인)으로 왕궁 내시로 있던 에벳멜렉을 통해 구덩이에서 나올 수 있었습니다.(7~13절) 하나님은 이방인을 통해 예레미야가 보호받게 하십니다. 진흙 구덩이보다 조금 나은 시위대 뜰에 갇히게 된 예레미야에게 시드기야 왕은 정세에 대해 물었고 예레미야는 하나님의 심판의 도구인 바벨론에 항복해야 한다고 조언합니다.(14~23절) 둘의 만남은 철저히 비밀에 부쳐집니다.(24~28절) 시드기야 왕은 예레미야를 반대하는 왕실 내 강경파(=반바벨론파)를 두려워했기에 예레미야에게 조언을 구한 것에 대해 숨기려 합니다.

시편 10편 : 여호와가 가련한 자들을 압박으로부터 건짐

- 여호와여 어찌하여 멀리 서시며 어찌하여 환난 때에 숨으시나이까...(1-4)
- 그가 그의 마음에 이르기를 하나님이 잊으셨고 그의 얼굴을 가리셨으니 영원히...(11-14)
- 여호와여 주는 겸손한 자의 소원을 들으셨사오니 그들의 마음을 준비하시며 귀를 기울여 들으시고(17)

악인은 하나님이 없다고 말합니다. 죄를 지은 사람이 악인이라면 세상 모든 사람이 악인일 것입니다. 그러나 성경은 하나님이 없다고 말하는 자가 악인이라고 규정합니다.(4절) 심판이 없다고 생각하니 수단과 방법을 가리지 않고 악한 생각을 실행해 옮깁니다.(5절) 의인은 악인으로 인해 탄식합니다.(1~11절) 시인은 하나님이 없다고 주장하는 악인의 팔을 꺾어달라고 간구합니다.(12~14절) 하나님은 악을 찾아내셔서 심판하십니다.(15~18절)

룻과 보아스의 만남, 예레미야를 도운 이방인 내시의 용기 있는 행동, 로마로 가는 여정 속에서 바울 일행이 겪은 일 모두 역사의 주권이 누구에게 있는지 잘 보여주고 있습니다. 그러므로 하나님이 없다 하는 자들을 두려워하지 않게 하시고 하나님의 주권을 인정하고 악한 자들이 받을 심판을 내다보며 승리하는 하나님의 백성이 되게 하옵소서.

본문 룻기 3-4장 | 사도행전 28장 | 예레미야 39장 | 시편 11-12편

주제 **성취** (成就, 목적한 바를 이룸)

하나님을 믿는 자들은 영적이며 이타적인 거룩한 소원을 가지고 있다. 그 소원의 성취는 하나님의 주권과 인간 자신의 진실함 그리고 성실한 노력에 달려 있다. 인내하고 기다리면 반드시 정한 때에 성취된다.

룻기 3-4장 : 나오미의 소원이 보아스를 통해 룻에게 성취됨

- 룻의 시어머니 나오미가 그에게 이르되 내 딸아 내가 너를 위하여 안식할 곳을 구하여 너를 복되게 하여야 하지 않겠느냐...(3:1-5)
- 이르되 네가 누구냐 하니 대답하되 나는 당신의 여종 룻이오니 당신의 옷자락을 펴 당신의 여종을 덮으소서 이는 당신이 기업을 무를 자가 됨이니이다 하니...(3:9-13)
- 보아스가 그 기업 무를 자에게 이르되 모압 지방에서 돌아온 나오미가 우리 형제 엘리멜렉의 소유지를 팔려 하므로...(4:3-6)
- 보아스가 장로들과 모든 백성에게 이르되 내가 엘리멜렉과 기룐과 말론에게 있던 모든 것을 나오미의 손에서 산 일에 너희가 오늘 증인이 되었고...(4:9-13)

(3장) 룻이 이삭을 주은 밭의 주인인 보아스는 집안의 모든 남자가 죽어 혈통이 끊어질 위기에 놓인 나오미 집안의 기업 무를 자 서열 2위에 해당되는 사람입니다. 룻은 보아스에게 찾아가 그가 자기 집안의 기업 무를 자임을 밝힙니다. 보아스는 순리에 따라 자기보다 순위가 앞선 사람이 한 명 있으며 만약 그가 그 책임을 거절하면 자기가 그 책임을 다하겠다고 말합니다.

(4장) 기업 무를 자 1위였던 사람은 자기에게 손해가 될까 하여 기업 무를 자의 책임을 거부했으며 이에 보아스는 기업 무를 자의 책임을 다하기로 하고 절차를 걸쳐 룻을 아내로 맞이합니다. 룻과 보아스 사이에서 오벳이 태어났는데 오벳은 다윗의 조부입니다. 하나님을 선택한 모압 여인 룻은 다윗의 계보에 등재되는 복된 자가 되었습니다.

사도행전 28장 : 바울의 로마 복음 전파에 대한 소원이 성취됨

- 우리가 구조된 후에 안즉 그 섬은 멜리데라 하더라(1)
- 바울이 나무 한 묶음을 거두어 불에 넣으니 뜨거움으로 말미암아 독사가 나와...(3-6)
- 그 곳 형제들이 우리 소식을 듣고 압비오 광장과 트레이스 타베르네까지 맞으러...(15-16)
- 그들이 날짜를 정하고 그가 유숙하는 집에 많이 오니 바울이 아침부터 저녁까지 강론하여 하나님의 나라를 증언하고 모세의 율법과 선지자의 말을 가지고 예수에 대하여...(23-24)
- 그런즉 하나님의 이 구원이 이방인에게로 보내어진 줄 알라 그들은 그것을...(28-31)

바울일행은 가까스로 멜리데(=몰타)에 상륙하게 되었고 바울의 예언대로 물건은 잃었지만 사람은 잃지 않았습니다.(1~6절) 상륙 후 땔감을 모으던 바울은 맹독을 지닌 뱀에게 물리게 되었는데 그가 죽지 않는 것을 보고 멜리데인들은 바울을 신처럼 여겼습니다. 멜레데인의 대표인 보블리오가 바울 일행을 환대하자 하나님은 바울을 통해 보블리오의 부친의 병을 고쳐 주십니다.(7~10절) 하나님은 이방인들을 통해 바울일행을 돕게 하십니다. 멜리데에서 약 3달을 머문 후 로마로 갑니다.(12~15절) 로마에 있는 형제들은 바울 일행을 환영하였고 바울은 약간의 자유를 허락받아 로마에서 복음을 전합니다.(16~22절) 바울이 전한 복음을 유대인들은 거부했지만 이방인들이 받아들여서 지금까지도 복음의 행진은 계속되고 있습니다.(23~31절)

예레미야 39장 : 예레미야의 예언이 느부갓네살을 통해 성취됨

- 유다의 시드기야 왕의 제구년 열째 달에 바벨론의 느부갓네살 왕과 그의 모든 군대가...(1-2)
- 유다의 시드기야 왕과 모든 군사가 그들을 보고 도망하되 밤에 왕의 동산 길을 따라...(4-8)
- 사령관 느부사라단이 아무 소유가 없는 빈민을 유다 땅에 남겨 두고 그 날에 포도원과 밭을 그들에게 주었더라...(10-12)
- 너는 가서 구스인 에벳멜렉에게 말하기를 만군의 여호와 이스라엘의 하나님의 말씀에 내가 이 성에 재난을 내리고 복을 내리지 아니하리라 한 나의 말이 그 날에 네 눈 앞에 이루리라...(16-18)

하나님의 말씀대로 예루살렘이 함락됩니다.(1~3절) 하나님의 선지자 예레미야를 불신했던 시드기야 왕은 사로잡혀 아들의 죽음을 지켜본 후 두 눈이 뽑혀 포로로 끌려가게 됩니다.(4~9절) 심판은 정확히 실행됩니다. 바벨론 군대는 예레미야를 선대하였으며 하나님은 예레미야를 돕던 왕궁 관리 에벳멜렉을 특별히 구원하십니다.(10~18절) 불신했던 자들은 심판을 받았고 하나님의 말씀을 신뢰하던 자들은 구원받았습니다.

시편 11-12편 : 다윗의 기도가 하나님의 주관하심으로 성취됨

- 내가 여호와께 피하였거늘 너희가 내 영혼에게 새 같이 네 산으로 도망하라 함은...(11:1)
- 여호와께서는 그의 성전에 계시고 여호와의 보좌는 하늘에 있음이여 그의 눈이...(11:4-5)
- 여호와여 도우소서 경건한 자가 끊어지며 충실한 자들이 인생 중에 없어지나이다(12:1)
- 여호와께서 모든 아첨하는 입술과 자랑하는 혀를 끊으시리니...(12:3-7)

(11편) 신뢰시. 다윗은 사울에게 쫓기고 있는 위기 상황에 놓여 있습니다. 그가 할 수 있는 일은 사실상 아무것도 없어서 그는 한탄합니다.(3절) 그러다가 문득 그는 하나님이 인생들을 보시고 감찰하고 계심을 깨닫습니다.(4절) 그는 의인과 악인의 대조적인 운명을 확신합니다.(6~7절) 하나님께 피하는 자가 복이 있습니다.

(12편) 개인 탄원시. 악인들의 거짓과 위선으로 시인은 고통을 받고 있습니다. 시인은 탄식하며 도움을 요청합니다.(1~2절) 악인들은 자신의 능력을 자부하지만 여호와는 악인의 입술을 끊으실 것입니다.(3~4절) 세상에는 악인이 득세하지만 하나님은 의인을 단련하사 안전케 하십니다.(5~8절)

룻, 예레미야, 에벳멜렉, 바울, 그리고 다윗과 같이 언제 어디서나 하나님을 찾고 하나님의 뜻을 구하는 사람이 되게 하옵소서. 자기를 찾는 자에게 상 주시는 하나님을 보게 하옵소서.

본문 사무엘상 1장 | 로마서 1장 | 예레미야 40장 | 시편 13-14편
주제 **갈망** (渴望, 간절하고 애타게 바람)

사람은 어려운 상황에 처하면 절망하기 쉽다. 하지만 해답 없는 문제는 없다. 또한 하나님은 해결하지 못하시는 일이 없으시다. 그러므로 성도는 언제나 온전한 믿음으로 갈망하며 주께 나아가야 한다.

사무엘상 1장 : 한나가 아들 갖기를 갈망함

- 에브라임 산지 라마다임소빔에 에브라임 사람 엘가나라 하는 사람이 있었으니 그는...(1-3)
- 여호와께서 그에게 임신하지 못하게 하시므로 그의 적수인 브닌나가 그를 심히 격분하게 하여 괴롭게 하더라...(6-7)
- 한나가 대답하여 이르되 내 주여 그렇지 아니하니이다 나는 마음이 슬픈 여자라 포도주나 독주를 마신 것이 아니요 여호와 앞에 내 심정을 통한 것뿐이오니...(15-18)
- 한나가 임신하고 때가 이르매 아들을 낳아 사무엘이라 이름하였으니 이는 내가 여호와께 그를 구하였다 함이더라(20)
- 한나가 이르되 내 주여 당신의 사심으로 맹세하나이다 나는 여기서 내 주 당신 곁에 서서 여호와께 기도하던 여자라...(26-28)

에브라임 사람 엘가나의 아내 한나는 자식이 없었습니다.(1~6절) 괴로움 속에 성전을 찾은 한나는 아들을 주시면 여호와께 드리겠다는 서원기도를 드리는데 제사장으로부터 평안의 선포를 들은 후 응답을 확신합니다.(7~18절) 하나님은 한나에게 사무엘을 주셨고 그녀는 서원대로 사무엘을 하나님께 드립니다.(19~28절)

로마서 1장 : 바울이 복음 전하기를 갈망함

- 예수 그리스도의 종 바울은 사도로 부르심을 받아 하나님의 복음을 위하여 택정함을 입었으니...(1-4)
- 내가 그의 아들의 복음 안에서 내 심령으로 섬기는 하나님이 나의 증인이 되시거니와 항상 내 기도에 쉬지 않고 너희를 말하며...(9-11)
- 이는 하나님을 알 만한 것이 그들 속에 보임이라 하나님께서 이를 그들에게 보이셨느니라...(19-20)
- 그들이 이같은 일을 행하는 자는 사형에 해당한다고 하나님께서 정하심을 알고도 자기들만 행할 뿐 아니라 또한 그런 일을 행하는 자들을 옳다 하느니라(32)

바울은 자신이 누구인지를 소개하며(1절) 그리스도 안에서 자신과 로마교회 형제들은 어떤 관계인지(5~7절) 이 편지를 쓰는 목적이 무엇인지 말합니다.(8~15절) 그리고 복음에 담긴 하나님의 능력(16~17절), 핑계할 수 없는 하나님의 존재 그럼에도 불구하고 우상을 숭배하며 자신의 정욕대로 살아가는 사람들의 실상을 고발합니다.(18~32절)

예레미야 40장 : 요하난이 그다랴 살리기를 갈망함

- 사령관 느부사라단이 예루살렘과 유다의 포로를 바벨론으로 옮기는 중에 예레미야도...(1-4)
- 예레미야가 미스바로 가서 아히감의 아들 그다랴에게로 나아가서 그 땅에 남아 있는 백성 가운데서 그와 함께 사니라(6)
- 사반의 손자 아히감의 아들 그다랴가 그들과 그들의 사람들에게 맹세하며 이르되 너희는 갈대아 사람을 섬기기를 두려워하지 말고 이 땅에 살면서 바벨론의 왕을 섬기라...((9)
- 그에게 이르되 암몬 자손의 왕 바알리스가 네 생명을 빼앗으려 하여 느다냐의 아들...(14-16)

예루살렘 함락 후 시위대 뜰에 갇혀 있던 예레미야는 바벨론으로 끌려가게 되고 하나님은 바벨론 사령관인 느부사라단을 통해 예루살렘의 멸망이 말씀에 대한 불순종 때문이라고 말씀하십니다.(1~3절) 느부사라단은 예레미야에게 바벨론에 함께 가서 예우를 받으며 살지 아니면 패망한 유다로 돌아가서 남은 백성과 함께 살지를 묻습니다. 예레미야는 유다에 남아 있는 백성들에게 예언자로서의 사명을 감당하기 위해 후자를 선택합니다.(4~6절) 한편 유다 총독으로 임명된 그다랴가 비교적 안정된 통치를 하는 가운데 암몬 왕 바알리스와 유다의 바벨론 저항세력들은 그다랴를 암살하려는 계획을 세웁니다.(7~16절) 이러한 움직임을 포착한 요하난이 그다랴에게 거듭 충고하나 그다랴는 요하난의 말에 귀를 기울이지 않습니다.

시편 13-14편 : 다윗이 하나님 만나기를 갈망함

- 여호와여 어느 때까지니이까 나를 영원히 잊으시나이까 주의 얼굴을 나에게서 어느 때까지 숨기시겠나이까...(13:1-3)
- 나는 오직 주의 사랑을 의지하였사오니 나의 마음은 주의 구원을 기뻐하리이다...(13:5-6)
- 어리석은 자는 그의 마음에 이르기를 하나님이 없다 하는도다 그들은 부패하고 그 행실이 가증하니 선을 행하는 자가 없도다...(14:1-3)
- 그러나 거기서 그들은 두려워하고 두려워하였으니 하나님이 의인의 세대에 계심이로다...(14:5-6)

(13편) 개인 탄원시. 고난 속에 하나님마저 나를 버리신 것 같은 상황이 오면 한탄하게 됩니다.(1~2절) 그리고 하나님께 길을 보여 달라고 기도하게 됩니다.(3절) 비록 지금은 길이 보이지 않지만 하나님의 사랑이라는 강력한 근거로 인해 시인은 결국 구원받을 것을 확신합니다.(4~6절)
(14편) 여기서 하나님이 없다하는 자들은 무신론자라기보다 하나님의 존재를 믿기는 하지만 하나님이 없는 것처럼 악을 행하는 자들을 의미합니다. 악인은 하나님을 찾지 않는 반면(4절) 하나님은 의인(=하나님을 찾는 자)의 편에 서 계십니다.

한나의 괴로움을 돌아보신 주님! 괴로움 가운데 주께 나아가 기도할 때 나를 치료하시고 기쁨을 주시옵소서. 편안하고 안락한 길을 포기하고 백성들과 함께 남기를 소망하는 예레미야를 보며 하나님의 사람의 진정한 모습을 보게 됩니다. 하나님이 없다고 말하는 자들의 길로 나아가지 않게 하시고 하나님을 찾는 의인이 되게 하옵소서.

본문 사무엘상 2장 | 로마서 2장 | 예레미야 41장 | 시편 15-16편
주제 멸시 (蔑視, 다른 사람이나 사물을 교만하게 깔보거나 하찮게 여김)

하나님은 존귀하신 분이시다. 하나님의 자녀들도 존귀히 여김을 받는 삶을 살아야 한다. 하지만 불경건한 자들은 하나님의 도덕적 속성을 멸시하고 사람의 도리를 멸시하는 죄악된 삶을 살기에 심판에 이른다.

사무엘상 2장 : 홉니와 비느하스가 여호와의 제사를 멸시함

- 한나가 기도하여 이르되 내 마음이 여호와로 말미암아 즐거워하며 내 뿔이...(1-3)
- 여호와를 대적하는 자는 산산이 깨어질 것이라 하늘에서 우레로 그들을 치시리로다...(10-18)
- 엘리가 엘가나와 그의 아내에게 축복하여 이르되 여호와께서 이 여인으로 말미암아 네게 다른 후사를 주사 이가 여호와께 간구하여 얻어 바친 아들을 대신하게 하시기를...(20-21)
- 내 제단에서 내가 끊어 버리지 아니할 네 사람이 네 눈을 쇠잔하게 하고 네 마음을...(33-35)

서원한 대로 사무엘을 제사장에게 맡긴 후 감격하며 드린 한나의 기도(=한나의 노래)입니다. 그녀는 구원의 기쁨을 주신 하나님, 불가능한 상황을 역전시키는 하나님, 대적들을 심판하시는 하나님을 노래합니다.(1~10절) 안타깝게도 엘리 제사장의 아들들은 하나님을 멸시하며 온갖 패역한 행위를 일삼습니다.(12~17절) 반면 어린 사무엘은 제사장을 도와 여호와를 잘 섬겼으며, 하나님은 사무엘 대신 많은 자녀들을 한나에게 허락하셨습니다.(18~21절) 엘리는 패역한 아들들에게 훈계하나 그 훈계는 미약하였으며 아들들은 돌이키지 않았습니다.(22~25절) 한 무명의 선지자는 하나님이 엘리의 가문을 폐하고 새로운 제사장 가문을 세울 것임을 예고합니다.(27~36절)

로마서 2장 : 유대인이 회개치 않음으로 하나님을 멸시함

- 그러므로 남을 판단하는 사람아, 누구를 막론하고 네가 핑계하지 못할 것은 남을...(1-2)
- 혹 네가 하나님의 인자하심이 너를 인도하여 회개하게 하심을 알지 못하여 그의...(4-11)
- 하나님 앞에서는 율법을 듣는 자가 의인이 아니요 오직 율법을 행하는 자라야...(13-15)
- 그러면 다른 사람을 가르치는 네가 네 자신은 가르치지 아니하느냐 도둑질하지 말라...(21-23)
- 오직 이면적 유대인이 유대인이며 할례는 마음에 할지니 영에 있고 율법 조문에...(29)

유대인들은 이방인을 판단할 자격이 없습니다. 율법은 이방인과 유대인에게 동일하게 적용됩니다.(2절) 하나님은 유대인이라고 무조건 용서해 주시지 않습니다.(4절) 바울은 유대인의 완고함과 교만을 지적합니다.(5~8절) 하나님은 유대인에게 배타적 지위를 허락하시지 않았습니다.(9~11절) 유대인은 율법을 알므로 율법을 행해야 의로운 것이며 율법을 모르는 이방인들은 양심의 법으로 판단을 받게 될 것입니다.(12~15절) 유대인들은 하나님을 믿었으며 할례를 받고 율법을 자랑했습니다.(17~20절) 그들은 이방인들에게 하나님을 전하였고 할례를 받게 했으며 율법을 가르쳤습니다.(21~24절) 그러나 그들은 표면적으로만 하나님의 백성이었습니다.(25~28절) 성령으로 말미암아 마음에 세례

를 받는 사람이 참 하나님의 백성입니다.(29절)

예레미야 41장 : 요하난이 이스마엘의 악을 듣고 그를 멸시함

- 느다냐의 아들 이스마엘과 그와 함께 있던 열 사람이 일어나서 바벨론의 왕의 그 땅을 위임했던 사반의 손자 아히감의 아들 그다랴를 칼로 쳐죽였고...(2-3)
- 느다냐의 아들 이스마엘이 그들을 영접하러 미스바에서 나와 울면서 가다가 그들을 만나 아히감의 아들 그다랴에게로 가자 하더라...(6-8)
- 미스바에 남아 있는 왕의 딸들과 모든 백성 곧 사령관 느부사라단이 아히감의 아들...(10-16)

유다를 멸망시킨 바벨론 군대는 그다랴를 유다 총독으로 세우고 본국으로 돌아갑니다. 그다랴는 유다의 멸망과 바벨론의 통치가 하나님의 심판이라는 예레미야의 선언에 동의하는 사람이었습니다. 그러나 암몬 왕 바알리스의 사주를 받은 반바벨론파인 이스마엘에게 암살당하고 맙니다.(1~3절) 뿐만 아니라 그다랴와 관계된 사람들과 유다에 남아 있던 소수의 갈대아(=바벨론) 군사 및 80여명의 성지 순례자까지 죽인 이스마엘 일파는 암몬으로 도주했습니다.(4~10절) 그다랴에게 이스마엘을 경계하라고 충고했던 요하난은 이스마엘을 추격하여 그에게 붙잡혀 있던 백성들을 구출합니다.(11~15절) 요하난은 바벨론 군사를 죽인 이스마엘로 인해 바벨론이 유다에 대해 보복할 것을 우려하여 애굽으로 피신을 가려 합니다.(16~18절)

시편 15-16편 : 다윗이 주님과 이웃을 무시하는 자를 멸시함

- 여호와여 주의 장막에 머무를 자 누구오며 주의 성산에 사는 자 누구오니이까...(15:1-5)
- 하나님이여 나를 지켜 주소서 내가 주께 피하나이다...(16:1-2)
- 다른 신에게 예물을 드리는 자는 괴로움이 더할 것이라 나는 그들이 드리는...(16:4-9)
- 주께서 생명의 길을 내게 보이시리니 주의 앞에는 충만한 기쁨이 있고 주의 오른쪽에는 영원한 즐거움이 있나이다(16:11)

(15편) 입장 예식시. 장막과 성산은 성막이나 성전을 의미합니다. 하나님의 백성, 예배자의 자격이 있는 자는 누구입니까. 시인은 그 자격에 대해 정직, 공의, 진실 등을 제시합니다. 곧 정결한 영혼(1~2절), 이웃과의 선한 관계(3~4절), 정의로운 삶(4~5절)입니다.

(16편) 탄원시의 형식을 가지고 있는 신뢰시입니다. 위기에 처한 시인은 스스로를 지킬 힘이 없습니다. 그는 하나님께 피할 것을 선언합니다.(1~2절) 시인은 하나님을 섬기는 성도들과 같은 길을 걸어왔습니다.(3~4절) 그는 돈, 인간관계, 권력이 아닌 하나님 자체를 그의 기업이요 기쁨의 원천으로 삼습니다.(5~6절) 하나님이 그의 삶을 인도하심으로 그는 흔들리지 않습니다.(7~8절) 하나님이 보이신 생명의 길에 영원한 기쁨이 있습니다.(9~11절)

엘리 제사장 가문을 보면서 나를 존중히 여기는 자를 내가 존중히 여기리라는 말씀을 기억합니다. 성령으로 세례받은 참 하나님의 사람 되게 하시고, 주의 거룩한 성전에 들어가기에 합당한 자가 되게 하옵소서.

본문 사무엘상 3장 | 로마서 3장 | 예레미야 42장 | 시편 17편

주제 한 의 (ㅡ 義, 하나님이 각 시대에 세우신 의로운 일꾼과 행하신 사건)

하나님은 의로우시다. 모든 시대에 죄인들을 구원하시기 위하여 의로운 선지자를 보내셨고 마지막에는 온 세상을 향하여 독생자 아들을 보내셔서 한 의를 완성하셨다. 하나님의 의는 무엇과도 비교할 수 없다.

사무엘상 3장 : 이상이 흔히 보이지 않던 때의 하나님의 한 義

- 아이 사무엘이 엘리 앞에서 여호와를 섬길 때에는 여호와의 말씀이 희귀하여 이상이 흔히 보이지 않았더라(1)
- 하나님의 등불은 아직 꺼지지 아니하였으며 사무엘은 하나님의 궤 있는 여호와의...(3-4)
- 여호와께서 다시 사무엘을 부르시는지라 사무엘이 일어나 엘리에게로 가서 이르되...(6-13)
- 이르되 네게 무엇을 말씀하셨느냐 청하노니 내게 숨기지 말라 네게 말씀하신 모든 것을 하나라도 숨기면 하나님이 네게 벌을 내리시고 또 내리시기를 원하노라 하는지라...(17-20)

사무엘이 엘리 제사장을 돕던 시절, 이스라엘에는 하나님이 말씀하시는 일이 드물었고 이상이 자주 보이지 않았습니다.(1~2절) 영적으로 어두운 시대였다는 것입니다. 이때 하나님은 사무엘에게 나타나셨습니다.(3~10절) 그에게 주신 첫 번째 메시지는 엘리 집안에 대한 심판이었습니다.(11~14절) 사무엘은 이것을 엘리에게 전하는 것을 꺼려했지만 엘리의 계속되는 추궁에 결국 자신이 받은 말씀을 그대로 전합니다.(15~18절) 심판의 대상이 되어버린 엘리는 하나님이 말씀하신 것은 그대로 이루어진다는 것을 알고 있었습니다. 사무엘에게 하나님의 말씀이 임하시기 시작합니다.(19~21절)

로마서 3장 : 율법이 지켜지지 않던 때의 하나님의 한 義

- 그런즉 유대인의 나음이 무엇이며 할례의 유익이 무엇이냐...(1-2)
- 그러나 우리 불의가 하나님의 의를 드러나게 하면 무슨 말 하리요 [내가 사람의 말하는 대로 말하노니] 진노를 내리시는 하나님이 불의하시냐...(5-7)
- 그들의 눈 앞에 하나님을 두려워함이 없느니라 함과 같으니라...(18-24)
- 그런즉 우리가 믿음으로 말미암아 율법을 파기하느냐 그럴 수 없느니라 도리어 율법을 굳게 세우느니라(31)

바울은 오직 믿음으로 의롭다함을 얻는 복음의 원리에도 불구하고 이스라엘에게 먼저 율법이 주어진 것이 무의미한 것은 아니라고 말합니다.(2절) 그들은 창조주 하나님, 구원의 하나님을 경험했습니다. 그들은 신실하지 못했지만 하나님은 이스라엘과 맺은 언약을 지키심으로 당신의 신실함을 나타내셨습니다.(1~8절) 모든 사람은 죄 아래에 있으며 하나님의 심판 아래 있습니다.(9~20절) 율법은 모든 사람이 죄 아래 있음을 선언합니다. 율법으로는 죄를 깨닫습니다. 그러나 불의한 인간에게 하나님의 한 의가 나타났습니다.(21~31절) 우리 죄를 대신하여 화목제물 대신 예수님을 믿음으로써 의롭게 됩니다. 율법이 아니라 은혜입니다.

예레미야 42장 : 남은 자에게 말씀을 대언하는 하나님의 한 義

- 이에 모든 군대의 지휘관과 가레아의 아들 요하난과 호사야의 아들 여사냐와 백성의 낮은 자로부터 높은 자까지 다 나아와...(1-6)
- 또 너희가 말하기를 아니라 우리는 전쟁도 보이지 아니하며 나팔 소리도 들리지 아니하며 양식의 궁핍도 당하지 아니하는 애굽 땅으로 들어가 살리라 하면 잘못되리라(14)
- 무릇 애굽으로 들어가서 거기에 머물러 살기로 고집하는 모든 사람은 이와 같이 되리니...(17)
- 너희가 나를 너희 하나님 여호와께 보내며 이르기를 우리를 위하여 우리 하나님...(20-22)

총독 그다랴를 죽이고 유다 백성을 포로로 끌어가던 이스마엘 무리들로부터 백성들을 되찾은 요하난은 어디로 가야할지 알려달라며 예레미야에게 기도를 부탁합니다.(1~6절) 그러나 41장 17절을 보면 요하난이 애굽으로 가려는 마음을 먹고 있음을 확인할 수 있습니다. 총독과 바벨론 군사를 죽인 이스마엘 일당들이 바벨론의 보복을 불러올 것이라 생각했기 때문입니다. 10일 후에 예레미야에게 하나님의 응답이 옵니다.(7~12절) 그것은 이주하지 말고 유다 땅에 살라는 것입니다. 바벨론의 공격은 없을 것입니다. 하나님은 오히려 애굽으로 가면 재난과 심판이 임할 것이라고 경고하십니다.(13~17절) 그러나 요하난과 그의 무리들은 하나님의 말씀을 무시하고 애굽으로 갈 예정입니다.(18~22절)

시편 17편 : 여호와 앞에서 흠 없이 행하는 다윗의 한 義

- 여호와여 의의 호소를 들으소서 나의 울부짖음에 주의하소서 거짓 되지 아니한 입술에서 나오는 나의 기도에 귀를 기울이소서(1)
- 주께서 내 마음을 시험하시고 밤에 내게 오시어서 나를 감찰하셨으나 흠을 찾지 못하셨사오니 내가 결심하고 입으로 범죄하지 아니하리이다...(3-5)
- 주께 피하는 자들을 그 일어나 치는 자들에게서 오른손으로 구원하시는 주여 주의 기이한 사랑을 나타내소서...(7-9)
- 여호와여 일어나 그를 대항하여 넘어뜨리시고 주의 칼로 악인에게서 나의 영혼을 구원하소서...(13-15)

개인 탄원시. 억울하게 고통당하는 시인의 간절한 호소가 담겨 있습니다. 시인은 "의의 호소를 들어 주소서"(1~2절), "주의 기이한 사랑을 나타내소서"(6~9절), "대적들을 넘어뜨리소서"(13~14절) 등 3가지를 청원합니다. 시인은 어려운 중에도 하나님의 길을 굳건히 걸어가고 있습니다.(5절) 하나님은 의롭게 살아가는 성도의 간구를 들으십니다. 의인의 간구에는 역사하는 힘이 있습니다.

엘리 시대의 이스라엘 사람들처럼 하나님이 말씀하셔도 더 이상 들리지 않는 상황을 만나지 않게 하옵소서. 내가 무엇을 할지 정해 놓고 하나님의 뜻을 묻는 기도를 드리지 않게 하시고, 고난 중에도 하나님이 인정하시는 길을 가게 하옵소서.

본문 사무엘상 4장 | 로마서 4장 | 예레미야 43장 | 시편 18편

주제 **멸망** (滅亡, 국가나 민족 등이 망하여 없어짐)

모든 민족과 나라 그리고 인생의 흥망성쇠는 하나님의 주권에 있다. 하나님을 인정하고 그 뜻에 따라 순종하는 자는 영원히 세워지고, 불신하며 거역하는 자는 주의 심판하심에 의해 처절히 멸망한다.

사무엘상 4장 : 블레셋과의 전쟁에서 엘리의 집이 멸망함

- 블레셋 사람들이 이스라엘에 대하여 전열을 벌이니라 그 둘이 싸우다가 이스라엘이 블레셋 사람들 앞에서 패하여 그들에게 전쟁에서 죽임을 당한 군사가 사천 명 가량이라...(2-4)
- 블레셋 사람이 두려워하여 이르되 신이 진영에 이르렀도다 하고 또 이르되 우리에게 화로다 전날에는 이런 일이 없었도다...(7-9)
- 하나님의 궤는 빼앗겼고 엘리의 두 아들 홉니와 비느하스는 죽임을 당하였더라(11)
- 그 때에 엘리의 나이가 구십팔 세라 그의 눈이 어두워서 보지 못하더라...(15-21)

이스라엘은 강한 상대인 블레셋과 전쟁을 하게 되었습니다. 한 차례 패전 후 승리를 위해 언약궤가 필요하다는 결론을 내고(언약궤가 부적) 전쟁터로 언약궤를 가져 왔으나 제사장 홉니와 비느하스를 포함한 3만여 명의 이스라엘 군사들이 전사하는 참패를 하게 됩니다.(1~11절) 언약궤 상실 및 두 아들의 죽음이라는 비보에 충격을 받은 엘리 제사장은 의자에서 떨어져 죽게 되었으며 엘리의 며느리는 산고로 죽었고 하나님의 영광은 이스라엘을 떠났습니다.(12~22절)

로마서 4장 : 율법 아래 있는 자가 범법으로 인하여 멸망함

- 만일 아브라함이 행위로써 의롭다 하심을 받았으면 자랑할 것이 있으려니와 하나님 앞에서는 없느니라...(2-3)
- 일을 아니할지라도 경건하지 아니한 자를 의롭다 하시는 이를 믿는 자에게는 그의 믿음을 의로 여기시나니(5)
- 아브라함이나 그 후손에게 세상의 상속자가 되리라고 하신 언약은 율법으로 말미암은 것이 아니요 오직 믿음의 의로 말미암은 것이니라(13)
- 아브라함이 바랄 수 없는 중에 바라고 믿었으니 이는 네 후손이 이같으리라 하신 말씀대로 많은 민족의 조상이 되게 하려 하심이라...(18-22)
- 의로 여기심을 받을 우리도 위함이니 곧 예수 우리 주를 죽은 자 가운데서 살리신 이를 믿는 자니라...(24-25)

할례를 받고 율법을 지켜야 의롭게 된다는 유대인들에게 바울은 아브라함과 다윗 역시 하나님을 믿음으로 의롭게 되었다는 사실을 설명합니다.(1~8절) 그들은 자신의 업적이나 공로로 의롭게 되거나 죄 사함을 받은 것이 아닙니다. 하나님은 아브라함이 할례를 받기 전에 이미 그의 믿음을 의로 여기셨습니다.(9~12절) 아브라함은 모든 할례자의 조상이지만 또한 모든 믿는 자의 조상이기도 합니다.(13~17절) 믿음으로 의롭게 되는 것은 하나님이 우리에게 주신 약속입니다. 아브라함은 약속을 이루실 하나님에 대해 확신했고 하나님은 그것을 의로 여기셨습니다.(18~22절) 동일한 원리로 하나님은 우리의 믿음을 의로 여기십니다.(23~25절)

예레미야 43장 : 말씀에 불순종하여 애굽으로 간 자가 멸망함

- 예레미야가 모든 백성에게 그들의 하나님 여호와의 말씀 곧 그들의 하나님 여호와께서 자기를 보내사 그들에게 이르신 이 모든 말씀을 말하기를 마치니...(1-4)
- 애굽 땅에 들어가 다바네스에 이르렀으니 그들이 여호와의 목소리를 순종하지 아니함이러라...(7-11)

유다에 머물고 애굽으로 가지 말라는 하나님의 말씀을 거역하기로 작정한 요하난과 그의 무리들은 예레미야를 거짓말쟁이로 몰아갑니다.(1~3절) 그들은 예레미야까지 억지로 애굽으로 데려갑니다.(4~7절) 하나님은 예레미야에게 큰 돌 여러 개를 가져다가 바로의 궁전 대문의 축대에 감출 것을 지시하시는데 이는 바벨론의 느부갓네살 왕이 이집트를 멸망시키고 감춘 돌 위에 자기의 장막을 세우게 될 것을 의미합니다.(8~13절) 하나님의 말씀을 무시한 그들은 바벨론으로부터 안전할 것이라고 생각한 애굽으로 왔지만 그곳은 도리어 죽음의 장소가 될 것입니다.

시편 18편 : 의로운 다윗을 대적한 자와 사울이 멸망함

- 나의 힘이신 여호와여 내가 주를 사랑하나이다 여호와는 나의 반석이시요 나의 요새시요 나를 건지시는 이시요 나의 하나님이시요 내가 그 안에 피할 나의 바위시요 나의 방패시요 나의 구원의 뿔이시요 나의 산성이시로다(1-2)
- 내가 환난 중에서 여호와께 아뢰며 나의 하나님께 부르짖었더니 그가 그의 성전에서 내 소리를 들으심이여 그의 앞에서 나의 부르짖음이 그의 귀에 들렸도다(6)
- 내가 내 원수를 뒤쫓아가리니 그들이 망하기 전에는 돌아서지 아니하리이다...(37-40)
- 내가 그들을 바람 앞에 티끌 같이 부서뜨리고 거리의 진흙 같이 쏟아 버렸나이다(42)

왕의 감사시. 다윗은 하나님을 묘사하면서 힘, 반석, 요새, 피할 바위, 방패, 뿔, 산성 등 군사적인 이미지를 사용합니다. 하나님은 환난 중에 시인을 구원하셨습니다.(1~6절) 하나님은 곤경에 빠진 시인을 찾아오셨으며 강한 자로부터 그를 건지십니다.(7~19절) 시인은 말씀 따라 의롭게 살았던 시간들을 떠올리며 그에게 하나님은 어떤 분인지를 고백합니다.(20~31절) 하나님은 시인을 강하게 하셨으며 환난 중에 승리하게 하셨습니다.(32~45절) 시인은 하나님의 구원에 대한 감사와 찬양의 고백과 서약을 합니다.(46~50절)

하나님이 말씀대로 엘리 가문은 심판을 받았고 불순종을 일삼던 이스라엘 역시 전쟁에서 크게 패하였습니다. 또한 하나님의 말씀을 무시하고 나름의 살 길을 찾던 요하난 역시 심판을 받게 되었습니다. 오늘의 내용을 새기며 말씀을 불신하는 죄를 짓지 않게 하옵소서. 환난 날에도 주님의 말씀을 온전히 신뢰하게 하옵소서.

본문 사무엘상 5-6장 | 로마서 5장 | 예레미야 44장 | 시편 19편

주제 **범죄** (犯罪, 하나님의 뜻과 법을 어기고 저지른 허물과 죄악)

하나님은 인간을 영생하도록 창조하셨고 또 구원하셨다. 하지만 인간은 끊임없이 범죄를 저지르고 사망을 향하여 나아간다. 무지하여 범죄하고 불순종하여 범죄하고 고의와 실수로 범죄한다.

사무엘상 5-6장 : 여호와의 궤를 빼앗아 함부로 취급한 범죄

- 블레셋 사람들이 하나님의 궤를 가지고 다곤의 신전에 들어가서 다곤 곁에 두었더니...(5 2-4)
- 이에 사람을 보내어 블레셋 모든 방백을 모으고 이르되 이스라엘 신의 궤를 보내어...(5:11)
- 여호와의 궤가 블레셋 사람들의 지방에 있은 지 일곱 달이라...(6:1-4)
- 암소가 벧세메스 길로 바로 행하여 대로로 가며 갈 때에 울고 좌우로 치우치지...(6:12-15)
- 벧세메스 사람들이 여호와의 궤를 들여다 본 까닭에 그들을 치사 (오만) 칠십 명을 죽이신지라 여호와께서 백성을 쳐서 크게 살륙하셨으므로 백성이 슬피 울었더라...(6:19-20)

(5장) 이스라엘과의 전쟁에서 승리한 블레셋 군사들은 전리품으로 언약궤를 가져갔습니다. 그러나 하나님의 진노로 재앙이 계속 발생하자 그들은 하나님을 두려워합니다.(1~12절)
(6장) 언약궤를 돌려보내기로 결정한 블레셋은 하나님의 진노와 심판에서 벗어나고자 그들 나름대로 준비한 제사를 하나님께 드립니다.(1~6절) 그들은 재앙의 근원이 하나님인지 아닌지 검증하는 실험을 하는데 하나님은 확실히 그들에게 답을 주셨습니다.(7~12절) 여호와의 언약궤는 스스로의 능력으로 블레셋을 굴복시키고 마침내 벧세메스로 돌아오게 되었고 블레셋 사람들은 속건 제물을 보냈습니다.(13~18절) 그러나 언약궤를 함부로 들여다본 벧세메스 사람들이 하나님의 진노로 죽게 되었습니다.(19~21절) 죽임당한 사람의 수에 대해 사본에 따라 차이가 있는데 벧세메스가 작은 성읍임을 감안하면 70명일 가능성이 높습니다. 거룩하신 하나님을 시험하지 말아야 합니다.

로마서 5장 : 하나님께 불순종한 한 사람 아담의 범죄

- 그러므로 우리가 믿음으로 의롭다 하심을 받았으니 우리 주 예수 그리스도로 말미암아 하나님과 화평을 누리자(1)
- 다만 이뿐 아니라 우리가 환난 중에도 즐거워하나니 이는 환난은 인내를...(3-8)
- 그러므로 한 사람으로 말미암아 죄가 세상에 들어오고 죄로 말미암아 사망이 들어왔나니...(12)
- 이는 죄가 사망 안에서 왕 노릇 한 것 같이 은혜도 또한 의로 말미암아 왕 노릇 하여 우리 주 예수 그리스도로 말미암아 영생에 이르게 하려 함이라(21)

우리는 예수 그리스도로 인하여 하나님과 화평을 누리게 되었습니다.(1절) 성도들은 환난 중에도 미래의 소망으로 인해 즐거워합니다.(2~4절) 소망의 근거는 죄로 인하여 원수가 된 우리들을 향한 하나님의 사랑입니다.(5~11절) 우리는 죄인으로 태어나 죄로 인해 영원히 죽을 수밖에 없는 운명이었으나 사랑으로 율법을 온전히 성취하신 예수 그리스도로 인하여 생명 안에서 왕 노릇 하는 존재가 되었습니다.(12~21절)

예레미야 44장 : 명령을 어기고 애굽으로 간 남은 자의 범죄

- 만군의 여호와 이스라엘의 하나님께서 이와 같이 말씀하시니라 너희가 예루살렘과 유다 모든 성읍에 내린 나의 모든 재난을 보았느니라 보라 오늘 그것들이 황무지가 되었고 사는 사람이 없나니...(2-3)
- 나의 분과 나의 노여움을 쏟아서 유다 성읍들과 예루살렘 거리를 불살랐더니 그것들이 오늘과 같이 폐허와 황무지가 되었느니라(6)
- 내가 예루살렘을 벌한 것 같이 애굽 땅에 사는 자들을 칼과 기근과 전염병으로 벌하리니(13)
- 너희가 분향하여 여호와께 범죄하였으며 여호와의 목소리를 순종하지 아니하고 여호와의 율법과 법규와 여러 증거대로 행하지 아니하였으므로 이 재난이 오늘과 같이 너희에게 일어났느니라(23)
- 보라 내가 유다의 시드기야 왕을 그의 원수 곧 그의 생명을 찾는 바벨론의 느부갓네살 왕의 손에 넘긴 것 같이 애굽의 바로 호브라 왕을 그의 원수들 곧 그의 생명을 찾는 자들의 손에 넘겨주리라 여호와께서 이와 같이 말씀하셨느니라(30)

하나님은 애굽에서도 말씀하십니다.(1~6절) 가지 말라고 한 애굽에 간 것도 문제인데 그곳에서 우상을 만들어 가정에서 분향하고 있습니다.(7~10절) 조국 유다의 멸망을 경험하고서도 여전히 우상숭배의 죄를 범하고 있습니다. 하나님은 애굽으로 이민을 간 유다 백성들에게 그곳은 결코 안전하지 않으며 오히려 심판이 임하게 될 것이라고 말씀하십니다.(11~14절) 그러나 예레미야의 심판 선언에 대해 그들은 귀를 닫았습니다.(15~19절) 예레미야는 우상숭배와 불순종으로 유다가 심판을 받았다는 사실을 언급하며 하나님의 뜻을 거스르며 애굽으로 도피한 자들에게 반드시 심판이 임할 것을 선포합니다.(20~30절)

시편 19편 : 다윗이 가장 경계하는 영역인 고의적 범죄

- 하늘이 하나님의 영광을 선포하고 궁창이 그의 손으로 하신 일을 나타내는도다...(1-4)
- 여호와의 율법은 완전하여 영혼을 소성시키며 여호와의 증거는 확실하여 우둔한 자를 지혜롭게 하며...(7-11)
- 또 주의 종에게 고의로 죄를 짓지 말게 하사 그 죄가 나를 주장하지 못하게 하소서 그리하면 내가 정직하여 큰 죄과에서 벗어나겠나이다...(13-14)

이 세상은 창조주 하나님의 영광을 드러냅니다.(1~6절) 율법은 하나님의 확실한 계시를 나타냅니다.(7~10절) 시인은 하나님 말씀의 유익을 고백하며 용서와 보호를 요청합니다.(11~14절) 시인은 자신의 말과 생각이 하나님 앞에 합당하기를 열망합니다.

하나님은 하나님의 영광을 다른 우상에게 주지 않으십니다. 이스라엘은 하나님의 언약궤를 지키지 못했지만 하나님은 스스로 당신의 영광을 지키셨습니다. 한 때 요하난과 같이 하나님의 말씀을 불신했던 나를 포기하지 않으시는 하나님의 사랑을 평생 찬송하게 하옵소서.

본문 사무엘상 7-8장 | 로마서 6장 | 예레미야 45장 | 시편 20-21편

주제 **전심** (全心, 마음을 오로지 한 일에만 씀)

사람의 아름다움은 마음을 다하는데 있다. 양다리를 걸친 것처럼, 양쪽을 기웃거리는 것처럼 추한 행동은 없다. 오직 믿는 자는 전심을 다하여 하나님을 의지하고 그 뜻을 따르며 사람을 돕고 사랑해야 한다.

사무엘상 7-8장 : 전심으로 여호와께 돌아옴

- 기럇여아림 사람들이 와서 여호와의 궤를 옮겨 산에 사는 아비나답의 집에 들여놓고 그의 아들 엘리아살을 거룩하게 구별하여 여호와의 궤를 지키게 하였더니...(7:1-6)
- 사무엘이 돌을 취하여 미스바와 센 사이에 세워 이르되 여호와께서 여기까지 우리를 도우셨다 하고 그 이름을 에벤에셀이라 하니라(7:12)
- 사무엘이 늙으매 그의 아들들을 이스라엘 사사로 삼으니...(8:1-5)
- 내가 그들을 애굽에서 인도하여 낸 날부터 오늘까지 그들이 모든 행사로 나를 버리고 다른 신들을 섬김 같이 네게도 그리하는도다...(8:8-9)
- 이르되 너희를 다스릴 왕의 제도는 이러하니라 그가 너희 아들들을 데려다가 그의 병거와 말을 어거하게 하리니 그들이 그 병거 앞에서 달릴 것이며...(8:11-17)

(7장) 언약궤가 이스라엘 변방인 기럇여아림에 20년간 머무는 사이 이스라엘 백성들은 여호와를 사모하기 시작하여 이방신을 버리고 회개하게 됩니다.(1~6절) 블레셋은 미스바에 모여 회개하는 이스라엘을 또 침공하지만 하나님은 그의 백성에게 승리를 주십니다.(7~11절) 사무엘은 승리를 기념하여 돌을 세우고 그 이름을 에벤에셀(=하나님이 여기까지 우리를 도우셨다)이라 명명합니다.(12절) 하나님은 사무엘이 다스리는 이스라엘에게 평안을 주십니다.(13~17절)

(8장) 사무엘이 나이가 들고 그의 아들들이 이스라엘의 사사가 되나 아버지의 행위를 따르지 않습니다.(1~3절) 사무엘의 아들들이 판결을 왜곡하자 이스라엘 백성들은 이웃나라처럼 강력한 왕정제도를 요구하였는데 여기에는 하나님의 통치를 거부하고 세상 권력과 힘으로부터 보호받길 원하는 마음이 담겨 있습니다.(4~6절) 결국 하나님은 왕정제도가 갖는 폐해를 감수해야 한다는 것을 말씀하시며 이스라엘 백성들의 요구를 들어주십니다.(7~22절)

로마서 6장 : 전심으로 주 예수와 연합함

- 무릇 그리스도 예수와 합하여 세례를 받은 우리는 그의 죽으심과 합하여 세례를...(3-6)
- 만일 우리가 그리스도와 함께 죽었으면 또한 그와 함께 살 줄을 믿노니...(8-9)
- 그러므로 너희는 죄가 너희 죽을 몸을 지배하지 못하게 하여 몸의 사욕에 순종하지...(12-13)
- 너희 육신이 연약하므로 내가 사람의 예대로 말하노니 전에 너희가 너희 지체를 부정과 불법에 내주어 불법에 이른 것 같이 이제는 너희 지체를 의에게 종으로 내주어 거룩함에 이르라(19)

구원받은 그리스도인은 계속 죄 가운데 살 수 없습니다. 그리스도인은 죄에 대하여 죽은 자입니다.(1~11절) 그리스도인은 세례를 통해 그리스도와 연합하여 완전히 새로운 삶을 사는 존재입니다. 바울은 성도들에게 자신의 몸을 하나님께 의로운 도구로 드리라고 권면합니다.(12~14절) 우리는 더 이상 죄의 종이 아닌 의의 종으로 거룩하게 살아야 합니다.(15~22절) 하나님이 우리에게 그리스도 예수 안에 있는 영생을 선물로 주셨기 때문입니다.(23절)

예레미야 45장 : 전심으로 예레미야를 도움

- 유다의 요시야 왕의 아들 여호야김 넷째 해에 네리야의 아들 바룩이 예레미야가 불러 주는 대로 이 모든 말을 책에 기록하니라 그 때에 선지자 예레미야가 그에게 말하여 이르되...(1-5)

여호와의 말씀이 예레미야의 서기관인 바룩에게 임합니다.(1~2절) 바룩은 예레미야의 선포를 기록으로 남기는 역할을 감당해 왔습니다. 동족의 배척과 핍박으로 얼룩진 예레미야의 사역이었기에 예레미야만큼 바룩도 매우 힘겨운 삶을 견뎌야 했습니다. 그래서 전에 "하나님이 나의 고통에 슬픔을 더하셨고, 피곤하여 평안이 없다"라고 말하기도 했습니다.(3절) 바룩의 탄식을 아시는 하나님은 세운 것을 헐기도 하시고 심은 것을 뽑기도 하신다고 말씀하시며 바룩의 생명을 확실하게 보호해 주실 것을 약속하십니다.(4~5절)

시편 20-21편 : 전심으로 여호와를 의지함

- 환난 날에 여호와께서 네게 응답하시고 야곱의 하나님의 이름이 너를 높이 드시며...(20:1-2)
- 네 마음의 소원대로 허락하시고 네 모든 계획을 이루어 주시기를 원하노라(20:4)
- 여호와께서 자기에게 기름 부음 받은 자를 구원하시는 줄 이제 내가 아노니...(20:6-8)
- 여호와여 왕이 주의 힘으로 말미암아 기뻐하며 주의 구원으로 말미암아 크게...(21:1-7)
- 여호와여 주의 능력으로 높임을 받으소서 우리가 주의 권능을 노래하고 찬송하게 하소서(21:!3)

(20편) 제왕시. 제왕시는 왕을 위한 격려와 기도가 담겨 있습니다. 전쟁을 앞두고 제사를 드릴 때 회중들은 하나님이 왕을 지켜 주시고 승리를 주시기를 소망하며 이 노래를 부릅니다.(1~5절) 백성의 기도와 찬양이 끝나고 나면 왕은 승리를 확신하는 노래로 화답합니다.(6~8절) 다시 회중들이 하나님께서 왕을 구원해 달라고 노래하며 제사가 마무리 됩니다.(9절)
(21편) 제왕시. 왕의 기도에 응답하셔서 구원과 복을 주신 하나님을 찬양합니다.(1~7절) 여호와를 의지하는 왕은 대적을 섬멸하고 하나님의 의를 실현합니다.(8~12절) 마지막으로 다윗은 하나님의 능력과 권능을 찬송합니다.

나의 삶에 죄가 들어올 때마다 미스바의 회개가 끊이지 않기를 소망합니다. 바룩에게 주시는 말씀을 통해 당신의 종을 사랑하며 지키시는 하나님을 봅니다. 믿음을 지키며 살아갈 때에 약속을 주시고 위로하여 주시옵소서.

본문 사무엘상 9장 | 로마서 7장 | 예레미야 46장 | 시편 22편
주제 **목적** (目的, 일을 이루려고 하는 목표나 나아가는 방향)

하나님이 하시는 모든 일에는 목적이 있다. 겉으로 나타난 상황은 일상적인 사건처럼 보여도 그 안에는 더 깊은 하나님의 의도와 이유와 목적이 내재되어 있다. 그러므로 주의 뜻을 찾는 분별함이 필요하다.

사무엘상 9장 : 암나귀를 찾게 하신 목적

- 기스에게 아들이 있으니 그의 이름은 사울이요 준수한 소년이라 이스라엘 자손 중에 그보다 더 준수한 자가 없고 키는 모든 백성보다 어깨 위만큼 더 컸더라...(2-3)
- 사환이 사울에게 다시 대답하여 이르되 보소서 내 손에 은 한 세겔의 사분의 일이 있으니 하나님의 사람에게 드려 우리 길을 가르쳐 달라 하겠나이다 하더라(8)
- 그들이 성읍을 향한 비탈길로 올라가다가 물 길으러 나오는 소녀들을 만나 그들에게 묻되 선견자가 여기 있느냐 하니...(11-12)
- 사무엘이 사울에게 대답하여 이르되 내가 선견자이니라 너는 내 앞서 산당으로 올라가라 너희가 오늘 나와 함께 먹을 것이요 아침에는 내가 너를 보내되 네 마음에 있는 것을 다 네게 말하리라...(19-21)
- 성읍 끝에 이르매 사무엘이 사울에게 이르되 사환에게 우리를 앞서게 하라 하니라 사환이 앞서가므로 또 이르되 너는 이제 잠깐 서 있으라 내가 하나님의 말씀을 네게 들려 주리라...(27)

하나님이 왕정제도를 허락하신 가운데 잃어버린 나귀를 찾던 청년 사울이 사무엘을 만나게 됩니다.(1~14절) 사울은 사무엘을 통해 하나님이 자신을 이스라엘의 왕으로 세우시길 원하신다는 말을 듣게 되고 사울은 자신의 미약함을 겸손하게 고백합니다.(15~24절) 사무엘은 하나님의 뜻을 전하고자 사울을 따로 불러 세웁니다.(25~27절)

로마서 7장 : 율법의 궁극적인 목적

- 형제들아 내가 법 아는 자들에게 말하노니 너희는 그 법이 사람이 살 동안만 그를 주관하는 줄 알지 못하느냐...(1-2)
- 그러므로 내 형제들아 너희도 그리스도의 몸으로 말미암아 율법에 대하여 죽임을 당하였으니 이는 다른 이 곧 죽은 자 가운데서 살아나신 이에게 가서 우리가 하나님을 위하여 열매를 맺게 하려 함이라...(4-6)
- 이로 보건대 율법은 거룩하고 계명도 거룩하고 의로우며 선하도다...(12-13)
- 내가 원하는 바 선은 행하지 아니하고 도리어 원하지 아니하는 바 악을 행하는도다...(19-25)

율법은 사람이 살아 있는 동안에만 그 사람에게 영향을 미칠 수 있습니다. 죽은 사람에게는 율법이 효력을 발휘할 수 없습니다. 예수님이 십자가에서 죽으실 때 우리도 그와 함께 죽었으므로 더 이상 율법이 우리를 다스릴 수 없습니다.(1~6절) 율법 자체는 거룩하며 선하지만 죄가 율법을 통해 역사할 때 오히려 죄가 심화됩니다.(7~13절) 우리가 율법의 선함을 알면서도 원치 않는 악을 행하기 때문입니다.(14~24절) 인간은 선을 원하나 선을 행할 능력이 없습니다. 이 곤고함으로 인해 괴로워하던 중 마침내 예수 그리스도 안에서 소망을 찾게 됩니다.(25절)

예레미야 46장 : 애굽을 멸망시킨 목적

- 애굽에 관한 것이라 곧 유다의 요시야 왕의 아들 여호야김 넷째 해에 유브라데 강 가 갈그미스에서 바벨론의 느부갓네살 왕에게 패한 애굽의 왕 바로느고의 군대에 대한 말씀이라(2)
- 바벨론의 느부갓네살 왕이 와서 애굽 땅을 칠 일에 대하여 선지자 예레미야에게 이르신 여호와의 말씀이라(13)
- 너희 장사들이 쓰러짐은 어찌함이냐 그들이 서지 못함은 여호와께서 그들을 몰아내신 까닭이니라(15)
- 딸 애굽이 수치를 당하여 북쪽 백성의 손에 붙임을 당하리로다...(24-28)

46장-51장은 이스라엘 주변 아홉 나라에 대한 하나님의 심판 메시지입니다. 심판의 말씀은 가장 먼저 애굽을 향합니다.(2절) 아마도 유다 피난민들이 유다 땅에 머무르라는 하나님의 말씀을 무시하고 그리로 도피하였기 때문인 것으로 보입니다. 애굽은 바벨론과의 전쟁에서 패할 것입니다.(갈그미스 전투, 3~12절) 왜냐하면 하나님이 애굽을 대적으로 삼았기 때문입니다. 더 나아가 애굽은 아예 멸망하게 될 것입니다.(바벨론의 이집트 침공, 13~26절) 반면 이스라엘에 대하여는 구원을 약속하십니다.(27~28절)

시편 22편 : 하나님이 침묵하신 목적

- 내 하나님이여 내 하나님이여 어찌 나를 버리셨나이까 어찌 나를 멀리 하여 돕지 아니하시오며 내 신음 소리를 듣지 아니하시나이까 내 하나님이여 내가 낮에도 부르짖고 밤에도 잠잠하지 아니하오나 응답하지 아니하시나이다...(1-2)
- 나는 벌레요 사람이 아니라 사람의 비방거리요 백성의 조롱거리니이다...(6-8)
- 나를 멀리 하지 마옵소서 환난이 가까우나 도울 자 없나이다...(11-20)
- 나라는 여호와의 것이요 여호와는 모든 나라의 주재심이로다(28)

메시아의 고난을 잘 드러내는 비탄시입니다. 다윗은 극심한 고통으로 인한 탄식과 하나님에 대한 신뢰와 간구를 쏟아 놓습니다. 다윗은 조상들에게 응답하셨던 하나님을 추억하며 현재 응답 없는 하나님으로 인해 조롱받는 현실에 대해 탄식합니다.(3~8절) 다윗은 하나님을 향한 신뢰를 고백하며 대적들로 인한 극심한 고통을 호소합니다.(9~18절) 원수로부터의 구원을 간구하며 응답하심에 대한 찬양을 맹세합니다.(19~29절) 훗날 후손들도 이 찬양에 동참하게 될 것입니다.(30~31절)

왕으로 세워지기 전의 사울은 겸손했지만 끝까지 그렇게 하지는 못했습니다. 하나님! 겸손함을 잃지 않게 하옵소서. 하나님이 금하신 애굽이 안전할 리가 없습니다. 불순종한 이스라엘 백성들을 배우지 않게 하시고 나의 판단과 지혜를 내려놓고 하나님의 말씀을 신뢰하게 하옵소서. 선을 원하나 악을 행하는데 더 익숙한 나를 위하여 예수님이 십자가를 지셨으며 이 진리가 나의 유일한 소망임을 고백합니다.

본문 사무엘상 10장 | 로마서 8장 | 예레미야 47장 | 시편 23-24편

주제 **예고** (豫告, 미리 알림)

성경은 왕과 선지자 그리고 사도와 제자가 하나님의 영을 받아 기록한 것이다. 그들은 앞으로 될 일과 변하지 않는 미래의 사실을 예고하였다. 그 예고는 오늘 우리에게도 적용된다.

사무엘상 10장 : 사울이 기업 지도자됨을 예고

- 이에 사무엘이 기름병을 가져다가 사울의 머리에 붓고 입맞추며 이르되 여호와께서 네게 기름을 부으사 그의 기업의 지도자로 삼지 아니하셨느냐...(1-6)
- 너는 나보다 앞서 길갈로 내려가라 내가 네게로 내려가서 번제와 화목제를 드리리니 내가 네게 가서 네가 행할 것을 가르칠 때까지 칠 일 동안 기다리라...(8-10)
- 사울이 그의 숙부에게 말하되 그가 암나귀들을 찾았다고 우리에게 분명히 말하더이다 하고 사무엘이 말하던 나라의 일은 말하지 아니하니라(16)
- 사울도 기브아 자기 집으로 갈 때에 마음이 하나님께 감동된 유력한 자들과...(26-27)

사울은 사무엘 선지자를 통해 기름 부음을 받습니다.(1절) 그리고 하나님이 그를 왕으로 세우심을 보여주는 3가지 징조(①라헬의 묘실 앞에서 만나는 사람을 통해 암나귀를 찾게 되고 ②다볼 상수리 나무에서 세 명의 사람을 만나게 될 것이며 ③여호와의 영이 임함)에 대해 말해 줍니다.(2~6절) 3가지 징조는 그 날 다 성취됩니다.(9절) 사무엘은 민족적인 회개운동의 장소였던 미스바에서 총회를 소집하여 사울이 왕으로 선출된 것에 대해 백성들이 인정하는 과정을 밟습니다.(17~27절)

로마서 8장 : 예수 사랑이 절대적임을 예고

- 그러므로 이제 그리스도 예수 안에 있는 자에게는 결코 정죄함이 없나니...(1-4)
- 육신의 생각은 사망이요 영의 생각은 생명과 평안이니라...(6-7)
- 무릇 하나님의 영으로 인도함을 받는 사람은 곧 하나님의 아들이라...(14-17)
- 그 바라는 것은 피조물도 썩어짐의 종 노릇 한 데서 해방되어 하나님의 자녀들의 영광의 자유에 이르는 것이니라(21)
- 그뿐 아니라 또한 우리 곧 성령의 처음 익은 열매를 받은 우리까지도 속으로 탄식하여 양자 될 것 곧 우리 몸의 속량을 기다리느니라(23)
- 자기 아들을 아끼지 아니하시고 우리 모든 사람을 위하여 내주신 이가 어찌 그 아들과 함께 모든 것을 우리에게 주시지 아니하겠느냐(32)
- 그러나 이 모든 일에 우리를 사랑하시는 이로 말미암아 우리가 넉넉히 이기느니라(37)

선을 원하나 선을 행할 능력이 없음을 처절하게 경험한 사람들은 그리스도 예수 안에 있는 자에게 정죄함이 없음을, 생명의 성령의 법이 주는 참 자유를 맛보게 됩니다.(1~2절) 율법이 할 수 없는 일을 하나님이 하셨습니다.(3~4절) 우리의 죽을 몸을 살리신 성령이 임하시면 성령을 따르며 성령의 일을 생각하게 됩니다.(5~11절) 하나님의 영의 인도를 받는 사람은 양자의 영을 받아 영광스런 하나님의 자녀가 되었기에 고난을 감내합니다.(12~18절) 죄로 인하여 모든 피조물은 저주를 받아 죽음에 이르게 되었기에 모든 피조물들은 탄식하며 주가 오실 날을 기다립니다.(19~25절) 그때까지 성령님은 우리를 위해 말할 수 없는 탄식으로 간구하시며 부름 받은 자녀들의 모든 일이 합력하여 선이 되게 하십니다.(26~30절) 아들까지 아끼지 아니하시고 우리에게 내어주신 하나님은 성도의 의로움을 선언하셨습니다.(31~34절) 누가 하나님의 사랑에서 우리를 끊을 수 있겠습니까.(35~39절)

예레미야 47장 : 블레셋 사람이 유린됨을 예고

- 바로가 가사를 치기 전에 블레셋 사람에 대하여 선지자 예레미야에게 임한...(1-2)
- 이는 블레셋 사람을 유린하시며 두로와 시돈에 남아 있는 바 도와 줄 자를 다 끊어 버리시는 날이 올 것임이라 여호와께서 갑돌 섬에 남아 있는 블레셋 사람을 유린하시리라(4)
- 여호와께서 이를 명령하셨은즉 어떻게 잠잠하며 쉬겠느냐 아스글론과 해변을 치려 하여 그가 정하셨느니라 하니라(7)

이스라엘의 주변 민족에 대한 두 번째 심판 메시지는 블레셋을 향합니다.(1절) 블레셋은 바벨론에 의해 철저히 유린당하게 될 것입니다.(2~5절) 블레셋을 유린할 바벨론은 여호와의 심판의 칼입니다.(6~7절)

시편 23-24편 : 목자 삼는 자가 축복됨을 예고

- 여호와는 나의 목자시니 내게 부족함이 없으리로다...(23:1-6)
- 땅과 거기에 충만한 것과 세계와 그 가운데에 사는 자들은 다 여호와의 것이로다(24:1)
- 여호와의 산에 오를 자가 누구며 그의 거룩한 곳에 설 자가 누구인가...(24:3-5)
- 문들아 너희 머리를 들지어다 영원한 문들아 들릴지어다 영광의 왕이...(24:7-8)

(23편) 우리의 목자 되신 하나님은 우리의 필요를 공급하시며 돌보십니다.(1~2절) 우리의 인생은 결코 평탄하지 않으며 때로는 죽음의 골짜기도 지나야 하지만 그 여정에 우리를 인도하시고 보호하시는 선한 목자가 함께 하십니다.(3~4절) 우리를 환대하시고 우리의 원수를 물리쳐 주시는 목자의 선하심과 인자하심은 영원히 우리를 따를 것입니다.(5~6절)
(24편) 24편은 다윗이 언약궤를 예루살렘으로 옮길 때 지은 시로 알려져 있습니다. 우리가 사는 세계는 창조주 하나님의 소유입니다.(1~2절) 하나님은 내·외적으로 정결하고 뜻을 허탄한 데 두지 않으며 거짓 맹세를 하지 않는 사람을 찾으십니다.(3~6절) 우리 하나님은 강하고 능하시며 전쟁의 주권자이신 영광의 왕이십니다.(7~10절)

하나님의 영이 임하여 예수 그리스도를 구주로 고백하게 되었고 나를 얽매고 있던 모든 무거운 죄와 저주와 죽음에서 자유케 되었습니다. 나를 하나님의 사랑에서 끊을 수 있는 것은 없습니다. 푸른 풀밭, 맑은 물가로 인도하시는 선한 목자는 내게 부족함이 없으십니다.

본문 사무엘상 11장 | 로마서 9장 | 예레미야 48장 | 시편 25편
주제 **수치** (羞恥, 창피하고 부끄러움)

성경은 수치에 대해 여러 종류를 언급한다. 일시적 수치와 영원한 수치, 육체적 수치와 영적 수치, 개인적 수치와 국가적 수치 등이다. 믿는 자는 말씀 안에서 살아감으로 아버지의 영광에 이르러야 한다.

사무엘상 11장 : 오만했던 암몬사람 나하스가 수치를 당함

- 암몬 사람 나하스가 올라와서 길르앗 야베스에 맞서 진 치매 야베스 모든 사람들이 나하스에게 이르되 우리와 언약하자 그리하면 우리가 너를 섬기리라 하니...(1-4)
- 사울이 이 말을 들을 때에 하나님의 영에게 크게 감동되매 그의 노가 크게 일어나...(6-7)
- 무리가 와 있는 전령들에게 이르되 너희는 길르앗 야베스 사람에게 이같이 이르기를...(9-11)
- 사울이 이르되 이 날에는 사람을 죽이지 못하리니 여호와께서 오늘 이스라엘 중에...(13-15)

사울의 리더십에 대해 의구심을 갖는 사람들이 일부 있었습니다.(10:27) 마침 암몬 족속이 침략하여 길르앗 야베스를 점령하는 사건이 발생하였는데 사울이 즉각 이스라엘 각 지파를 소집하여 암몬과의 전투에서 승리함으로써 모든 백성으로부터 인정을 받게 되었습니다.(1~15절)

로마서 9장 : 율법을 좇는 이스라엘 사람이 수치를 당함

- 내가 그리스도 안에서 참말을 하고 거짓말을 아니하노라 나에게 큰 근심이 있는 것과...(1-5)
- 곧 육신의 자녀가 하나님의 자녀가 아니요 오직 약속의 자녀가 씨로 여기심을 받느니라(8)
- 그 자식들이 아직 나지도 아니하고 무슨 선이나 악을 행하지 아니한 때에 택하심을...(11-13)
- 그런즉 하나님께서 하고자 하시는 자를 긍휼히 여기시고 하고자 하시는 자를 완악하게 하시느니라(18)
- 만일 하나님이 그의 진노를 보이시고 그의 능력을 알게 하고자 하사 멸하기로...(22-24)
- 그런즉 우리가 무슨 말을 하리요 의를 따르지 아니한 이방인들이 의를 얻었으니...(30-32)

아들을 아끼지 않으시고 우리에게 내어주신 하나님의 참사랑을 알지 못하는 동족 유대인으로 인해 바울은 괴로워합니다.(1~3절) 바울은 하나님이 이삭과 야곱을 선택하셨음을 언급하면서 구원은 우리의 이해를 초월하는 하나님의 주권적 선택이라는 사실을 설명합니다.(6~13절) 우리는 하나님이 나를 주권적으로 선택해 주셨음으로 인해 깊이 감사하며 신실함으로 응답해야 할 것입니다. 바울은 구원에 대해 사람의 의지나 노력이 아닌 긍휼히 여겨주시는 하나님께 달려 있음을 강조합니다.(14~16절) 누구는 긍휼히 여기시고 누구는 완악하게 하시는 하나님은 과연 공평하신가라는 의문에 대해 바울은 진노의 그릇(=멸망당할 사람)에 대해서도 오래 참으심으로 관용하시는 하나님이심을 강조합니다.(17~24절) 우리가 다 이해하지 못해도 분명한 것 한 가지는 하나님이 결코 불의하시지 않다는 것입니다. 하나님은 이방인도 자기 백성으로 삼으시며 이스라엘의 남은 자를 구원하십니다.(25~29절) 이스라엘 백성이든 이방인이든 동일하게 행위가 아닌 믿음으로 의롭다 함을 얻습니다.(30~33절)

예레미야 48장 : 그모스를 좇는 교만한 모압이 수치를 당함

- 모압에 관한 것이라 만군의 여호와 이스라엘의 하나님께서 이와 같이 말씀하시되...(1-4)
- 여호와의 일을 게을리 하는 자는 저주를 받을 것이요 자기 칼을 금하여 피를 흘리지 아니하는 자도 저주를 받을 것이로다(10)
- 모압이 패하여 수치를 받나니 너희는 울면서 부르짖으며 아르논 가에서 이르기를...(20)
- 모압으로 취하게 할지어다 이는 그가 여호와에 대하여 교만함이라 그가 그 토한 것에서 뒹굴므로 조롱거리가 되리로다(26)
- 기쁨과 환희가 옥토와 모압 땅에서 빼앗겼도다 내가 포도주 틀에 포도주가...(33)
- 모압이 여호와를 거슬러 자만하였으므로 멸망하고 다시 나라를 이루지 못하리로다(42)

모압을 향한 심판 메시지입니다. 모압은 유다와 동맹을 맺고 바벨론에 저항했던 민족입니다. 그러나 결국 바벨론에 의해 멸망당합니다.(1~10절) 모압의 신 그모스는 바벨론으로부터 모압을 지켜 줄 수 없으며(11~13절) 모압은 철저히 파괴될 것이기에 탄식하며 슬퍼하라고 명합니다.(14~25절) 경제적인 풍요와 튼튼한 성읍으로 인해 교만했던 모압은 결국 최후를 맞게 되었습니다.(26~35절) 그러나 하나님은 모압의 멸망을 보시며 아파하십니다.(36~39절) 42절 말씀처럼 모압은 다시는 나라를 이루지 못했지만 하나님은 모압의 포로들이 다시 귀환하게 될 것을 약속하십니다.(40~47절)

시편 25편 : 여호와께 피하지 않는 자가 수치를 당함

- 나의 하나님이여 내가 주께 의지하였사오니 나를 부끄럽지 않게 하시고 나의 원수들이 나를 이겨 개가를 부르지 못하게 하소서...(2-3)
- 여호와여 내 젊은 시절의 죄와 허물을 기억하지 마시고 주의 인자하심을 따라 주께서...(7)
- 여호와의 친밀하심이 그를 경외하는 자들에게 있음이여 그의 언약을 그들에게...(14)
- 주여 나는 외롭고 괴로우니 내게 돌이키사 나에게 은혜를 베푸소서...(16-18)
- 내 영혼을 지켜 나를 구원하소서 내가 주께 피하오니 수치를 당하지 않게 하소서...(20-21)

7절은 이 시가 다윗 인생의 후반부에 쓰여 졌음을 암시합니다. 원수들로 인해 고통을 당하는 상황에서도 다윗은 주의 도를 따르며 주께서 가르치시고 교훈하여 주시기를 기도합니다.(1~7절) 그는 주의 선하심과 주의 가르치심에 대해 확신하며 죄 용서를 위한 기도를 드립니다.(8~11절) 시인은 여호와를 경외하는 자에게 주실 응답을 확신하며 환난에서 벗어나고, 죄가 사하여지며, 수치를 당하지 않으며, 보호받기를 기도합니다.(12~22절)

하나님의 긍휼과 공의 그리고 주권의 완전함을 믿습니다. 언제 어디서든 나에게 주의 도를 가르치시고 바른 길을 가게 하옵소서. 모압 백성들처럼 이 땅에서 이루어 놓은 것에 나의 현재와 미래를 의뢰하지 않게 하시고 완전하신 하나님만 의뢰하게 하옵소서.

본문 사무엘상 12장 | 로마서 10장 | 예레미야 49장 | 시편 26-27편
주제 **참 길** (하나님이 자기 백성에게 가르쳐 주신 구원의 길)

하나님은 자신의 형상을 따라 지음 받은 사람에게 창세로부터 지금까지 참 길을 가르쳐 주셨다. 하지만 인간은 불순종의 길을 간다. 이에 하나님은 참 길을 걸어가는 자들을 통해 교훈하시고 다시 구원하신다.

사무엘상 12장 : 사무엘이 이스라엘에게 가르쳐 준 참 길

- 내가 여기 있나니 여호와 앞과 그의 기름 부음을 받은 자 앞에서 내게 대하여 증언하라 내가 누구의 소를 빼앗았느냐 누구의 나귀를 빼앗았느냐 누구를 속였느냐...(3-4)
- 그런즉 가만히 서 있으라 여호와께서 너희와 너희 조상들에게 행하신 모든 공의로운 일에 대하여 내가 여호와 앞에서 너희와 담론하리라...(7-15)
- 오늘은 밀 베는 때가 아니냐 내가 여호와께 아뢰리니 여호와께서 우레와 비를 보내사 너희가 왕을 구한 일 곧 여호와의 목전에서 범한 죄악이 큼을 너희에게 밝히 알게 하시리라...(17-19)
- 돌아서서 유익하게도 못하며 구원하지도 못하는 헛된 것을 따르지 말라...(21-24)

사울을 왕으로 세운 후 사무엘 선지자는 마지막 사사로서 자신의 통치를 뒤돌아봅니다. 그는 하나님의 공의와 은혜로 백성들을 통치했습니다.(1~5절) 비록 왕이 다스리는 나라가 되었지만 이스라엘의 진정한 왕은 여호와 하나님이심을 지나온 역사를 언급하며 강조합니다.(6~15절) 그는 하나님을 거부하고 이웃 나라와 같이 인간 왕을 요구한 이스라엘 백성들의 죄가 얼마나 큰지를 알려 주었고 이 말을 들은 이스라엘 백성들은 그 일에 대해 회개합니다.(16~21절) 사무엘은 기도 쉬는 죄를 범하지 않을 것을 약속하며 마지막으로 마음을 다하여 여호와를 섬길 것을 주문합니다.(22~25절)

로마서 10장 : 바울이 이스라엘에게 가르쳐 준 참 길

- 형제들아 내 마음에 원하는 바와 하나님께 구하는 바는 이스라엘을 위함이니...(1-4)
- 그러면 무엇을 말하느냐 말씀이 네게 가까워 네 입에 있으며 네 마음에 있다 하였으니...(8-10)
- 누구든지 주의 이름을 부르는 자는 구원을 받으리라 ...(13-15)
- 그러므로 믿음은 들음에서 나며 들음은 그리스도의 말씀으로 말미암았느니라(17)
- 이스라엘에 대하여 이르되 순종하지 아니하고 거슬러 말하는 백성에게 내가 종일 내 손을 벌렸노라 하였느니라(21)

유대인들은 자신들의 행위로 의에 이를 수 있다는 잘못된 믿음을 가지고 있습니다. 바울은 예수님이 율법의 마침이라고 선언합니다.(1~4절) 모세의 율법을 완성하신 예수 그리스도를 믿음으로 하나님의 의가 우리에게 주어졌습니다.(5~9절) 그리스도를 믿는 자는 누구든지 구원을 받습니다.(10~13절) 하나님은 이스라엘 백성들에게 선지자도 보내시고 그리스도도 보내셨지만 그들은 신뢰하지 않았습니다.(14~18절) 하나님은 듣지 않는 이스라엘 백성들을 대신하여 이방인들을 부르셨습니다.(19~20절) 하나님은 듣지도 믿지도 않는 이스라엘 백성들에게 온종일 손을 내미시는 분, 즉 끝까지 신실하신 분이십니다.(21절)

예레미야 49장 : 예레미야가 암몬 에돔 엘람에게 전한 참 길

- 여호와의 말씀이니라 그러므로 보라 날이 이르리니 내가 전쟁 소리로 암몬 자손의...(2-5)
- 여호와의 말씀이니라 내가 나를 두고 맹세하노니 보스라가 놀램과 치욕거리와 황폐함과 저줏거리가 될 것이요 그 모든 성읍이 영원히 황폐하리라 하시니라(13)
- 그런즉 에돔에 대한 여호와의 의도와 데만 주민에 대하여 결심하신 여호와의 계획을...(20)
- 하솔은 큰 뱀의 거처가 되어 영원히 황폐하리니 거기 사는 사람이나 그 가운데에 머물러 사는 사람이 아무도 없게 되리라 하시니라(33)
- 만군의 여호와가 이같이 말하노라 보라 내가 엘람의 힘의 으뜸가는 활을 꺾을...(35-37)

49장은 암몬, 에돔, 다메섹, 게달과 하솔, 엘람에 관한 심판에 대한 메시지가 열거되어 있습니다. 암몬은 사사 입다 시절 그리고 사울 왕 시절 이스라엘을 침략한 적이 있습니다. 다윗왕 때에는 다윗에게 정복당하기도 했습니다. 한 때 바벨론을 도와 유다를 공격하기도 했던 암몬은 결국 바벨론에 의해 패망하게 됩니다.(1~6절) 그러나 그들은 때가 되면 이스라엘 백성들처럼 다시 돌아오게 될 것입니다. 하나님은 에돔에 대해서도 철저히 파괴될 것이며 그로 인해 주변 나라 백성들로부터 조롱을 당하게 될 것을 말씀하십니다.(7~22절) 바벨론 중심의 국제 질서가 형성되는 과정에서 다메섹, 게달과 하솔, 엘람 등은 저항하다가 비극적 운명을 맞이하게 될 것입니다.(23~39절)

시편 26-27편 : 다윗이 경험하고 고백한 신앙적인 참 길

- 주의 인자하심이 내 목전에 있나이다 내가 주의 진리 중에 행하여...(26:3-8)
- 내 발이 평탄한 데에 섰사오니 무리 가운데에서 여호와를 송축하리이다(26:12)
- 여호와는 나의 빛이요 나의 구원이시니 내가 누구를 두려워하리요 여호와는 내 생명의 능력이시니 내가 누구를 무서워하리요(27:1)
- 주의 얼굴을 내게서 숨기지 마시고 주의 종을 노하여 버리지 마소서 주는 나의 도움이 되셨나이다 나의 구원의 하나님이시여 나를 버리지 마시고 떠나지 마소서(27:9)
- 내가 산 자들의 땅에서 여호와의 선하심을 보게 될 줄 확실히 믿었도다(27:13)

(26편) 생명의 위협을 받는 상황에 놓인 다윗은 나를 '판단하소서'라고 간구하며 자신의 무죄함을 호소합니다.(1~3절) 그는 언약의 말씀 앞에서 늘 살았으며 악을 미워하고 거룩한 예배자로서 살아왔습니다.(4~8절) 그는 악인과 자신을 비교하면서 자신을 구원해 달라고 간구하며 여호와를 송축할 것을 약속합니다.(9~12절)
(27편) 사방이 대적들로 둘러싸인 상황이지만 다윗은 하나님을 향해 신뢰를 고백합니다.(1~3절) 그는 고난 가운데에서도 하나님의 임재와 하나님과의 교제를 갈망합니다.(4~6절) 절망적인 상황에서 건져주시길 간구합니다.(7~14절) '버리지 마소서', '떠나지 마소서'라는 간구는 그가 처한 상황의 절박함을 보여 줍니다. 그는 하나님의 선하심을 보게 될 것을 확신합니다.(13절)

구원과 심판의 전적인 주권은 오직 하나님께 있습니다. 인간의 불순종과 죄에도 불구하고 구원의 역사를 이루신 하나님의 놀라운 섭리를 찬양합니다. 의인의 기도를 들으시는 주님! 고난당할 때 하나님이 응답하시는 의로운 자가 되게 하시고 사무엘의 고백처럼 일평생 기도를 멈추지 않게 하옵소서.

본문 사무엘상 13장 | 로마서 11장 | 예레미야 50장 | 시편 28-29편

주제 **주권** (主權, 하나님이 통치하시는 절대적인 권세)

창조주 하나님은 만물을 주관하시는 주권을 갖고 계신다. 그 주권으로 만물과 인생을 구원하시며 심판하신다. 그 주권은 선지자들과 제자들에게 일시적으로 주어졌으며 예수 그리스도에게 영원히 이양되었다.

사무엘상 13장 : 사무엘에게 주어진 제사 집례의 주권

- 사울이 왕이 될 때에 사십 세라 그가 이스라엘을 다스린 지 이 년에...(1-2)
- 온 이스라엘이 사울이 블레셋 사람들의 수비대를 친 것과 이스라엘이 블레셋 사람들의 미움을 받게 되었다 함을 듣고 그 백성이 길갈로 모여 사울을 따르니라(4)
- 이스라엘 사람들이 위급함을 보고 절박하여 굴과 수풀과 바위 틈과 은밀한 곳과...(6-15)
- 싸우는 날에 사울과 요나단과 함께 한 백성의 손에는 칼이나 창이 없고 오직 사울과 그의 아들 요나단에게만 있었더라...(22-23)

블레셋과 전쟁에서 전황이 불리해진 이스라엘은 사무엘 선지자 주관으로 승전 기원 제사를 계획합니다.(1~7절) 그러나 사무엘의 도착이 지연되자 초조함을 이기지 못한 사울 왕은 제사를 자신이 집전하는 큰 죄를 범하게 됩니다.(8~12절) 사무엘은 사울 왕을 크게 책망하고 떠났으며 사울 왕 곁에는 고작 600명의 군사만 남았습니다.(13~18절) 아직 철기문화를 접하지 못한 이스라엘 군대의 무기 상태는 매우 열악했습니다.(19~23절)

로마서 11장 : 여호와 하나님께 있는 영혼 구원의 주권

- 그러므로 내가 말하노니 하나님이 자기 백성을 버리셨느냐 그럴 수 없느니라 나도 이스라엘인이요 아브라함의 씨에서 난 자요 베냐민 지파라(1)
- 그에게 하신 대답이 무엇이냐 내가 나를 위하여 바알에게 무릎을 꿇지 아니한 사람...(4-5)
- 또한 가지 얼마가 꺾이었는데 돌감람나무인 네가 그들 중에 접붙임이 되어...(17-21)
- 하나님의 은사와 부르심에는 후회하심이 없느니라...(29-33)
- 이는 만물이 주에게서 나오고 주로 말미암고 주에게로 돌아감이라 그에게 영광이 세세에 있을지어다 아멘(36)

바울은 하나님이 유대인을 포기하지 않으신다고 주장합니다. 근거는 변화된 자기 자신과 바알에게 무릎 꿇지 않은 7,000명의 사람들과 같이 하나님이 은혜로 택하셔서 남겨 놓은 자의 존재입니다.(1~6절) 하지만 우둔한 유대인들은 여전히 율법과 행위를 통해 하나님께 나아가려 합니다.(7~10절) 비록 예수 그리스도를 통한 구원의 역사를 받아들이지 않는 이스라엘이지만 바울은 그들이 회복 불능의 상태는 아니라고 말합니다.(11~12, 15절) 오히려 그들의 넘어짐을 통해 하나님은 이방인의 구원이라는 새 역사를 이루셨습니다.(13~14절) 바울은 감람나무 비유를 통해 유대인이라도 믿지 않으면 꺾이게 되고 이방인이라도 믿으면 접붙인 가지가 된다고 설명합니다.(17~24절) 가지(=이방인 그리스도인)가 참 감람나무에 접붙여 지는데 있어서 가지가 기여한 것은 아무것도 없으며 가지 입장에서는 오직 은혜입니다. 이제 교회(=이방인을 포함한 그리스도인)는 새로운 이스라엘이 되었습니다.(25~29절) 이스라엘의 불순종으로 인해 이방인들에게 하나님의 긍휼이 임했다면 하나님은 이스라엘 역시 긍휼히 여기실 것입니다.(30~32절) 유대인과 이방인을 차별하지 않고 구원하시는 하나님의 지혜와 지식은 깊고 오묘합니다.(33~36절)

예레미야 50장 : 교만한 바벨론을 심판하시는 주권

- 너희는 나라들 가운데에 전파하라 공포하라 깃발을 세우라 숨김이 없이 공포하여...(2-5)
- 여호와의 진노로 말미암아 주민이 없어 완전히 황무지가 될 것이라...(13-15)
- 온 세계의 망치가 어찌 그리 꺾여 부서졌는고 바벨론이 어찌 그리 나라들 가운데에 황무지가 되었는고(23)
- 활 쏘는 자를 바벨론에 소집하라 활을 당기는 자여 그 사면으로 진을 쳐서 피하는 자가 없게 하라 그가 일한 대로 갚고 그가 행한 대로 그에게 갚으라 그가 이스라엘의 거룩한 자...(29)
- 여호와의 말씀이니라 칼이 갈대아인의 위에와 바벨론 주민의 위에와 그 고관들과 지혜로운 자의 위에 떨어지리라(35)

하나님의 심판의 도구였던 바벨론 역시 심판의 대상이 되었습니다.(1~3절) 바벨론에 대한 심판은 이스라엘의 회복과 연관되어 있습니다.(4~8절) 지금까지의 승리를 자신들의 힘으로 이룬 것으로 착각하여 교만해진 바벨론은 하나님을 멸시하기에 이릅니다.(예: 예루살렘 성전기물을 술잔으로 사용, 단 5장) 하나님은 바벨론을 심판하고 이스라엘을 회복하실 것입니다.(9~20절) 바벨론의 대적이 되기로 작정하신 하나님은 바벨론을 진멸하라고 명령하십니다.(21~32절) 하나님은 칼과 가뭄이라는 재앙을 준비하셨는데 칼의 역할은 북방의 군대(=바사 곧 페르시아)에게 맡기십니다.(33~46절)

시편 28-29편 : 의인과 악인을 보시고 다스리시는 주권

- 내가 주의 지성소를 향하여 나의 손을 들고 주께 부르짖을 때에 나의 간구하는 소리를 들으소서...(28:2-7)
- 여호와의 소리가 물 위에 있도다 영광의 하나님이 우렛소리를 내시니 여호와는 많은 물 위에 계시도다...(29:3-9)

(28편) 절망 속에서 우리가 의뢰할 분은 결국 반석이시며 구원이신 하나님 밖에 없습니다.(1~2절) 다윗은 악인에 대한 심판과 기도의 응답을 확신하며 찬양합니다.(3~7절) 마지막으로 자신의 힘과 구원이 되시는 하나님이 곧 이스라엘 공동체의 힘과 구원이 되심을 찬양합니다.(8~9절)

(29편) 다윗은 하나님의 백성들에게 하나님의 영광과 능력을 찬송하라고 촉구합니다.(1~2절) 하나님은 당신의 영광과 능력을 수많은 자연현상을 통해 분명히 나타내 보이십니다.(3~9절) 홍수(=혼돈을 의미)를 다스리시는 하나님은 우리 인생 가운데 찾아오는 홍수와 무질서를 다스리시며 평강의 복을 주십니다.(10~11절)

모든 민족의 흥망성쇠는 하나님의 주권에 달려 있습니다. 그 하나님이 유대인의 넘어짐을 통해 이방인 구원의 역사를 이루셨습니다. 나에게 참 감람나무에 접붙임 된 가지가 되는 은혜를 주셨습니다. 나를 향한 놀라운 구원의 역사를 영원토록 찬양할 것입니다.

본문 사무엘상 14장 | 로마서 12장 | 예레미야 51장 | 시편 30편
주제 **합력** (合力, 흩어진 힘을 한 곳으로 모음)

세상은 공중권세 잡은 자에 의해 유혹과 죄가 넘쳐난다. 그러므로 하나님은 믿는 자가 먼저 하나님 자신과 합력하고 더 나아가 성도 상호 간에 합력하여 승리하길 간절히 소망하신다.

사무엘상 14장 : 전쟁에 나갈 때 사울과 무기를 든 자가 합력

- 하루는 사울의 아들 요나단이 자기의 무기를 든 소년에게 이르되 우리가 건너편...(1)
- 아히야는 에봇을 입고 거기 있었으니 그는 이가봇의 형제 아히둡의 아들이요...(3)
- 둘이 다 블레셋 사람들에게 보이매 블레셋 사람이 이르되 보라 히브리 사람이...(11-13)
- 들에 있는 진영과 모든 백성들이 공포에 떨었고 부대와 노략꾼들도 떨었으며...(15)
- 요나단이 이르되 내 아버지께서 이 땅을 곤란하게 하셨도다 보라 내가 이 꿀 조금을...(29-30)
- 사울이 하나님께 묻자오되 내가 블레셋 사람들을 추격하리이까 주께서 그들을...(37)
- 사울이 이스라엘 왕위에 오른 후에 사방에 있는 모든 대적 곧 모압과 암몬 자손과...(47-48)

하나님을 신뢰한 왕자 요나단으로 인해 전세가 거의 기운 블레셋과의 전투에서 이스라엘은 극적인 승리를 하게 됩니다.(1~23절) 전투가 진행되는 중 사울 왕은 군사들에게 금식을 명령하는데 요나단과 그의 군사들은 이 명령을 듣지 못해 허기진 배를 채우게 됩니다.(24~32절) 금식일이 해제되고 제사장 아히야의 주관으로 드린 제사에서 하나님의 응답이 없자 사울은 문제의 근원을 찾던 중 요나단과 일부 군사들이 금식을 어겼다는 사실을 알게 됩니다.(33~42절) 분노한 그는 요나단을 처형하려고 했으나 군사들의 탄원으로 인해 겨우 목숨을 건지게 됩니다.(43~46절) 사울의 잇따른 죄와 실책(=직접 제사 집전, 전투 중 금식명령, 요나단 처형시도 등)에도 불구하고 하나님은 이스라엘을 구원하십니다.(47~52절)

로마서 12장 : 한 몸을 이룬 각 지체가 다른 기능으로 합력

- 그러므로 형제들아 내가 하나님의 모든 자비하심으로 너희를 권하노니 너희 몸을 하나님이 기뻐하시는 거룩한 산 제물로 드리라 이는 너희가 드릴 영적 예배니라...(1-2)
- 우리가 한 몸에 많은 지체를 가졌으나 모든 지체가 같은 기능을 가진 것이 아니니...(4-8)
- 부지런하여 게으르지 말고 열심을 품고 주를 섬기라...(11-12)
- 할 수 있거든 너희로서는 모든 사람과 더불어 화목하라...(18-21)

그리스도 안에서 새로운 존재가 된 우리들은 타락한 세상의 가치관을 따르지 말고 우리 몸을 거룩한 산 제물로 드려야 합니다.(1~2절) 또한 공동체 안에서 하나가 되어야 하며 하나님이 주신 은사를 가지고 주의 몸 된 교회를 건강하게 세워 나가야 합니다.(3~8절) 거짓 없는 사랑으로 선을 추구하고 형제를 사랑하며, 주를 섬기고, 기도하며, 성도를 대접하는 일에 더욱 부지런해야 합니다.(9~13절) 자신을 박해하는 자를 축복하는 것은 그리스도인의 사랑실천의 한 방안입니다.(14, 17, 19~21절) 성도들과 함께 울고 웃으며, 자신을 낮추고, 배우는 자세로 대하며, 화목을 추구하는 것 역시 그리스도인의 새로운 삶의 방식입니다.(15~16, 18절)

예레미야 51장 : 멸망예언에 대해 예레미야와 스라야가 합력

- 여호와께서 이와 같이 말씀하시되 보라 내가 멸망시키는 자의 심령을 부추겨...(1-2)
- 바벨론은 여호와의 손에 잡혀 있어 온 세계가 취하게 하는 금잔이라 뭇 민족이 그 포도주를 마심으로 미쳤도다(7)
- 많은 물 가에 살면서 재물이 많은 자여 네 재물의 한계 곧 네 끝이 왔도다...(13)
- 뭇 백성 곧 메대 사람의 왕들과 그 도백들과 그 모든 태수와 그 관할하는 모든 땅을...(28-29)
- 그 성읍들은 황폐하여 마른 땅과 사막과 사람이 살지 않는 땅이 되었으니 그리로 지나가는 사람이 없도다(43)
- 가령 바벨론이 하늘까지 솟아오른다 하자 높은 곳에 있는 피난처를 요새로...(53)

50장에 이어 바벨론에 대한 심판 메시지가 이어집니다. 하나님은 바사(=페르시아)와 메대(=메디아)의 군대를 통해 바벨론을 심판하실 것입니다.(1~4, 11~14절) 그러므로 이스라엘과 유다 백성들은 바벨론으로부터 탈출해야 합니다.(5~10절) 예전에 바벨론이 예루살렘을 정복했을 때 그들은 그들의 신 마르둑이 유다의 신 여호와를 이겼다고 착각했습니다.(15~19절) 사실은 하나님이 그들을 심판의 도구삼아 예루살렘 정복을 허락하신 것입니다. 바벨론은 하나님이 택한 민족으로 인해 최후를 맞게 될 것인데 그들의 파멸은 이스라엘의 회복을 위한 하나님의 개입이 될 것입니다.(20~40절) 바벨론의 파멸에 관한 소문과 노래가 퍼지고(41~49절), 예레미야는 바벨론의 압제에서 해방될 유다 백성에게 여호와 신앙이 회복될 것을 선포하고(50~53절), 바벨론 사람들은 탄식하게 될 것입니다.(54~58절) 바벨론의 멸망에 관한 예레미야의 메시지는 스라야를 통해 다시 선포될 것입니다.(59~64절)

시편 30편 : 어떤 상황 속에서도 여호와가 다윗에게 합력

- 여호와여 내가 주를 높일 것은 주께서 나를 끌어내사 내 원수로 하여금 나로 말미암아 기뻐하지 못하게 하심이니이다...(1-5)
- 여호와여 내가 주께 부르짖고 여호와께 간구하기를(8)
- 여호와여 들으시고 내게 은혜를 베푸소서 여호와여 나를 돕는 자가 되소서 하였나이다...(10-12)

찬양으로 시작하여 찬양으로 끝나는 30편은 성전봉헌을 위한 노래이면서 동시에 질병에서 고침 받은 다윗의 감사의 고백입니다. 하나님은 질병으로 인해 죽음의 문턱까지 간 다윗을 회복시키시고 다윗의 죽음을 바라는 대적들로 하여금 웃지 못하게 하셨습니다.(1~3절) 하나님의 성품은 성도가 하나님을 찬양해야 하는 이유입니다.(4~5절) 고난 끝에 정상에 오른 다윗은 잠시 교만함으로 인해 하나님의 징계를 경험하게 되었으며 다시 하나님의 은혜를 구하는 자가 되었습니다.(6~10절) 하나님은 그의 기도를 들으사 병을 고치시고 죄를 사하셨으며, 다윗은 하나님을 향한 찬양과 감사를 다짐합니다.(11~12절)

사울의 실책과 불순종에도 불구하고 하나님은 당신의 백성을 지키십니다. 하나님은 진실과 성실로 나의 영혼을 보호하십니다. 한 시대를 주름잡았던 바벨론을 다루시는 하나님의 크신 주권을 보게 하셔서 현 시대에 일어나는 일들로 인해 절망하거나 위축되지 않게 하옵소서. 내 삶이 하나님이 기뻐하시는 거룩한 산제사가 되게 하옵소서.

본문 사무엘상 15장 | 로마서 13장 | 예레미야 52장 | 시편 31편
주제 **행함** (行함, 믿음과 말씀과 정의와 진실은 행할 때 온전해 짐)

창조주이신 하나님의 명령과 계명은 절대적이다. 그리스도인은 고난과 어려움 속에서도 마땅히 하나님의 명령과 계명을 행해야 한다. 그 때 비로소 열매를 맺고 하나님은 영광을 받으신다.

사무엘상 15장 : 사울이 주의 명령을 그릇 행함으로 버림받음

- 만군의 여호와께서 이같이 말씀하시기를 아말렉이 이스라엘에게 행한 일 곧...(2-3)
- 내가 사울을 왕으로 세운 것을 후회하노니 그가 돌이켜서 나를 따르지 아니하며...(11-15)
- 또 여호와께서 왕을 길로 보내시며 이르시기를 가서 죄인 아말렉 사람을 진멸하되...(18-19)
- 사무엘이 사울에게 이르되 나는 왕과 함께 돌아가지 아니하리니 이는 왕이 여호와의 말씀을 버렸으므로 여호와께서 왕을 버려 이스라엘 왕이 되지 못하게 하셨음이니이다 하고(26)
- 사무엘이 죽는 날까지 사울을 다시 가서 보지 아니하였으니 이는 그가 사울을 위하여 슬퍼함이었고 여호와께서는 사울을 이스라엘 왕으로 삼으신 것을 후회하셨더라(35)

하나님은 출애굽한 이스라엘 백성에게 악행을 저질렀던 아말렉 족속에 대해 진멸할 것을 명령하셨는데 사울은 이번에도 하나님의 명령을 어깁니다.(1~9절) 심지어 사울은 자기의 이름을 내는 기념비까지 세웠는데 하나님께 드릴 제물 때문에 하나님의 명령을 어겼다는 그의 주장을 사무엘 선지자는 도무지 용납할 수 없었습니다.(10~21절) 하나님은 제사보다 순종을 원하시며 기뻐하십니다.(22~23절) 결국 하나님은 불순종을 일삼는 사울을 버리셨습니다.(24~35절)

로마서 13장 : 구원의 때에 그리스도인이 단정히 행함

- 각 사람은 위에 있는 권세들에게 복종하라 권세는 하나님으로부터 나지 않음이 없나니 모든 권세는 다 하나님께서 정하신 바라...(1-2)
- 그러므로 복종하지 아니할 수 없으니 진노 때문에 할 것이 아니라 양심을 따라...(5-6)
- 피차 사랑의 빚 외에는 아무에게든지 아무 빚도 지지 말라 남을 사랑하는 자는 율법을...(8-10)
- 밤이 깊고 낮이 가까웠으니 그러므로 우리가 어둠의 일을 벗고 빛의 갑옷을 입자...(12-14)

세속 통치자들이 비록 하나님의 존재를 인정하지 않는다 해도 그리스도인들은 그들의 권세와 역할을 인정하고 따라야 하는 것이 원칙입니다.(1~5절) 참고로 "위에 있는 권세들에게 복종하라"는 구절은 왕권신수설을 주장하는 통치자들의 왕권강화를 위한 근거로 활용되기도 했는데 바르게 활용되려면 먼저 자신의 통치가 하나님의 정의에 부합하는지를 점검해야 합니다. 우리는 기본적으로 정부의 정책에 따르되 하나님의 뜻과 거리가 먼 정책이 있다면 정당한 절차나 선거를 통해 바꾸어 나가야 합니다. 그러므로 그리스도인은 세금이나 각종 조세들을 정당하게 납부함으로 세상의 질서를 지켜 나가는 일에 본을 보여야 합니다.(6~7절) 사랑은 율법의 완성이기에 모든 일을 사랑으로 행해야 하며(8~10절) 마지막 때가 가까이 왔으므로 어둠의 일을 버리고 세상의 빛이 되는 삶을 살아야 합니다.(11~14절)

예레미야 52장 : 시드기야가 여호와 보시기에 악을 행함

- 그가 여호야김의 모든 행위를 본받아 여호와 보시기에 악을 행한지라...(2-3)
- 그 성벽이 파괴되매 모든 군사가 밤중에 그 성에서 나가 두 성벽 사이 왕의 동산...(7-8)
- 바벨론 왕이 시드기야의 아들들을 그의 눈 앞에서 죽이고 또 리블라에서 유다의...(10-11)
- 여호와의 성전과 왕궁을 불사르고 예루살렘의 모든 집과 고관들의 집까지...(13-16)
- 갈대아 사람은 또 여호와의 성전의 두 놋기둥과 받침들과 여호와의 성전의 놋대야를 깨뜨려 그 놋을 바벨론으로 가져갔고...(17-19)

52장은 예루살렘 멸망에 관한 내용입니다. 유다의 마지막 왕 시드기야는 바벨론에게 순복하라는 예레미야의 선포를 무시하고 주변 민족과 연대하여 바벨론에 대항하다가 결국 비참한 최후(=왕자들의 죽음, 두 눈의 상실, 포로로 끌려감)를 맞이하게 됩니다.(1~11절) 바벨론에 의해 예루살렘은 철저히 파괴되고 성전 기물은 물론 예루살렘 성전 기둥까지 약탈당하게 됩니다.(12~23절) 말씀이 사라지고 하나님의 영이 떠난 성전은 더 이상 성전이 아닙니다. 유다 백성들은 총 3차례에 걸쳐 바벨론으로 끌려갔습니다.(24~30절) 예레미야서는 여호야긴 왕의 명예 회복에 관한 말씀으로 끝납니다.(31~34절) 이는 유다의 회복에 관한 복선입니다. 참고로 여호야긴은 유다의 마지막 왕인 시드기야의 바로 직전 왕으로서 8세에 왕위에 올라 100일을 통치하다가 BC 597년 바벨론으로 끌려간 인물입니다. 그가 포로로 끌려간 후 10년 뒤 유다는 완전히 멸망합니다.

시편 31편 : 다윗이 어려운 때에도 기도와 찬송을 행함

- 여호와여 내가 주께 피하오니 나를 영원히 부끄럽게 하지 마시고 주의 공의로 나를 건지소서(1)
- 내가 주의 인자하심을 기뻐하며 즐거워할 것은 주께서 나의 고난을 보시고 환난 중에 있는 내 영혼을 아셨으며...(7-9)
- 여호와여 그러하여도 나는 주께 의지하고 말하기를 주는 내 하나님이시라...(14-17)
- 여호와를 찬송할지어다 견고한 성에서 그의 놀라운 사랑을 내게 보이셨음이로다(21)
- 너희 모든 성도들아 여호와를 사랑하라 여호와께서 진실한 자를 보호하시고...(23-24)

이 시는 다윗이 도피생활을 할 때 쓴 것으로 보입니다. 쫓기는 신세가 된 다윗은 피난처요 산성이 되시는 하나님의 이름을 위해서라도 자신을 지켜 주시길 호소합니다.(1~4절) 다윗은 자신의 고난과 환난을 잘 아시는 하나님을 신뢰하며 그의 생명을 위임합니다.(5~8절) "나의 영을 주의 손에 부탁하나이다"라는 기도는 예수님과 스데반의 기도에서도 동일하게 발견됩니다. 하나님을 신뢰하는 기도를 드렸지만 다윗이 마주한 현실은 육체적 질병과 죽음의 고통입니다.(9~13절) 극한의 현실에도 불구하고 다윗은 하나님을 향한 신뢰의 고백과 구원을 간구합니다.(14~18절) 다윗은 하나님의 구원을 확신하며 감사와 찬양을 드리고 성도들에게는 여호와를 사랑하라고 권면합니다.(19~24절)

사울이나 시드기야는 모두 불순종을 일삼다가 버림받았고 그의 나라는 비극을 경험하게 되었습니다. "순종이 제사보다 낫고 듣는 것이 수양의 기름보다 낫다"는 사무엘 선지자의 말을 마음에 새깁니다. 하나님의 공의가 흐르는 우리나라가 되게 하시고 위정자를 위해 기도하며 건강한 사회를 만드는 일에 앞장서게 하옵소서. 어려운 여건에서도 하나님을 신뢰하는 참 믿음을 갖게 하옵소서.

본문 사무엘상 16장 | 로마서 14장 | 예레미야애가 1장 | 시편 32편

주제 **중심** (中心, 외모와 반대되는 말로 진실한 마음)

하나님은 사람의 겉과 속을 창조해 주셨다. 하나님은 외모의 성결도 보시지만 특히 내면의 중심을 보신다. 그러므로 인간은 하나님의 은혜 안에서 자신이 죄악에 물들지 않도록 끊임없이 관리해야 한다.

사무엘상 16장 : 기름부음을 받는 다윗의 중심

- 여호와께서 사무엘에게 이르시되 내가 이미 사울을 버려 이스라엘 왕이 되지 못하게 하였거늘 네가 그를 위하여 언제까지 슬퍼하겠느냐 너는 뿔에 기름을 채워 가지고 가라 내가 너를 베들레헴 사람 이새에게로 보내리니 이는 내가 그의 아들 중에서 한 왕을 보았느니라 하시는지라...(1-3)
- 이르되 평강을 위함이니라 내가 여호와께 제사하러 왔으니 스스로 성결하게 하고 와서 나와 함께 제사하자 하고 이새와 그의 아들들을 성결하게 하고 제사에 청하니라...(5-7)
- 사울의 신하들이 그에게 이르되 보소서 하나님께서 부리시는 악령이 왕을 번뇌하게 하온즉...(15-18)
- 다윗이 사울에게 이르러 그 앞에 모셔 서매 사울이 그를 크게 사랑하여 자기의 무기를 드는 자로 삼고...(21-23)

사울 왕을 폐하기로 작정하신 하나님은 새로운 왕의 후보를 택하시기 위해 사무엘을 이새의 집으로 보내십니다.(1~3절) 중심을 보시는 하나님에 의해 왕으로 선택받은 다윗은 차기 왕의 후보로 발탁되어 기름부음을 받게 됩니다.(4~13절) 악령으로 인해 고통당하는 사울은 자신을 위한 수금 연주자를 선발하게 되는데 마침 다윗이 선발되면서 그는 왕궁에 입성하게 됩니다.(14~23절)

로마서 14장 : 성령 안에 있는 믿는 자의 중심

- 믿음이 연약한 자를 너희가 받되 그의 의견을 비판하지 말라...(1-3)
- 우리가 살아도 주를 위하여 살고 죽어도 주를 위하여 죽나니 그러므로 사나 죽으나 우리가 주의 것이로다(8)
- 네가 어찌하여 네 형제를 비판하느냐 어찌하여 네 형제를 업신여기느냐 우리가 다 하나님의 심판대 앞에 서리라(10)
- 하나님의 나라는 먹는 것과 마시는 것이 아니요 오직 성령 안에 있는 의와 평강과 희락이라...(17-19)
- 네게 있는 믿음을 하나님 앞에서 스스로 가지고 있으라 자기가 옳다 하는 바로 자기를 정죄하지 아니하는 자는 복이 있도다...(22-23)

종교나 관습은 음식문제에 지대한 영향을 끼칩니다. 교회 공동체의 연합에도 음식은 상당한 영향을 미쳤습니다. 바울은 믿음이 약한 자를 무시하지 말고 강한 자를 비판하지 말라고 권면합니다.(1~6절) 형제를 위해 그리스도께서 대신 죽으셨다는 사실을 기억하면 서로의 다름을 인정하고 공동체를 함께 지켜나갈 수 있습니다.(7~12절) 바울은 본질이 아닌 부수적인 음식문제로 형제를 실족시킨다면 이는 사랑으로 행한 것이 아님을 강조합니다.(13~18절) 교회는 부수적인 문제에 매이지 말고 성령 안에서 의와 평강과 희락을 누려야 합니다. 우리는 공동체의 화평과 덕을 세우는 일에 힘써야 합니다.(19~23절)

예레미야애가 1장 : 울며 회개하는 예레미야의 중심

- 슬프다 이 성이여 전에는 사람들이 많더니 이제는 어찌 그리 적막하게 앉았는고 전에는 열국 중에 크던 자가 이제는 과부 같이 되었고 전에는 열방 중에 공주였던 자가 이제는 강제 노동을 하는 자가 되었도다...(1-5)
- 지나가는 모든 사람들이여 너희에게는 관계가 없는가 나의 고통과 같은 고통이 있는가 볼지어다 여호와께서 그의 진노하신 날에 나를 괴롭게 하신 것이로다(12)
- 여호와는 의로우시도다 그러나 내가 그의 명령을 거역하였도다 너희 모든 백성들아 내 말을 듣고 내 고통을 볼지어다 나의 처녀들과 나의 청년들이 사로잡혀 갔도다(18)
- 여호와여 보시옵소서 내가 환난을 당하여 나의 애를 다 타우고 나의 마음이 상하오니 나의 반역이 심히 큼이니이다 밖에서는 칼이 내 아들을 빼앗아 가고 집 안에서는 죽음 같은 것이 있나이다...(20-22)

예레미야애가는 폐허가 되어 버린 예루살렘에 대한 탄식과 죄인의 돌이킴, 하나님의 무궁한 자비에 관한 내용입니다. 하나님이 떠난 유다는 이전에 누렸던 모든 영광을 잃어버리고 비참한 상태가 되었습니다.(1~4절) 대적들로부터 조롱을 받는 비참한 현실로 인해 유다는 한탄하며 고통 가운데 부르짖습니다.(5~12절) 하나님의 징계로 인한 고통의 멍에를 지게 된 유다를 위로해줄 대상이 없습니다.(13~17절) 지도자들마저 잃고 유다는 탄식하며 기도합니다.(19~22절) 그들에게 심판을 집행하신 하나님은 의로우십니다.(18절)

시편 32편 : 주께 나아가는 경건한 자의 중심

- 허물의 사함을 받고 자신의 죄가 가려진 자는 복이 있도다...(1-2)
- 내가 이르기를 내 허물을 여호와께 자복하리라 하고 주께 내 죄를 아뢰고 내 죄악을 숨기지 아니하였더니 곧 주께서 내 죄악을 사하셨나이다 (셀라)...(5-7)
- 너희는 무지한 말이나 노새 같이 되지 말지어다 그것들은 재갈과 굴레로 단속하지 아니하면 너희에게 가까이 가지 아니하리로다...(9-11)

참회시에 속하지만 주된 내용은 회개 이후의 기쁨과 감사입니다. 시인은 죄에서 돌이킨 후 죄 사함의 기쁨을 노래합니다.(1~2절) 시인이 죄를 숨기려 했을 때는 뼈가 상할 정도로 종일 신음했으나 죄를 자복한 후에는 비로소 죄 사함의 행복을 알게 되었습니다.(3~9절) 죄 사함을 받은 자에게 주의 인자하심이 있으며, 그는 하나님을 기뻐하며 즐거워합니다.(10~11절)

중심을 보시는 하나님! 믿음이 연약한 자를 배려하고 공동체에 덕을 끼치는 하나님 보시기에 아름다운 사람이 되길 소망합니다. 하나님이 사랑과 공의로 행하시는 모든 일에 실수가 없음을 또한 완전함을 고백합니다.

8/25

본문 사무엘상 17장 | 로마서 15장 | 예레미야애가 2장 | 시편 33편

주제 나라 (국민이 주권을 가지고 거주하는 일정한 영토나 그것들의 총체)

하나님은 사람에게 생육하고 번성하여 땅에 충만하라고 축복하셨다. 그 후 이 땅에는 많은 민족과 나라가 세워졌다. 나라의 흥망성쇠는 주의 주권에 달려있다. 이 민족이 주의 주권을 인정하는 복된 나라가 되길 소망한다.

사무엘상 17장 : 만군의 여호와가 세우시는 이스라엘 나라

- 사울과 이스라엘 사람들이 모여서 엘라 골짜기에 진 치고 블레셋 사람들을 대하여 전열을 벌였으니(2)
- 블레셋 사람들의 진영에서 싸움을 돋우는 자가 왔는데 그의 이름은 골리앗이요 가드 사람이라 그의 키는 여섯 규빗 한 뼘이요(4)
- 그가 서서 이스라엘 군대를 향하여 외쳐 이르되 너희가 어찌하여 나와서 전열을...(8-9)
- 그들과 함께 말할 때에 마침 블레셋 사람의 싸움 돋우는 가드 사람 골리앗이라...(23-26)
- 손에 막대기를 가지고 시내에서 매끄러운 돌 다섯을 골라서 자기 목자의 제구...(40-51)
- 사울이 그에게 묻되 소년이여 누구의 아들이냐 하니 다윗이 대답하되...(58)

블레셋의 침략으로 인해 이새의 아들 3명이 참전하게 되고 아버지의 심부름으로 전쟁터에 간 다윗은 40일째 이스라엘을 모욕하고 있는 골리앗을 보게 됩니다.(1~25절) 골리앗을 두고 다윗이 사람들에게 한 말을 들은 형 엘리압은 다윗이 전장의 어려움도 파악 못하고 함부로 말한다고 화를 냅니다.(26~30절) 그러나 아무도 나서지 않는 상황에서 골리앗과 싸우겠다는 다윗의 결단이 왕에게 전달되고 다윗은 자신의 경험을 이야기하며 왕을 설득하여 골리앗과의 싸움을 승인받습니다.(31~40절) 골리앗은 다윗을 우습게 여겼지만 하나님이 함께하신다는 믿음으로 충만한 다윗은 겁 없이 물맷돌을 날려 골리앗을 쓰러뜨림으로써 이스라엘은 큰 승리를 거두게 됩니다.(41~58절)

로마서 15장 : 열방을 구원하여 세우시는 하나님의 나라

- 믿음이 강한 우리는 마땅히 믿음이 약한 자의 약점을 담당하고 자기를 기쁘게 하지...(1-2)
- 무엇이든지 전에 기록된 바는 우리의 교훈을 위하여 기록된 것이니 우리로 하여금...(4-7)
- 또 이사야가 이르되 이새의 뿌리 곧 열방을 다스리기 위하여 일어나시는 이가...(12-14)
- 이제는 이 지방에 일할 곳이 없고 또 여러 해 전부터 언제든지 서바나로 갈 때에..(23-27)
- 형제들아 내가 우리 주 예수 그리스도와 성령의 사랑으로 말미암아 너희를 권하노니...(30-32)

성도는 그리스도를 본받아 이웃을 기쁘게 하며 덕을 세워 하나님께 영광을 돌려야 합니다.(1~7절) 예수님은 유대인으로 오셨지만 이방인(=사마리아 여인, 수로보니게 여인 등)을 용납하셨습니다. 그러므로 예수님을 본받아 유대인과 이방인은 서로를 용납함으로 그리스도 안에서 유대인과 이방인이 하나가 되는 소망을 더욱 충만케 해야 합니다.(8~13절) 이 소망을 이루기 위해 바울은 이방인을 위한 사도로서 성령의 능력으로 복음을 전했는데 그는 복음이 아직 전해지지 않은 곳을 사역지로 선택했습니다.(14~21절) 바울은 마게도냐와 아가야 지방의 교회가 어려움에 처한 예루살렘 교회를 위해 모은 헌금을 가지고 예루살렘으로 가야 합니다.(25~27절) 이후 로마에 잠시 들렀다가 서바나(=스페인)까지 가는 선교비전을 가지고 있음을 언급하며 로마교회가 그 비전에 동참해 주기를 기대하는 마음으로 중보기도를 요청합니다.(23~24, 28~33절)

예레미야애가 2장 : 선택되었으나 하나님의 진노를 받은 나라

- 슬프다 주께서 어찌 그리 진노하사 딸 시온을 구름으로 덮으셨는가 이스라엘의...(1-4)
- 성문이 땅에 묻히며 빗장이 부서져 파괴되고 왕과 지도자들이 율법 없는 이방인들...(9-11)
- 딸 예루살렘이여 내가 무엇으로 네게 증거하며 무엇으로 네게 비유할까 처녀 딸...(13-14)
- 여호와께서 이미 정하신 일을 행하시고 옛날에 명령하신 말씀을 다 이루셨음이여 긍휼히 여기지 아니하시고 무너뜨리사 원수가 너로 말미암아 즐거워하게 하며 네 대적자들의 뿔로 높이 들리게 하셨도다(17)
- 주께서 내 두려운 일들을 사방에서 부르시기를 절기 때 무리를 부름 같이 하셨나이다 여호와께서 진노하시는 날에는 피하거나 남은 자가 없나이다 내가 낳아 기르는 아이들을 내 원수가 다 멸하였나이다(22)

이스라엘의 대적이 되신 하나님은 그들에게 맹렬한 진노를 쏟아 부으십니다.(1~5절) 성전은 무너지고 절기는 폐하여졌으며 예루살렘도 파괴되어 이스라엘은 큰 비탄에 잠기게 됩니다.(6~10절) 예루살렘의 패망으로 인한 눈물에 눈이 상하고 창자가 끊어질 정도로 예레미야는 슬퍼합니다.(11~13절) 예루살렘이 무너진 이유는 거짓 선지자들의 헛되고 어리석은 묵시에 귀를 기울였기 때문입니다.(14~16절) 참 예언자를 통해 이스라엘의 멸망과 심판을 예고하신대로 하나님은 심판을 실행하십니다.(17절) 예레미야는 백성들에게 회개를 촉구하면서 하나님께 자신들의 형편을 살펴 달라고 간청합니다.(18~21절) 하나님은 이스라엘 백성들을 철저하게 심판하셨습니다.(22절)

시편 33편 : 여호와를 자기 하나님으로 삼는 복 있는 나라

- 너희 의인들아 여호와를 즐거워하라 찬송은 정직한 자들이 마땅히 할 바로다(1)
- 새 노래로 그를 노래하며 즐거운 소리로 아름답게 연주할지어다...(3-4)
- 그는 그들 모두의 마음을 지으시며 그들이 하는 일을 굽어살피시는 이로다(15)
- 여호와는 그를 경외하는 자 곧 그의 인자하심을 바라는 자를 살피사...(18-20)

시인은 악기를 연주하며 하나님을 찬양하자고 권합니다.(1~3절) 하나님을 찬양해야 하는 이유는 그가 천지만물을 만드셨으며 세상을 다스리시기 때문입니다.(4~19절) 특별히 하나님의 백성으로 부름받은 사실은 찬양해야 할 가장 큰 이유입니다.(12절) 회중은 시인의 초청에 찬양으로 화답합니다.(20~22절)

좋으신 하나님! 다윗과 같이 하나님이 나와 함께 하신다는 살아있는 믿음의 소유자가 되길 소망합니다. 또한 예수님을 본받아 형제를 용납하고 성령의 능력으로 다름을 극복하고 하나 된 공동체를 이루어가게 하옵소서. 창조주요 통치자이신 하나님의 공의로운 심판은 언제나 옳으십니다.

본문 사무엘상 18장 | 로마서 16장 | 예레미야애가 3장 | 시편 34편
주제 합당 (合當, 꼭 알맞아 타당함)

하나님은 세상을 조화롭고 질서있게 창조하셨다. 그러므로 인간은 세상을 살아갈 때 합당한 일을 해야 한다. 사람을 세우는 일, 남을 추천하는 일, 절망 때 주님께 다가가 경외하는 일은 가장 합당한 일이다.

사무엘상 18장 : 사울이 다윗을 군대의 장으로 세운 것이 합당

- 다윗이 사울에게 말하기를 마치매 요나단의 마음이 다윗의 마음과 하나가 되어 요나단이 그를 자기 생명 같이 사랑하니라(1)
- 요나단은 다윗을 자기 생명 같이 사랑하여 더불어 언약을 맺었으며...(3-5)
- 다윗이 그의 모든 일을 지혜롭게 행하니라 여호와께서 그와 함께 계시니라...(14-17)
- 사울의 딸 미갈이 다윗을 사랑하매 어떤 사람이 사울에게 알린지라 사울이 그 일을...(20-21)
- 사울의 신하들이 이 말을 다윗의 귀에 전하매 다윗이 이르되 왕의 사위 되는 것을 너희는 작은 일로 보느냐 나는 가난하고 천한 사람이라 한지라(23)
- 사울이 이르되 너희는 다윗에게 이같이 말하기를 왕이 아무 것도 원하지 아니하고...(25-30)

사울은 다윗을 군대의 장으로 삼았으며 왕자 요나단과 다윗은 생명을 나눌 수 있는 둘도 없는 친구가 되었습니다.(1~5절) 그런데 백성들의 시선이 다윗을 향하게 되면서 이를 시기한 사울은 다윗을 죽이려는 시도를 하게 됩니다.(6~11절) 하나님이 다윗과 함께 한다는 사실을 알게 된 사울은 그를 두려워하여 천부장(=군대의 지휘관)으로 삼았으며 모든 일을 지혜롭게 행하는 다윗을 백성들은 신뢰하였습니다.(12~16절) 사울은 다윗을 제거하기 위해 딸을 주는 조건으로 블레셋인의 포피 100개를 지참금으로 가져오게 했으나 다윗은 2배인 200개를 가져옵니다.(17~29절) 하나님은 블레셋과의 전투마다 다윗으로 하여금 이기게 하심으로써 그를 더욱 높이십니다.(30절)

로마서 16장 : 충성한 자들을 문안받도록 추천하는 것이 합당

- 내가 겐그레아 교회의 일꾼으로 있는 우리 자매 뵈뵈를 너희에게 추천하노니...(1-7)
- 그리스도 안에서 인정함을 받은 아벨레에게 문안하라 아리스도불로의 권속에게 문안하라(10)
- 주 안에서 수고한 드루배나와 드루보사에게 문안하라 주 안에서 많이 수고하고...(12-13)
- 너희가 거룩하게 입맞춤으로 서로 문안하라 그리스도의 모든 교회가 다 너희에게...(16-19)
- 이 편지를 기록하는 나 더디오도 주 안에서 너희에게 문안하노라...(22-27)

바울은 편지를 마무리하면서 그의 동역자들을 소개하는데 남성들과 함께 여성의 이름도 많이 등장합니다.(1~16절) 다양한 배경을 가진 사람들이지만 그들은 민족과 성별과 신분을 뛰어 넘어 그리스도 안에서 하나가 되어 이 땅에 거룩한 주님의 몸 된 교회를 함께 세워 나갔습니다. 끝으로 구원을 위해 할례와 율법준수를 강조하는 거짓 교사들에 대한 경계와 동역자들의 문안인사, 복음은 모든 민족을 향한 하나님의 계시임을 선언하며 편지를 마칩니다.(17~27절)

예레미야애가 3장 : 절망 때 인자하신 주께 소망을 두는 것이 합당

- 여호와의 분노의 매로 말미암아 고난 당한 자는 나로다...(1-3)
- 활을 당겨 나를 화살의 과녁으로 삼으심이여...(12-14)
- 주께서 내 심령이 평강에서 멀리 떠나게 하시니 내가 복을 내어버렸음이여...(17-18)
- 이것을 내가 내 마음에 담아 두었더니 그것이 오히려 나의 소망이 되었사옴은...(21-26)
- 살아 있는 사람은 자기 죄들 때문에 벌을 받나니 어찌 원망하랴...(39-41)
- 주께서 구름으로 자신을 가리사 기도가 상달되지 못하게 하시고...(44-45)

첫 두 장이 이스라엘이 겪은 심판과 고난이라면 3장은 시인이 겪은 고난입니다.(1~6절) 시인은 사슬에 매였으며 사냥의 대상이자 과녁과 같은 처지가 되었으나 하나님은 그의 기도를 외면하십니다.(7~13절) 그는 조롱거리가 되었고 소망이 끊어진 자같이 되었습니다.(14~18절) 시인은 자신의 고통과 아픔을 기억해 달라고 간구하는데 그는 여호와의 무궁한 인자와 긍휼을 기억하며 다시 소망을 찾습니다.(19~24절) 하나님의 본심은 긍휼이기에 고난 당하는 백성이 해야 할 일은 선하신 하나님의 구원을 기다리는 것입니다.(25~33절) 억울하고 불의한 일을 당할 때에도 공의로 다스리시는 하나님을 바라보아야 합니다.(34~39절) 하나님의 심판으로 패망한 유다로 인해 큰 슬픔에 빠진 시인은 하나님 앞에 진정한 회개로 나아가자고 권합니다.(40~54절) 시인은 자신의 탄식을 들으시며 억울한 고난을 아시는 하나님이 대적들에게 공의의 심판을 행하실 것을 요청합니다.(55~66절)

시편 34편 : 여호와를 경외하는 자가 복을 받는 것이 합당

- 내가 여호와를 항상 송축함이여 내 입술로 항상 주를 찬양하리이다...(1-2)
- 내가 여호와께 간구하매 내게 응답하시고 내 모든 두려움에서 나를 건지셨도다(4)
- 생명을 사모하고 연수를 사랑하여 복 받기를 원하는 사람이 누구뇨...(12-14)
- 의인이 부르짖으매 여호와께서 들으시고 그들의 모든 환난에서 건지셨도다...(17-19)
- 여호와께서 그의 종들의 영혼을 속량하시나니 그에게 피하는 자는 다 벌을 받지 아니하리로다(22)

표제어에 나와 있듯이 다윗이 아비멜렉 앞에서 미친 사람처럼 연기해야 했던 블레셋 망명 시절에 지은 시입니다. 절박한 상황의 다윗이었지만 하나님이 모든 두려움에서 건져 주실 것을 신뢰하며 찬양합니다.(1~3절) 다윗은 과거의 구원 경험을 반복해서 고백하며 하나님을 경외하며 찾는 자가 누릴 복을 선포하고 하나님을 경외하는 방법도 가르칩니다.(4~14절) 하나님은 악인을 심판하시고, 의인(=마음이 상한 자)의 기도에 응답하시며 도우십니다.(15~22절)

다윗은 생명의 위협을 받고 있지만 하나님이 친히 그의 방패가 되어 주십니다. 변치 않는 하나님의 자비와 긍휼은 위기 속에서도 내가 소망을 가질 수 있는 확실한 이유입니다. 언제 어디서나 하나님을 참되게 경외하는 자가 되게 하시고 믿음의 동역자들을 귀하게 여기는 마음을 주시옵소서.

본문 사무엘상 19장 | 고린도전서 1장 | 예레미야애가 4장 | 시편 35편

주제 **영향** (影響, 어떤 사람이나 사물의 효과나 작용이 다른 것에 미치는 일)

사람은 다른 사람이나 환경을 통해 영향을 받기도 하고 주기도 한다. 특히 사람이 보여 준 행동들 즉 사역, 십자가, 찬송, 기도 그리고 범죄가 여러 가지 환경과 더불어 모든 영역에 많은 영향을 끼친다.

사무엘상 19장 : 다윗이 사울과 백성에게 끼친 영향

- 사울이 그의 아들 요나단과 그의 모든 신하에게 다윗을 죽이라 말하였더니 사울의 아들 요나단이 다윗을 심히 좋아하므로...(1-2)
- 요나단이 그의 아버지 사울에게 다윗을 칭찬하여 이르되 원하건대 왕은 신하 다윗에게 범죄하지 마옵소서 그는 왕께 득죄하지 아니하였고 그가 왕께 행한 일은 심히...(4-6)
- 사울이 또 전령들을 보내어 다윗을 보라 하며 이르되 그를 침상째 내게로 들고 오라 내가 그를 죽이리라(15)
- 사울이 미갈에게 이르되 너는 어찌하여 이처럼 나를 속여 내 대적을 놓아 피하게...(17-18)

요나단은 이스라엘을 위해 공헌한 다윗을 죽이는 것은 범죄임을 상기시킴으로써 다윗을 죽이지 않겠다는 사울의 맹세를 이끌어 냅니다.(1~7절) 그러나 사울은 블레셋과의 전쟁에서 연일 활약한 다윗을 또다시 죽이려 했습니다.(8~10절) 다윗은 아내 미갈의 도움과 하나님의 영의 강권으로 사울이 종일 예언하게 된 사건으로 인해 위기에서 벗어나게 됩니다.(11~24절)

고린도전서 1장 : 십자가의 도가 영혼에게 끼친 영향

- 사울이 미갈에게 이르되 너는 어찌하여 이처럼 나를 속여 내 대적을 놓아 피하게 하였느냐 미갈이 사울에게 대답하되 그가 내게 이르기를 나를 놓아 가게 하라 어찌하여 나로 너를 죽이게 하겠느냐 하더이다 하니라...(2-3)
- 형제들아 내가 우리 주 예수 그리스도의 이름으로 너희를 권하노니 모두가 같은 말을 하고 너희 가운데 분쟁이 없이 같은 마음과 같은 뜻으로 온전히 합하라(10)
- 그리스도께서 나를 보내심은 세례를 베풀게 하려 하심이 아니요 오직 복음을 전하게 하려 하심이로되 말의 지혜로 하지 아니함은 그리스도의 십자가가 헛되지 않게 하려 함이라...(17-18)
- 하나님의 지혜에 있어서는 이 세상이 자기 지혜로 하나님을 알지 못하므로...(21-25)

상업이 발달한 타락한 항구도시 고린도에 그리스도인의 공동체가 세워졌습니다.(1~3절) 어느 곳이든 주님의 교회가 필요합니다. 이 공동체는 하나님을 아는 지식과 은사가 충만했고 주의 재림을 사모했습니다.(4~9절) 그러나 분쟁이 있었습니다.(10절) 바울은 특정 인물을 좇아 분파를 형성하지 말고 오직 예수 그리스도의 십자가만 바라보라고 권합니다.(11~17절) 세상에는 구원의 지혜가 없으며 십자가만이 하나님의 지혜요, 구원의 능력이 되기 때문입니다.(18~25절) 세상의 부와 명예와 지혜가 결코 우리를 하나님 앞에 세울 수 없습니다.(26~29절) 약하고 미련한 자를 부르셔서 구원하시는 하나님의 은혜만을 자랑할 뿐입니다.(30~31절)

예레미야애가 4장 : 예루살렘의 죄악이 삶에 끼친 영향

- 슬프다 어찌 그리 금이 빛을 잃고 순금이 변질하였으며 성소의 돌들이 거리 어귀마다 쏟아졌는고...(1-2)
- 딸 내 백성이 멸망할 때에 자비로운 부녀들이 자기들의 손으로 자기들의 자녀들을 삶아 먹었도다(10)
- 그의 선지자들의 죄들과 제사장들의 죄악들 때문이니 그들이 성읍 안에서 의인들의 피를 흘렸도다(13)
- 우리가 헛되이 도움을 바라므로 우리의 눈이 상함이여 우리를 구원하지 못할 나라를 바라보고 바라보았도다(17)
- 딸 시온아 네 죄악의 형벌이 다하였으니 주께서 다시는 너로 사로잡혀 가지 아니하게 하시리로다 딸 에돔아 주께서 네 죄악을 벌하시며 네 허물을 드러내시리로다(22)

예레미야는 폐허가 된 예루살렘에 남아 있는 자들의 비참한 현실을 보며 탄식합니다.(1~10절) 예루살렘이 이렇게 비참한 처지가 된 것은 그들의 죄가 소돔보다 더 무거웠기 때문입니다. 특히 불의를 일삼는 종교 지도자들의 죄와 하나님을 버리고 이방 나라를 더 의지하는 이스라엘의 죄 때문입니다.(11~20절) 그러나 갑자기 분위기가 바뀌어 에돔에 대한 심판 선언과 함께 시온의 죄에 대한 형벌이 끝나고 회복될 것을 말씀하십니다.(21~22절)

시편 35편 : 기도와 찬송이 다윗에게 끼친 영향

- 여호와여 나와 다투는 자와 다투시고 나와 싸우는 자와 싸우소서...(1-3)
- 내 영혼이 여호와를 즐거워함이여 그의 구원을 기뻐하리로다...(9-16)
- 부당하게 나의 원수된 자가 나로 말미암아 기뻐하지 못하게 하시며 까닭 없이 나를 미워하는 자들이 서로 눈짓하지 못하게 하소서...(19-21)
- 여호와 나의 하나님이여 주의 공의대로 나를 판단하사 그들이 나로 말미암아 기뻐하지 못하게 하소서(24)
- 나의 재난을 기뻐하는 자들이 함께 부끄러워 낭패를 당하게 하시며 나를 향하여 스스로 뽐내는 자들이 수치와 욕을 당하게 하소서(26)

극한의 위기에 놓인 다윗은 자기의 원수와 싸워달라고 하나님께 호소합니다.(1~3절) 그런데 대적을 심판하여 주시길 간구하던 다윗은 갑자기 구원의 하나님을 찬양합니다.(4~10절) 기도하는 가운데 확신이 찾아오고 찬양도 회복됩니다. 대적들의 비방과 모함에 대해 억울함을 호소하던 다윗은 이번에도 감사 찬송을 드립니다.(11~18절) 이는 하나님의 구원에 대한 확신의 표현입니다. 그는 거짓 모략으로 공격하는 자들에 대한 하나님의 공의의 심판을 요청합니다.(19~27절) 아직 상황이 바뀐 것은 없지만 찬양을 결단하며 시를 마무리합니다.(28절)

시편 23편의 다윗의 고백처럼 하나님은 사망의 음침한 골짜기를 걷는 다윗을 안위하십니다. 그 하나님이 동일하게 나를 안위하시니 위기가 올 때에도 하나님을 신뢰하며 찬양하게 하옵소서. 하나님은 탄식하는 예레미야에게 이스라엘의 회복에 관한 소망을 보여 주셨습니다. 심판 중에도 회복의 소망을 주시는 하나님의 긍휼과 자비를 믿습니다.

본문 사무엘상 20장 | 고린도전서 2장 | 예레미야애가 5장 | 시편 36편
주제 **죄인** (罪人, 하나님과 사람 앞에 악을 행하고 죄를 지은 사람)

사람은 아담의 불순종 이후 죄인이 되었다. 부패함과 패역함이 마음을 지배하여 대적을 만들고 의인을 죽이며 옳은 길을 버리고 악을 행하되 하나님에 대한 두려움이 없다. 의로운 주님은 반드시 심판하신다.

사무엘상 20장 : 무고한 다윗을 죽이려 한 악한 사울 죄인

- 다윗이 라마 나욧에서 도망하여 요나단에게 이르되 내가 무엇을 하였으며 내 죄악이 무엇이며 네 아버지 앞에서 내 죄가 무엇이기에 그가 내 생명을 찾느냐...(1-5)
- 요나단이 이르되 이 일이 결코 네게 일어나지 아니하리라 내 아버지께서 너를 해치려 확실히 결심한 줄 알면 내가 네게 와서 그것을 네게 이르지 아니하겠느냐 하니...(9-10)
- 내가 과녁을 쏘려 함 같이 화살 셋을 그 바위 곁에 쏘고...(20-22)
- 요나단이 사울에게 대답하되 다윗이 내게 베들레헴으로 가기를 간청하여...(28-34)
- 아이가 요나단이 쏜 화살 있는 곳에 이를 즈음에 요나단이 아이 뒤에서 외쳐 이르되 화살이 네 앞쪽에 있지 아니하냐 하고...(37-39)

다윗을 죽이고자 혈안이 되어 있는 사울과 달리 아들 요나단은 다윗을 돕고 있습니다.(1~2절) 다윗은 초하루 행사에 의도적으로 불참한 후 이에 대한 사울의 반응을 통해 그의 진심을 파악하고자 했으며 요나단이 결과를 알려 주기로 합니다.(3~23절) 요나단의 입장에서 다윗은 자신의 왕위계승을 위협하는 정적임에도 불구하고 그는 하나님이 다윗을 왕으로 세우셨음을 인정하고 진심으로 다윗을 돕습니다.(13~17절) 초하루 행사에 불참한 다윗을 두고 사울은 그를 제거하려는 본심을 드러냅니다.(24~34절) 이에 요나단은 다윗과의 약속대로 신호를 보내 그의 도주를 돕습니다.(35~42절)

고린도전서 2장 : 예수를 십자가에 못 박은 무지한 죄인

- 형제들아 내가 너희에게 나아가 하나님의 증거를 전할 때에 말과 지혜의 아름다운 것으로 아니하였나니...(1-5)
- 오직 은밀한 가운데 있는 하나님의 지혜를 말하는 것으로서 곧 감추어졌던 것인데 하나님이 우리의 영광을 위하여 만세 전에 미리 정하신 것이라(7)
- 오직 하나님이 성령으로 이것을 우리에게 보이셨으니 성령은 모든 것 곧 하나님의 깊은 것까지도 통달하시느니라...(10-13)
- 신령한 자는 모든 것을 판단하나 자기는 아무에게도 판단을 받지 아니하느니라(15)

바울은 사람의 지혜나 화술이 아닌 예수 그리스도의 십자가의 복음 그 자체에 집중하고 성령의 능력을 철저히 신뢰하였습니다.(1~5절) 십자가를 통한 세상의 구원은 만세 전에 미리

정하신 하나님의 지혜로써 세상의 지혜로는 도무지 알 수 없는 감추어진 비밀입니다.(6~9절) 이 비밀은 오직 성령의 조명을 통해서만 알 수 있습니다.(10~12절) 성령이 우리에게 십자가의 복음을 가르쳐 주시고 깨닫게 하십니다.(13절) 성령이 없는 사람은 하나님의 비밀을 알 수 없으며 세상의 헛된 것들을 분별할 수도 없습니다.(14~15절) 성도는 그리스도의 마음, 즉 '성령'을 가진 사람입니다.(16절) 바울은 '마음'과 '영'을 같은 의미로 사용하고 있습니다.

예레미야애가 5장 : 하나님의 말씀을 거역한 예루살렘 죄인

- 여호와여 우리가 당한 것을 기억하시고 우리가 받은 치욕을 살펴보옵소서...(1-7)
- 대적들이 시온에서 부녀들을, 유다 각 성읍에서 처녀들을 욕보였나이다...(11-13)
- 우리의 머리에서는 면류관이 떨어졌사오니 오호라 우리의 범죄 때문이니이다(16)
- 주께서 어찌하여 우리를 영원히 잊으시오며 우리를 이같이 오래 버리시나이까...(20-21)

하나님을 잃어버림으로 인해 유다 백성들은 안식을 잃었고 대적의 지배를 받게 되었으며 극심한 인권 유린과 더불어 하나님이 주신 기쁨과 영광을 잃어버렸습니다.(1~16절) 예레미야는 황폐한 유다를 바라보며 하나님의 백성들을 다시 회복시켜 주시기를 간구합니다.(17~22절) 진정한 회개 외에는 회복의 방법이 없습니다.

시편 36편 : 주를 두려워하지 않고 악을 좇는 죄인

- 악인의 죄가 그의 마음속으로 이르기를 그의 눈에는 하나님을 두려워하는 빛이 없다 하니...(1-4)
- 주의 의는 하나님의 산들과 같고 주의 심판은 큰 바다와 같으니이다 여호와여 주는 사람과 짐승을 구하여 주시나이다...(6-10)

악인은 하나님을 두려워하지 않으며 자신의 죄가 드러나지 않을 것이라 착각하고, 죄와 거짓된 말을 하며 지혜와 선행이 없고, 스스로 악한 길로 나아가고 죄를 계획합니다.(1~4절) 반면 하나님을 경외하는 다윗은 하나님의 인자와 성실, 주권을 찬양합니다.(5~6절) 하나님의 인자하심은 온 세상에 충만합니다.(7~9절) 마지막으로 주의 백성에게는 인자를, 악인들에게는 공의를 나타내 주시길 간구합니다.(10~12절)

하나님을 신뢰하는 다윗에게 요나단을 붙여 주신 하나님! 하나님의 세밀한 도우심이 나의 삶을 감싸고 있음을 고백합니다. 복음의 비밀을 알게 하신 성령님! 죄가 하나님의 영광을 가릴 때 마다 회개의 영을 부어 주옵소서.

8/29

본문 사무엘상 21-22장 | 고린도전서 3장 | 에스겔 1장 | 시편 37편

주제 **요새** (要塞, 군사적으로 중요한 곳에 건설한 방어 시설)

성경이 말하는 요새는 영적인 측면과 육적인 측면이 있다. 영적인 측면은 영원한 피난처이신 여호와 하나님을 의미하고 육적인 측면은 몸과 마음을 숨길 수 있는 환경이나 사람 또는 공동체를 의미한다.

사무엘상 21-22장 : 아둘람 굴이 도망하는 다윗에게 요새가 됨

- 다윗이 놉에 가서 제사장 아히멜렉에게 이르니 아히멜렉이 떨며 다윗을 영접하여...(21:1-4)
- 다윗이 아히멜렉에게 이르되 여기 당신의 수중에 창이나 칼이 없나이까 왕의 일이 급하므로 내가 내 칼과 무기를 가지지 못하였나이다 하니...(21:8-14)
- 그러므로 다윗이 그 곳을 떠나 아둘람 굴로 도망하매 그의 형제와 아버지의 온 집이...(22:1-2)
- 선지자 갓이 다윗에게 이르되 너는 이 요새에 있지 말고 떠나 유다 땅으로 들어가라...(22:5)
- 왕이 좌우의 호위병에게 이르되 돌아가서 여호와의 제사장들을 죽이라...(22:17)

(21장) 자신을 죽이려는 사울 왕을 피해 급히 놉으로 도망간 다윗은 제사장 아히멜렉에게 왕의 명령으로 왔다고 거짓말을 하고 성전에 진설된 떡을 받아 허기를 채우고 골리앗의 칼도 챙겨서 블레셋의 가드로 도망칩니다.(1~10절) 다윗은 목숨을 부지하기 위해 미치광이 행세를 하지만 결국 가드 왕 아기스에 의해 쫓겨납니다.(11~15절)
(22장) 가드를 떠난 다윗은 광야의 아둘람 굴로 도피했는데 다양한 사연을 지닌 사람들이 그에게로 모이게 되면서 그는 아둘람 공동체의 리더가 됩니다.(1~2절) 한편 다윗을 찾고 있던 사울은 도엑의 고발로 놉의 제사장이 다윗을 도운 사실을 알게 됩니다.(6~10절) 결국 사울은 놉의 제사장들과 그의 가족 85명을 학살하는 끔찍한 범죄를 저질렀으며 아비아달만이 간신히 살아남게 됩니다.(11~23절)

고린도전서 3장 : 교회가 그리스도인들에게 영적인 요새가 됨

- 형제들아 내가 신령한 자들을 대함과 같이 너희에게 말할 수 없어서 육신에 속한 자 곧 그리스도 안에서 어린 아이들을 대함과 같이 하노라...(1-7)
- 우리는 하나님의 동역자들이요 너희는 하나님의 밭이요 하나님의 집이니라(9)
- 이 닦아 둔 것 외에 능히 다른 터를 닦아 둘 자가 없으니 이 터는 곧 예수 그리스도라...(11-17)
- 그런즉 누구든지 사람을 자랑하지 말라 만물이 다 너희 것임이라...(21-23)

교회내의 분쟁과 분열은 성령이 아닌 육신의 욕망을 따른 결과입니다. 고린도 교회 성도들은 자신들이 선호하는 특정 인물들을 내세워 당을 짓고 분쟁하고 있었습니다.(1~4절) 바울은 사역자들이 각각 자신의 은사와 사명에 따라 사역을 했지만 자라나게 하시는 분은 하나님이심을 강조합니다.(5~9절) 교회는 하나님의 집이며 기초는 예수 그리스도입니다.(10~15절) 사역자들은 그 기초 위에서 일합니다. 사역의 결과에 따라 구원의 여부가 나뉘는 것은 아니지만 심판대 앞에서 부끄럽지 않도록 주님의 교회를 세워 나가야 합니다. 성도는 성령님이 거하시는 하나님의 성전이며 분쟁과 분열은 거룩한 성전을 훼손하는 행위입니다.(16~17절) 그리스도인이 거룩한 성전으로 살기 위해서는 자신의 연약함을 인정하고 자신의 지혜를 내려놓아야 합니다.(18~20절) 사역자들은 믿음의 대상이 될 수 없습니다. 성도들이 바라보아야 할 대상은 오직 예수 그리스도입니다.(21~23절)

에스겔 1장 : 주의 모습과 환상이 에스겔에게 영적 요새가 됨

- 서른째 해 넷째 달 초닷새에 내가 그발 강 가 사로잡힌 자 중에 있을 때에 하늘이 열리며...(1)
- 갈대아 땅 그발 강 가에서 여호와의 말씀이 부시의 아들 제사장 나 에스겔에게 특별히...(3)
- 그 얼굴들의 모양은 넷의 앞은 사람의 얼굴이요 넷의 오른쪽은 사자의 얼굴이요...(10-11)
- 영이 어떤 쪽으로 가면 생물들도 영이 가려 하는 곳으로 가고 바퀴들도 그 곁에서...(20-21)
- 그 사방 광채의 모양은 비 오는 날 구름에 있는 무지개 같으니 이는 여호와의 영광의 형상의 모양이라 내가 보고 엎드려 말씀하시는 이의 음성을 들으니라(28)

유다의 여호야긴 왕이 바벨론에 포로로 끌려간 지 5년이 되는 해(=BC 593년)에 함께 바벨론으로 끌려온 에스겔에게 하나님의 환상과 말씀이 임했습니다.(1~3절) 하나님은 폭풍, 구름, 불을 먼저 보여 주십니다.(4절) 공의의 심판을 행하시는 하나님을 먼저 보여 주신 것입니다. 이어서 사람, 사자, 소, 독수리의 얼굴을 하고 있는 하늘의 네 생물이 등장합니다.(5~14절) 이들은 하나님이 만드신 대표적인 피조물인데 자유자재로 방향전환이 가능한 네 바퀴는 어느 곳이든 자유롭게 임하시는 하나님을, 바퀴 둘레에 있는 가득한 눈은 모든 것을 감찰하시는 하나님을 의미합니다.(15~21절) 하나님의 영을 따라 움직이는 네 생물은 하나님의 뜻에 따라 살아가야 하는 우리의 본래의 모습을 보여줍니다.(22~25절) 우리는 구원의 상징인 무지개 같은 광채로 둘러싸인 영광의 하나님의 음성을 들어야 합니다.(26~28절)

시편 37편 : 여호와가 환난을 당한 의인에게 요새가 되심

- 악을 행하는 자들 때문에 불평하지 말며 불의를 행하는 자들을 시기하지 말지어다...(1-9)
- 악인이 칼을 빼고 활을 당겨 가난하고 궁핍한 자를 엎드러뜨리며 행위가 정직한 자를...(14-17)
- 의인이 땅을 차지함이여 거기서 영원히 살리로다(29)
- 그의 마음에는 하나님의 법이 있으니 그의 걸음은 실족함이 없으리로다(31)
- 여호와를 바라고 그의 도를 지키라 그리하면 네가 땅을 차지하게 하실 것이라...(34)

악인의 형통은 의인에게 상처가 됩니다. 다윗은 악인에 대하여 불평하지 말고 불의를 행하는 자들을 시기하지 말라고 권면합니다.(1, 7~8절) 그들은 금방 쇠잔해지고 끊어질 것이기 때문입니다.(2, 9~10절) 그러므로 우리는 악인이 아닌 하나님께 시선을 두고 하나님께 우리의 길을 맡겨야 합니다.(3~6절) 시인은 악인과 의인이 각각 맞이하게 될 인생의 결말에 대해 비교하며 설명합니다.(12~26절) 악인은 멸망하지만 의인은 넘어지더라도 아주 엎드러지지 않습니다. 여호와께서 그를 붙들고 계시기 때문입니다. 하나님은 의인은 보호하시고 악인은 멸하십니다.(27~40절)

에스겔은 하나님의 초월성과 전지전능하심을 보았습니다. 하나님! 나에게도 하나님을 바르게 보는 눈을 주시옵소서. 악인의 형통을 부러워하지 않으며 하나님의 구원을 기다리는 인내를 주시옵소서. 오늘날 교회 안에서 하나님의 뜻을 내세워 분열하는 일들이 많습니다. 사람의 뜻이 아닌 주님의 뜻을 구하게 하옵소서.

본문 사무엘상 23장 | 고린도전서 4장 | 에스겔 2장 | 시편 38편

주제 **침묵** (沈默, 입을 다물고 조용히 있음)

어려운 일을 당할 때, 죄로 인하여 징계를 받을 때 하나님의 뜻을 생각하며 묵묵히 침묵하고 때를 기다리는 것은 귀하다. 동시에 정의로움 중에도 박해를 받을 때는 침묵하면서도 기도하고 일해야 한다.

사무엘상 23장 : 사울의 박해로 광야수풀에 숨어 침묵하는 다윗

- 사람들이 다윗에게 전하여 이르되 보소서 블레셋 사람이 그일라를 쳐서 그 타작 마당을 탈취하더이다 하니...(1-3)
- 다윗과 그의 사람들이 그일라로 가서 블레셋 사람들과 싸워 그들을 크게 쳐서 죽이고 그들의 가축을 끌어 오니라 다윗이 이와 같이 그일라 주민을 구원하니라...(5-6)
- 사울의 아들 요나단이 일어나 수풀에 들어가서 다윗에게 이르러 그에게 하나님을 힘 있게 의지하게 하였는데...(16-18)
- 어떤 사람이 내게 말하기를 그는 심히 지혜롭게 행동한다 하나니 너희는 가서 더 자세히 살펴서 그가 어디에 숨었으며 누가 거기서 그를 보았는지 알아보고...(22-23)
- 사울이 산 이쪽으로 가매 다윗과 그의 사람들은 산 저쪽으로 가며 다윗이 사울을 두려워하여 급히 피하려 하였으니 이는 사울과 그의 사람들이 다윗과 그의 사람들을 에워싸고 잡으려 함이었더라...(26-28)

다윗은 사울에게 쫓기는 상황에서도 블레셋에 의해 약탈당하는 그일라를 구원합니다.(1~14절) 사울에게 그의 소재가 드러나는 위험부담이 있었지만 동족을 외면할 수 없었습니다. 사울이 해야 할 일을 다윗이 한 것인데 이로 인해 그의 소재가 드러나게 되어 광야로 도피할 수밖에 없었습니다. 그러나 하나님이 친히 그를 보호하십니다. 도피 중에 요나단을 통해 위로를 받기도 했지만 십 사람들의 고발로 다시 위기가 찾아왔습니다.(15~26절) 이때 하나님이 블레셋으로 하여금 이스라엘을 치게 하심으로 사울은 급히 그의 군사들을 물릴 수밖에 없었고 다윗은 위기에서 극적으로 벗어날 수 있었습니다.(15~29절)

고린도전서 4장 : 만물의 찌꺼기같이 돼도 침묵하며 일하는 바울

- 사람이 마땅히 우리를 그리스도의 일꾼이요 하나님의 비밀을 맡은 자로 여길지어다...(1-3)
- 그러므로 때가 이르기 전 곧 주께서 오시기까지 아무 것도 판단하지 말라 그가 어둠에 감추인 것들을 드러내고 마음의 뜻을 나타내시리니 그 때에 각 사람에게 하나님으로부터 칭찬이 있으리라...(5-7)
- 우리는 그리스도 때문에 어리석으나 너희는 그리스도 안에서 지혜롭고 우리는 약하나 너희는 강하고 너희는 존귀하나 우리는 비천하여...(10-13)
- 그리스도 안에서 일만 스승이 있으되 아버지는 많지 아니하니 그리스도 예수 안에서 내가 복음으로써 너희를 낳았음이라...(15-17)
- 하나님의 나라는 말에 있지 아니하고 오직 능력에 있음이라...(20-21)

모든 사역자 더 나아가 모든 그리스도인들은 그리스도의 일꾼이며 하나님의 비밀을 맡은 자로서 사람의 평가와 판단이 아닌 하나님의 심판을 두려워하며 충성해야 합니다.(1~4절) 또한 본을 보이고 겸손하며 특히 하나님이 주신 은사나 능력을 자기 자랑으로 삼지 말아야 합니다.(5~8절) 고린도 교회 성도들은 자신의 지혜와 총명을 자랑했으나 바울은 복음으로 인해 받게 된 조롱과 핍박, 고난을 자랑합니다.(9~14절) 그는 복음으로 새 생명을 낳기 위한 모든 고난을 감내했습니다.(15절) 바울은 복음을 위해 살아온 자신의 삶을 본받으라고 촉구합니다.(16~21절) 이는 자신의 추종자가 되라는 뜻이 아니라 복음을 위해 자신이 보인 겸손과 사랑, 고난과 인내의 삶을 본받으라는 의미입니다.

에스겔 2장 : 패역한 백성에게 침묵을 깨고 말씀을 전하는 종

- 그가 내게 이르시되 인자야 네 발로 일어서라 내가 네게 말하리라 하시며...(1-6)
- 너 인자야 내가 네게 이르는 말을 듣고 그 패역한 족속 같이 패역하지 말고 네 입을 벌리고 내가 네게 주는 것을 먹으라 하시기로...(8-10)

2장은 에스겔이 소명을 받는 내용입니다. 완악한 이스라엘 백성들은 에스겔의 선포를 듣지 않을 것입니다. 그러나 그들이 듣든지 안 듣든지 상관없이 말씀을 전하라고 명령하십니다.(1~5절) 에스겔은 가시와 찔레와 함께 있게 될 것입니다.(6~7절) 거절과 아픔 그리고 고통을 당하게 될 것을 의미합니다. 예수님이 십자가의 길을 갈 때 사람들의 반응이 그러했습니다. 하나님은 에스겔이 선포할 말씀을 먹이십니다.(8~10절) 그가 삼킨 말씀은 심판(=애가, 애곡, 재앙)에 관한 것입니다.

시편 38편 : 여호와의 노하심 앞에서 침묵하고 기도하는 다윗

- 여호와여 주의 노하심으로 나를 책망하지 마시고 주의 분노하심으로 나를 징계하지 마소서(1)
- 주의 진노로 말미암아 내 살에 성한 곳이 없사오며 나의 죄로 말미암아 내 뼈에 평안함이 없나이다...(3-8)
- 내가 사랑하는 자와 내 친구들이 내 상처를 멀리하고 내 친척들도 멀리 섰나이다...(11-14)
- 내가 넘어지게 되었고 나의 근심이 항상 내 앞에 있사오니...(17-22)

탄식시. '책망과 징계를 거두어 달라', '내 죄악이 내 머리에 넘쳐서'라는 표현을 통해 다윗은 자신이 겪고 있는 질병이나 고난을 죄와 관련되어 있는 것으로 인식하고 있음을 확인할 수 있습니다.(1~8절) 죽음이 임박했다고 느낄 정도로 다윗은 고통 가운데 있지만 여전히 그의 기도는 외면당하고 있습니다.(9~10절) 이웃도 그를 외면하고 있으며 원수들은 고통당하고 있는 그를 해하려고 합니다.(11~14절) 하나님 외에 의지할 데가 없는 다윗은 하나님의 응답과 도우심을 간절히 구하고 있습니다.(15~22절)

다윗을 보호하시는 하나님의 섭리를 보게 됩니다. 그리고 위험을 감수하며 동족의 아픔을 외면하지 않는 용감한 다윗에게서 리더의 품격을 보게 됩니다. 지체들의 아픔에 함께하며 책임을 다하는 하나님의 사람이 되게 하옵소서. 매일 하나님이 주시는 말씀을 통해 충성된 일꾼으로 자라나게 하시고 기도의 응답이 지연되어도 여전히 하나님을 신뢰하는 믿음의 사람 되게 하옵소서.

본문 사무엘상 24장 | 고린도전서 5장 | 에스겔 3장 | 시편 39편

주제 **재판** (裁判, 옳고 그름을 가리어 판단함)

창조주 하나님은 공의로우시며 정의로우시다. 그러므로 피조물인 사람은 하나님의 재판에 전적으로 따라야 한다. 혹 사람이 재판을 하더라도 그 기준은 오직 하나님의 법과 말씀과 성령의 감동에 의해야 한다.

사무엘상 24장 : 하나님께서 다윗과 사울의 시비를 재판하심

- 사울이 블레셋 사람을 쫓다가 돌아오매 어떤 사람이 그에게 말하여 이르되 보소서...(1-2)
- 다윗의 사람들이 이르되 보소서 여호와께서 당신에게 이르시기를 내가 원수를 네 손에 넘기리니 네 생각에 좋은 대로 그에게 행하라 하시더니 이것이 그 날이니이다 하니 다윗이...(4-7)
- 그런즉 여호와께서 재판장이 되어 나와 왕 사이에 심판하사 나의 사정을 살펴 억울함을 풀어주시고 나를 왕의 손에서 건지시기를 원하나이다 하니라(15)
- 다윗에게 이르되 나는 너를 학대하되 너는 나를 선대하니 너는 나보다 의롭도다...(17-19)

사울 왕은 외적의 침략보다 다윗을 제거하는 것에 더 집중하고 있습니다.(1절) 쫓고 쫓기는 상황에서 사울 왕을 제거할 수 있는 절호의 기회가 생겼지만 다윗은 왕을 헤치지 않습니다.(1~7절) 다윗은 사울에게 자신의 결백을 호소하며 하나님이 모든 것을 판단해 주실 것이라고 말합니다.(8~15절) 다윗의 호소를 들은 사울은 자신을 선대한 다윗을 인정하며 회개의 눈물을 흘립니다.(16~19절) 사울은 다윗에게 왕이 된 후에 자신의 후손들에게 복수하지 말 것을 요청했고 다윗은 이를 수용합니다.(20~22절)

고린도전서 5장 : 하나님이 성도들의 음행과 교만을 재판하심

- 너희 중에 심지어 음행이 있다 함을 들으니 그런 음행은 이방인 중에서도 없는 것이라 누가 그 아버지의 아내를 취하였다 하는도다...(1-3)
- 내가 너희에게 쓴 편지에 음행하는 자들을 사귀지 말라 하였거니와 이 말은 이 세상의 음행하는 자들이나 탐하는 자들이나 속여 빼앗는 자들이나 우상 숭배하는 자들을 도무지 사귀지 말라 하는 것이 아니니 만일 그리하려면 너희가 세상 밖으로 나가야 할 것이라...(9-13)

고린도 교회의 심각한 문제 중 하나는 음행(=성적 타락)의 문제였습니다.(1절) 어떤 성도가 계모 혹은 아버지의 첩인 여인과 음행관계에 있던 것으로 보입니다. 문제는 이러한 음행에 대해 교회가 묵인하고 있는 것입니다.(2~5절) 이것은 교회의 거룩함을 훼손하는 것입니다. 바울은 단호하게 교회 공동체에서 제하라고 말합니다.(=사탄에게 내어 줌, 곧 출교) 바울은 교회 안에서 벌어진 근친상간의 문제를 개인의 문제가 아닌 교회의 문제로 접근하였습니다. 죄의 영향이 미치지 않도록 적은 누룩(=작은 죄)이라도 용인하지 말아야 하는데 그들은 안일하게 생각했습니다.(6~8절) 그리스도인은 거룩함을 견지하면서 동시에 세상 사람들과의 관계 속에서 살아가는 존재입니다.(9~13절) 거룩함을 잃으면 저들을 구원으로 인도할 수 없습니다.

에스겔 3장 : 파수꾼 에스겔이 선민의 행위를 재판하여 권고함

- 내게 이르시되 인자야 내가 네게 주는 이 두루마리를 네 배에 넣으며 네 창자에 채우라 하시기에 내가 먹으니 그것이 내 입에서 달기가 꿀 같더라(3)
- 그러나 이스라엘 족속은 이마가 굳고 마음이 굳어 네 말을 듣고자 아니하리니 이는 내 말을 듣고자 아니함이니라(7)
- 또 내게 이르시되 인자야 내가 네게 이를 모든 말을 너는 다음으로 받으며 귀로 듣고...(10-11)
- 인자야 내가 너를 이스라엘 족속의 파수꾼으로 세웠으니 너는 내 입의 말을 듣고...(17-21)
- 내가 네 혀를 네 입천장에 붙게 하여 네가 말 못하는 자가 되어 그들을 꾸짖는 자가 되지 못하게 하리니 그들은 패역한 족속임이니라...(26-27)

에스겔은 하나님이 주신 말씀을 먹게 됩니다.(두루마리 환상, 1~3절) 예언자의 사명은 하나님이 맡겨 주신 말씀을 전하는 것입니다. 그런데 이스라엘 백성들은 완고하여 에스겔이 선포할 하나님의 말씀을 듣지 않을 것입니다.(4~11절) 하나님은 완고한 이스라엘 백성보다 예언자를 더 강하게 하셔서 그들이 듣든지 안 듣든지 담대하게 전하게 하실 것입니다. 에스겔이 여호와의 영광을 체험하고 여호와의 권능에 붙잡히는 것이 바로 그를 강하게 하시는 하나님의 역사입니다.(12~15절) 에스겔은 멸망으로 달려가는 이스라엘 백성을 깨울 파수꾼으로 부름 받았습니다.(16~17절) 파수꾼은 악인을 회개시키고 의인이 죄에 빠지지 않도록 전해야 합니다.(18~21절) 말씀을 듣지 못함으로 인해 회개하지 못했거나 죄에 빠지게 되었다면 파수꾼의 책임이라고 말씀하십니다. 에스겔에게 주의 권능과 영의 다시 임하였는데 일정 기간 그는 말을 못 하는 상태가 됩니다.(22~27절) 이는 이스라엘이 패역했기 때문입니다. 예언자는 하나님이 허락하시는 때에 하나님이 맡기신 말씀을 전해야 합니다.

시편 39편 : 여호와가 다윗과 악인을 재판하여 벌하심

- 내가 말하기를 나의 행위를 조심하여 내 혀로 범죄하지 아니하리니 악인이 내 앞에 있을 때에 내가 내 입에 재갈을 먹이리라 하였도다(1)
- 여호와여 나의 종말과 연한이 언제까지인지 알게 하사 내가 나의 연약함을 알게 하소서...(4-7)
- 주의 징벌을 나에게서 옮기소서 주의 손이 치심으로 내가 쇠망하였나이다...(10-13)

다윗이 인생을 마무리할 시점에 자신의 지나온 삶을 돌아보며 쓴 참회시이자 탄식시입니다. 다윗은 입술로 범죄 하지 않기 위해 원수 앞에서 침묵을 지켰지만 마음의 고통은 더 심해졌습니다.(1~2절) 격앙된 상태가 되어 인생의 남은 날이 언제인지 하나님께 묻습니다.(3~4절) 그는 인생의 연약함을 깨닫습니다.(5~6절) 그렇지만 인생무상으로 빠지지 않고 자신의 모든 소망을 하나님께 두기로 결단합니다.(7~13절) 하나님께 소망을 두기로 결단했을 때, 죄의 문제가 보이기 시작합니다.(죄에서 건지시며, 주께서 죄악을 책망하사, 주는 나를 용서하사) 주께 소망을 둔 자가 죄에서 건져달라고 기도할 수 있습니다.

하나님! 원수를 대하는 다윗의 모습은 나와 많이 다른 것 같습니다. 하나님이 모든 것을 아시고 판단해 주실 것에 대한 확고한 믿음을 가지고 용서의 걸음을 내딛게 하옵소서. 세상을 이길 수 있도록 주의 영으로 붙드시고 권능을 주옵소서. 우리가 속한 공동체에서 죄를 제하여 주옵소서.

September
9월

본문 사무엘상 25장 | 고린도전서 6장 | 에스겔 4장 | 시편 40-41편
주제 **총명** (聰明, 매우 영리하고 기억력과 판단력이 좋으며 재주가 있음)

하나님은 지혜와 총명의 원천이시다. 그러므로 총명함은 하나님과 함께할 때 얻을 수 있다. 따라서 사람이 삶 속에서 위기나 문제가 생겼을 때 하나님의 지혜와 총명을 구함으로써 능히 해결할 수 있다.

사무엘상 25장 : 닥쳐 온 위기를 극복하는 아비가일의 총명함

- 마온에 한 사람이 있는데 그의 생업이 갈멜에 있고 심히 부하여 양이 삼천 마리요...(2-3)
- 다윗이 이미 말하기를 내가 이 자의 소유물을 광야에서 지켜 그 모든 것을 하나도 손실이 없게 한 것이 진실로 허사라 그가 악으로 나의 선을 갚는도다(20)
- 주의 여종의 허물을 용서하여 주옵소서 여호와께서 반드시 내 주를 위하여 든든한 집을 세우시리니 이는 내 주께서 여호와의 싸움을 싸우심이요 내 주의 일생에 내 주에게서...(28)
- 아비가일이 급히 일어나서 나귀를 타고 그를 뒤따르는 처녀 다섯과 함께 다윗의 전령들을 따라가서 다윗의 아내가 되니라(42)

이스라엘의 영적 스승인 사무엘 선지자가 죽고 난 후 다윗은 자신의 안전을 위해 바란 광야로 갑니다.(1절) 그곳에서 예전에 선을 베풀어 주었던 나발을 만나 도움을 요청했지만 그는 이전의 은혜를 망각하고 냉정하게 거부하여 다윗의 분노를 유발합니다.(2~13절) 다행히 나발의 아내 아비가일이 지혜롭게 대처하여 다윗의 복수를 막았습니다.(14~22절) 나발은 하나님의 심판으로 죽게 되고 지혜롭고 겸손한 아비가일의 진가를 알아본 다윗은 그녀를 아내로 삼았습니다.(23~44절)

고린도전서 6장 : 교회 문제를 판단하여 해결하는 성도의 총명함

- 너희 중에 누가 다른 이와 더불어 다툼이 있는데 구태여 불의한 자들 앞에서 고발하고...(1-3)
- 너희가 피차 고발함으로 너희 가운데 이미 뚜렷한 허물이 있나니 차라리 불의를...(7-8)
- 너희 중에 이와 같은 자들이 있더니 주 예수 그리스도의 이름과 우리 하나님의 성령 안에서 씻음과 거룩함과 의롭다 하심을 받았느니라(11)
- 너희 몸은 너희가 하나님께로부터 받은 바 너희 가운데 계신 성령의 전인 줄을...(19-20)

교회관련 소송이 많아지는 오늘날, 우리는 바울을 통해 주시는 하나님의 말씀에 주목해야 합니다. 바울은 교회 내의 분쟁을 세상 법정에 호소하는 것에 대해 책망합니다.(1~2절) 교회 내의 분쟁은 1차적으로 교회가 판단하고 해결해야 합니다. '최후의 심판' 관점에서 보면 성도가 세상을 심판할 위치에 설 것이기에 세상 법정에 교회 문제를 의뢰하는 것은 지혜롭지 못한 것입니다.(3~4절) 형제가 형제를 세상 법정에 세우는 것은 피차 상처로 남게 되며(5~7절) 예수 그리스도와 성령의 역사로 죄사함과 의롭다 하심을 받은 자가 형제를 법정에 고발하는 것은 하나님 나라 백성으로서 올바른 행동이 아닙니다.(8~11절) 음행의 문제가 다시 등장하는데 그리스도 안에서 자유함을 얻었다 해서 몸을 함부로 해서는 안 됩니다.(12~14절) 그리스도와 연합한 사람은 창녀와 연합할 수 없습니다.(15~17절) 성도의 몸은 하나님의 성전이기 때문입니다.(18~20절)

에스겔 4장 : 말씀대로 준비하며 순종하는 에스겔의 총명함

- 너는 또 왼쪽으로 누워 이스라엘 족속의 죄악을 짊어지되 네가 눕는 날수대로...(4-7)
- 내가 말하되 아하 주 여호와여 나는 영혼을 더럽힌 일이 없었나이다 어려서부터 지금까지 스스로 죽은 것이나 짐승에게 찢긴 것을 먹지 아니하였고 가증한 고기를 입에...(14-17)

에스겔은 하나님의 명령으로 이방 군대에 의해 포위당한 예루살렘의 모습을 토판위에 만들고 좌편으로 390일, 우편으로 40일 동안 누워야 했으며 줄로 스스로 묶는 행동을 해야 했습니다.(1~8절) 부정한 음식을 먹고 부정한 방식으로 조리한 음식도 먹어야 했습니다.(9~17절) 이 모든 것은 예루살렘이 반드시 패망하게 될 것에 대한 상징행동입니다. 참고로 상징행동 중 누운 날의 의미는 이렇습니다. 하루를 1년으로 계산하면 430년(390일+40일)이 나오게 되는데 이는 이스라엘 백성들이 애굽에서 머문 기간이 됩니다. 이스라엘 백성들이 노예로 살았던 과거의 사건이 다시 한번 재현될 것입니다.

시편 40-41편 : 곤고함과 원수를 주께 맡기는 의인의 총명함

- 나를 기가 막힐 웅덩이와 수렁에서 끌어올리시고 내 발을 반석 위에 두사 내 걸음을...(40:2-4)
- 나의 하나님이여 내가 주의 뜻 행하기를 즐기오니 주의 법이 나의 심중에 있나이다...(40:8)
- 주를 찾는 자는 다 주 안에서 즐거워하고 기뻐하게 하시며 주의 구원을 사랑하는 자는 항상 말하기를 여호와는 위대하시다 하게 하소서...(40:16-17)
- 여호와께서 그를 병상에서 붙드시고 그가 누워 있을 때마다 그의 병을 고쳐..(41:3-4)
- 그러하오나 주 여호와여 내게 은혜를 베푸시고 나를 일으키사 내가 그들에게...(41:10-11)

(40편) 다윗은 그의 인생 가운데 하나님이 행하신 구원과 응답을 회상하며 찬양합니다.(1~5절) 하나님께 소망을 두고 기다린 그에게 하나님은 응답하셨습니다. 다윗은 하나님의 법도를 마음의 중심에 두었으며 하나님이 행하신 일들을 널리 선포했습니다.(6~10절) 과거에 경험한 수많은 응답을 바탕으로 다윗은 다시 한번 하나님의 긍휼과 구원, 원수들에 대한 심판을 간구합니다.(11~15절) 하나님은 이전처럼 그에게 승리의 찬양을 주실 것입니다.(16~17절)
(41편) 가난한 이웃을 돌본 자는 여호와께서 건지십니다.(1~3절) 범죄함으로 병이 들게 된 다윗은 과거에 자신이 가난한 이웃을 돌보았던 것을 추억하며 치유를 간청합니다.(4절) 다윗의 원수들은 그가 죽기를 바라고 있으며 그의 친구도 그를 배신합니다.(5~9절) 절망적인 상황이지만 다윗은 하나님의 보호를 확신하며 하나님을 찬양합니다.(10~13절)

나발의 응대가 기대 이하였다고 해도 이에 대한 다윗의 반응은 위험했습니다. 자칫 일을 그르칠 수 있었지만 지혜로운 아비가일이 복수의 마음을 잠재웠습니다. 하나님! 내가 감정에 취해 정상궤도를 벗어날 때가 가끔 있습니다. 그럴 때마다 날 도우셔서 범죄 하지 않게 하옵소서. 정죄하기보다 긍휼을 베푸는 자가 되게 하옵소서.

9/2

본문 사무엘상 26장 | 고린도전서 7장 | 에스겔 5장 | 시편 42-43편

주제 **도리** (道理, 사람이 마땅히 행하여야 할 바른 길)

사람은 사회 안에서 도리를 다하여야 한다. 성도가 되면 그 도리의 범위는 넓어진다. 하나님께 받은 사명에 따라 그의 뜻 안에서 더 깊고 높고 넓은 도리를 지킴으로 구원과 심판의 역사를 완성해 가야 한다.

사무엘상 26장 : 기름부음 받은 자를 해하지 않는 도리

- 십 사람이 기브아에 와서 사울에게 말하여 이르되 다윗이 광야 앞 하길라 산에...(1-2)
- 다윗이 일어나 사울이 진 친 곳에 이르러 사울과 넬의 아들 군사령관 아브넬이 머무는 곳을 본즉 사울이 진영 가운데에 누웠고 백성은 그를 둘러 진 쳤더라(5)
- 다윗과 아비새가 밤에 그 백성에게 나아가 본즉 사울이 진영 가운데 누워 자고...(7-12)
- 오늘 왕의 생명을 내가 중히 여긴 것 같이 내 생명을 여호와께서 중히 여기셔서...(24)

사울은 다윗을 죽이지 않겠다고 맹세했지만 그 맹세를 어기고 또 다윗을 죽이려 합니다.(1~5절) 다윗에게 다시 한번 사울을 제거할 수 있는 기회가 찾아 왔으나 그는 하나님이 세운 지도자를 해치지 않기로 결단하고 공의의 하나님께 이 문제를 맡깁니다.(6~12절) 다윗은 사울 왕 경호에 실패한 아브넬을 책망하면서 왕에게 자신을 왜 죽이려 하는지 묻습니다.(13~20절) 만약 자신을 죽이는 것이 하나님의 뜻이라면 기꺼이 자신을 드리겠지만 그것이 사람으로부터 난 것이라면 그는 하나님께 저주를 받을 것이라고 말합니다. 목숨이 위태로운 상황임에도 다윗이 마음의 평정을 유지할 수 있는 이유는 공의의 하나님에 대한 믿음이 있기 때문입니다.(21~25절)

고린도전서 7장 : 결혼한 부부가 마땅히 해야 할 도리

- 음행을 피하기 위하여 남자마다 자기 아내를 두고 여자마다 자기 남편을 두라(2)
- 아내는 자기 몸을 주장하지 못하고 오직 그 남편이 하며 남편도 그와 같이 자기 몸을...(4-5)
- 오직 주께서 각 사람에게 나눠 주신 대로 하나님이 각 사람을 부르신 그대로 행하라 내가 모든 교회에서 이와 같이 명하노라(17)
- 할례 받는 것도 아무 것도 아니요 할례 받지 아니하는 것도 아무 것도 아니로되...(19-20)

이 시대 여자는 남자의 소유물이었습니다. 바울은 결혼에 대해 음행으로부터 보호하는 역할을 하며, 서로 동등하고, 각각 배우자의 몸을 주장하며, 분방은 합의하에 하라고 가르칩니다.(2~5절) 독신이든 결혼이든 각자 은사를 따라 선택할 수 있습니다.(6~9절) 또한 불신자인 배우자가 먼저 원하는 경우에는 헤어져도 좋으나 그 외에는 혼인관계를 지켜야 한다고 말합니다.(10~16절) 초대교회에는 많은 종을 거느린 주인도 있고 종의 신분인 성도도 있었습니다. 그리스도인은 자유인이라도 그리스도의 종이며 종이라도 주께 속한 자유인입니다.(17~24절) 그러므로 주인이라고 종에게 함부로 할 수 없으며 종이라도 교회에서는 차별받지 말아야 합니다. 세상의 신분보다 하나님이 허락하신 정체성이 더 중요한 본질입니다. 하나님이 부르신 대로 행하는 것입니다. 마지막으로 바울은 세상은 영원하지 않으며 곧 주께서 다시 오실 것이기에 가능하면 독신으로 지내며 복음전파를 위한 삶을 살면 좋겠다고 권면합니다.(25~40절) 그러나 결혼 역시 좋은 선택이라고 말합니다.

에스겔 5장 : 제사장 에스겔이 선지자로서 할 도리

- 너 인자야 너는 날카로운 칼을 가져다가 삭도로 삼아 네 머리털과 수염을 깎아서...(1-6)
- 네 모든 가증한 일로 말미암아 내가 전무후무하게 네게 내릴지라...(9-10)
- 내가 멸망하게 하는 기근의 독한 화살을 너희에게 보내되 기근을 더하여...(16-17)

하나님은 에스겔에게 머리털과 수염을 깎는 상징행동을 지시하십니다.(1~4절) 중동지역에서 머리털과 수염을 미는 것은 엄청난 불명예나 수치입니다.(다윗의 사신을 암몬왕이 수염을 밀어서 돌려보낸 사건 참조, 삼하 10:4-5) 예루살렘이 이러한 불명예와 수치를 겪게 될 것입니다. 유다 백성들은 하나님의 말씀에 불순종했을 뿐 아니라 이방인보다 더 악을 행했기에 전무후무한 무서운 심판(=온역, 기근, 칼, 전염병 등)이 임할 것입니다.(5~17절)

시편 42-43편 : 낙심할 상황 속에서도 성도가 할 도리

- 하나님이여 사슴이 시냇물을 찾기에 갈급함 같이 내 영혼이 주를 찾기에...(42:1-3)
- 낮에는 여호와께서 그의 인자하심을 베푸시고 밤에는 그의 찬송이 내게 있어...(42:8)
- 내 영혼아 네가 어찌하여 낙심하며 어찌하여 내 속에서 불안해 하는가...(42:11)
- 하나님이여 나를 판단하시되 경건하지 아니한 나라에 대하여 내 송사를 변호하시며...(43:1)
- 주의 빛과 주의 진리를 보내시어 나를 인도하시고 주의 거룩한 산과 주께서 계시는...(43:3-5)

(42편) 시인은 눈물이 그의 음식이 될 정도로 깊은 고난 가운데 있으며 시냇물을 찾는 사슴처럼 하나님을 갈망하고 있습니다.(1~4절) 그를 힘들게 하는 것은 육신의 고난과 함께 '너의 하나님은 어디 있느냐'는 원수의 조롱입니다. 원수의 비방과 압제 속에서 시인은 자신을 잊은 것 같은 하나님 앞에 '어찌하여 나를 잊으셨는지'를 물으며 탄식합니다.(6~10절) 그러나 시인의 탄식은 낙망하지 말고 하나님께 소망을 두며 그의 나타남을 기다리라는 자기 영혼을 향한 명령으로 끝납니다.(5,11절)
(43편) 시인은 공의로운 재판관이신 하나님께 자신을 건져 달라고 호소합니다.(1~2절) 거룩한 성전으로 돌아가 하나님께 기쁨의 예배를 드리게 해 달라고 간구합니다.(3~4절) 그는 고통스러운 현실에서 시선을 옮겨 하나님을 바라볼 것을 스스로 다짐합니다.(5절)

내가 죄에 빠질 때 하나님의 공의와 사랑으로 나를 가르치시고, 다윗처럼 억울한 일을 당할 때에는 하나님의 공의로운 심판에 미래를 맡길 수 있게 하옵소서. 고난을 당할 때 하나님을 소망하며 바라보는 믿음을 주시옵소서. 어떤 형편에서든 부르신 현장에서 주를 기쁘시게 하는 삶을 살아가게 하옵소서.

본문 사무엘상 27장 | 고린도전서 8장 | 에스겔 6장 | 시편 44편

주제 은혜 (恩惠, 수고한 것이 없어도 사랑으로 베풀어 주는 신세나 혜택)

하나님은 은혜로우신 분이시다. 그 분 안에는 절대적이며 무궁한 은혜가 넘쳐 난다. 그 은혜는 예수 그리스도를 통해 열려졌고 사람과 환경을 통해 다양한 방법과 내용으로 믿는 자에게 주어진다.

사무엘상 27장 : 아기스가 다윗에게 거할 성읍을 제공한 은혜

- 다윗이 그 마음에 생각하기를 내가 후일에는 사울의 손에 붙잡히리니 블레셋 사람들의 땅으로 피하여 들어가는 것이 좋으리로다 사울이 이스라엘 온 영토 내에서 다시 나를 찾다가 단념하리니 내가 그의 손에서 벗어나리라 하고...(1-2)
- 다윗이 가드에 도망한 것을 어떤 사람이 사울에게 전하매 사울이 다시는 그를 수색하지 아니하니라...(4-6)
- 다윗과 그의 사람들이 올라가서 그술 사람과 기르스 사람과 아말렉 사람을 침노하였으니 그들은 옛적부터 술과 애굽 땅으로 지나가는 지방의 주민이라...(8-12)

다윗은 사울을 피해 블레셋의 다섯 도시국가 중 하나인 가드로 망명을 떠납니다.(1~4절) 600여명의 군사들과 그들의 가족들도 함께 따라왔습니다. 다윗은 자신의 무리들이 거주할 곳을 요청하여 시글락을 얻었습니다.(5~7절) 비록 블레셋 땅에 연고를 두고 있는 신세였지만 하나님은 다윗이 전쟁을 할 때마다 승리를 주셨습니다.(8~12절)

고린도전서 8장 : 오직 한 분이신 참 하나님의 절대적인 은혜

- 우상의 제물에 대하여는 우리가 다 지식이 있는 줄을 아나 지식은 교만하게 하며 사랑은 덕을 세우나니...(1-4)
- 그러나 우리에게는 한 하나님 곧 아버지가 계시니 만물이 그에게서 났고 우리도 그를 위하여 있고 또한 한 주 예수 그리스도께서 계시니 만물이 그로 말미암고 우리도 그로 말미암아 있느니라...(6-8)
- 지식 있는 네가 우상의 집에 앉아 먹는 것을 누구든지 보면 그 믿음이 약한 자들의 양심이 담력을 얻어 우상의 제물을 먹게 되지 않겠느냐...(10-13)

신앙 공동체 안에서 하나님의 뜻을 결정할 때 중요한 원칙이 있습니다.(1~3절) "지식은 교만하게 하며 사랑은 덕을 세우나니". 바른 지식도 중요하지만 사랑은 더 중요합니다.(4~13절) 이를 우상의 제물을 먹는 문제에 적용해 보면 우상은 아무것도 아니며 세상의 많은 신은 다 헛된 것이니 어디에 쓰였든지 간에 음식은 음식일 뿐 먹어도 상관없습니다.(=바른 지식) 그러나 이방신전에 쓰였던 음식을 먹는 것에 대해 양심에 거리낌이 있는 형제가 있다면 그 형제를 실족시키지 않는 것이 더 중요하기 때문에 먹지 않는 것이 더 유익합니다.(=사랑) 타인의 자유를 위해 내 자유를 제한할 수 있는 사람이 참 신앙인입니다. 이 원칙을 제사음식, 술 문제 등에 적용할 수 있습니다. 특정 음식을 먹는 것이 믿음이 연약한 형제에게 상처가 된다면 먹지 않는 것이 형제를 사랑하는 것입니다. 사랑은 덕을 세웁니다.

에스겔 6장 : 재앙이 끝난 후에 남은 자에게 베푸시는 은혜

- 이르기를 이스라엘 산들아 주 여호와의 말씀을 들으라 주 여호와께서 산과 언덕과 시내와 골짜기를 향하여 이같이 말씀하시기를 나 곧 내가 칼이 너희에게 임하게 하여 너희 산당을 멸하리니...(3-6)
- 그러나 너희가 여러 나라에 흩어질 때에 내가 너희 중에서 칼을 피하여 이방인들 중에 살아 남은 자가 있게 할지라...(8-12)

하나님의 심판은 우상숭배가 이루어졌던 산당을 향할 것입니다.(1~7절) 산당을 찾던 이들은 모두 죽게 될 것입니다. 이방군대의 침략으로 많은 백성이 죽고 살아남은 사람들은 이방 땅으로 끌려가게 될 것이며 그곳에서 비로소 지난날의 죄를 깨닫고 한탄하게 될 것입니다.(8~10절) 하나님은 우상 숭배자들을 전염병과 칼, 기근으로 심판하실 것입니다.(11~14절)

시편 44편 : 이스라엘 민족을 새 땅에 정착케 하신 은혜

- 하나님이여 주께서 우리 조상들의 날 곧 옛날에 행하신 일을 그들이 우리에게 일러...(1-3)
- 오직 주께서 우리를 우리 원수들에게서 구원하시고 우리를 미워하는 자로 수치를...(7)
- 그러나 이제는 주께서 우리를 버려 욕을 당하게 하시고 우리 군대와 함께 나아가지...(9-11)
- 주께서 우리를 뭇 백성 중에 이야기거리가 되게 하시며 민족 중에서 머리 흔듦을...(14)
- 일어나 우리를 도우소서 주의 인자하심으로 말미암아 우리를 구원하소서(26)

전체적으로 이스라엘 공동체가 철저한 패배를 겪은 후 하나님의 도우심을 구하는 내용입니다. 이스라엘 공동체는 고난 속에서 조상들에게 들었던 하나님의 구원 역사를 회고하고 있습니다.(1절) 하나님은 이스라엘을 약속의 땅으로 인도하셨습니다.(2~3절) 약속의 땅에 들어간 후에는 대적들을 물리쳐 주시고 이스라엘을 구원하셨습니다.(4~7절) 비록 지금은 고난 가운데 있지만 과거에 구원해 주셨고 지금도 구원하실 수 있는 하나님을 찬양합니다.(8절) 그러나 분위기가 완전히 바뀝니다. 과거의 승리와는 극명하게 대조되는 수치와 패배를 표현합니다.(9~16절) 승리를 주신 분도 패하게 하신 분도 하나님이심을 고백하며 하나님의 구원을 요청합니다. 그들은 하나님 앞에 신실했지만 도리어 하나님을 위해 고통을 당하고 있습니다.(17~22절) 그것은 마치 의로운 욥이 당했던 고난과 유사합니다. 이스라엘은 간절한 마음으로 하나님의 구원과 돌보심을 간구합니다.(23~26절)

비록 고난이 계속되고 있지만 분명한 것은 하나님이 다윗의 인생을 인도하고 계시다는 사실입니다. 하나님의 선하심이 나의 인생에 함께하고 있음을 고백합니다. 그러므로 내 앞에 우상을 두지 않게 하옵소서. 바른 지식도 중요하지만 무엇보다 형제를 사랑으로 섬기게 하옵소서.

본문 사무엘상 28장 | 고린도전서 9장 | 에스겔 7장 | 시편 45-46편

주제 **신념** (信念, 어떤 사상이나 생각을 굳게 믿고 그것을 실현하려는 의지

사람은 누구나 신념대로 행동한다. 그 신념이 주의 말씀 안에서 세워진 것이라면 하나님의 도우심으로 성취될 것이다. 하지만 즉흥적이고 일시적인 충동에 의한 신념이라면 그 결과는 자신에게 유익이 없다.

사무엘상 28장 : 사울의 우상타파에 대한 일시적인 신념

- 그 때에 블레셋 사람들이 이스라엘과 싸우려고 군대를 모집한지라 아기스가 다윗에게 이르되 너는 밝히 알라 너와 네 사람들이 나와 함께 나가서 군대에 참가할 것이니라...(1-3)
- 사울이 블레셋 사람들의 군대를 보고 두려워서 그의 마음이 크게 떨린지라...(5-15)
- 네가 여호와의 목소리를 순종하지 아니하고 그의 진노를 아말렉에게 쏟지...(18-20)
- 사울이 거절하여 이르되 내가 먹지 아니하겠노라 하니라 그의 신하들과 여인이...(23)

이스라엘과 블레셋이 또 전쟁을 합니다. 가드 왕 아기스는 다윗과 함께 출정하길 원했으나 다윗은 자신이 할 일을 알려 달라는 애매한 태도를 취합니다.(1~2절) 비록 사울을 피해 블레셋의 가드에 와 있지만 동족을 치는 전쟁에 참여할 수 없었고 그렇다고 신변을 보호해 주는 아기스에 대항할 수도 없는 상황입니다. 한편 블레셋 군대가 두려운 사울 왕은 하나님을 찾으나 놉의 제사장들을 학살한 사울의 기도를 하나님이 들으실 리가 없습니다.(3~7절) 결국 사울은 신접한 여인을 찾게 되는데 여인은 사무엘의 영을 불러 옵니다.(8~14절) 이례적인 사건이 일어났는데 우리는 신접한 여인에 집중하기보다 사무엘이 나타나 무슨 이야기를 했는지에 주목해야 합니다. 하나님은 신접한 여인을 찾은 사울 왕에게 사무엘의 영을 보내셔서 심판(=이스라엘의 패전과 사울의 죽음)을 선고하십니다.(15~25절)

고린도전서 9장 : 바울의 복음전파에 대한 헌신적인 신념

- 내가 자유인이 아니냐 사도가 아니냐 예수 우리 주를 보지 못하였느냐 주 안에서 행한...(1-2)
- 우리가 다른 사도들과 주의 형제들과 게바와 같이 믿음의 자매 된 아내를 데리고...(5-12)
- 그러나 내가 이것을 하나도 쓰지 아니하였고 또 이 말을 쓰는 것은 내게 이같이...(15-16)
- 그런즉 내 상이 무엇이냐 내가 복음을 전할 때에 값없이 전하고 복음으로 말미암아...(18-20)
- 내가 복음을 위하여 모든 것을 행함은 복음에 참여하고자 함이라...(23-27)

바울은 우상제단에 바쳤던 고기에 대해 본인이 자유로울지라도 믿음이 약한 형제들을 위해 자유를 포기할 수 있어야 한다고 가르쳤습니다.(8장) 그 내용을 자신의 사례를 가지고 설명합니다.(1~7절) 바울이 자유와 권리를 포기할 수 있는 또 다른 이유는 조금이라도 복음에 방해가 되지 않도록 하기 위함입니다.(8~15절) 바울은 복음전파 사역을 자기 자랑으로 삼지 않았으며 마땅히 해야 할 일로 여겼습니다.(16~18절) 그는 사도의 권리를 다 쓰지 않은 것(=자비량 선교)을 자신이 받은 상으로 여깁니다. 즉 대가 없이 복음을 전하기 위해 수고한 모든 시간을 하나님이 그에게 주시는 상으로 여긴 것입니다. 그는 그리스도 안에서 참 자유인입니다. 그러나 복음을 위해서 기꺼이 모든 사람의 종이 되었습니다.(19~23절) 더 많은 사람을 구원하기 위함입니다. 우리는 상을 받도록 복음을 위해 달음질하는 인생을 살아야 합니다.(24~27절)

에스겔 7장 : 에스겔의 유다 재앙에 대한 종말적 신념

- 너 인자야 주 여호와께서 이스라엘 땅에 관하여 이같이 말씀하셨느니라 끝났도다...(2-4)
- 이 땅 주민아 정한 재앙이 네게 임하도다 때가 이르렀고 날이 가까웠으니 요란한 날이요...(7)
- 볼지어다 그 날이로다 볼지어다 임박하도다 정한 재앙이 이르렀으니 몽둥이가...(10-12)
- 그들이 굵은 베로 허리를 묶을 것이요 두려움이 그들을 덮을 것이요 모든 얼굴에는...(18-20)
- 내가 극히 악한 이방인들을 데려와서 그들이 그 집들을 점령하게 하고 강한 자의 교만을...(24)
- 환난에 환난이 더하고 소문에 소문이 더할 때에 그들이 선지자에게서 묵시를...(26-27)

이스라엘을 향한 하나님의 긍휼이 끝나 심판이 임할 것입니다.(1~13절) 심판은 그들의 가증한 행위(=악행과 우상숭배)와 교만함에 따른 것입니다. 모든 사람에게 심판(=칼과 기근과 전염병)이 임할 것이며 이스라엘 백성들은 두려움과 수치를 당할 것입니다.(14~22절) 하나님은 행위대로, 죄악대로 심판하실 것입니다.(23~27절)

시편 45-46편 : 고라 자손의 하나님의 대한 왕적인 신념

- 왕은 사람들보다 아름다워 은혜를 입술에 머금으니 그러므로 하나님이 왕에게...(45:2)
- 왕은 진리와 온유와 공의를 위하여 왕의 위엄을 세우시고 병거에 오르소서 왕의...(45:4-7)
- 왕이 가까이 하는 여인들 중에는 왕들의 딸이 있으며 왕후는 오빌의 금으로 꾸미고...(45:9-16)
- 한 시내가 있어 나뉘어 흘러 하나님의 성 곧 지존하신 이의 성소를 기쁘게 하도다...(46:4-5)
- 이르시기를 너희는 가만히 있어 내가 하나님 됨을 알지어다 내가 뭇 나라 중에서...(46:10)

(45편) 왕을 칭송하는 노래인데 결혼식에서 사용한 것으로 보입니다.(표제어, 1,17절) 왕의 아름다움은 외모에 기인한 것이 아니라 은혜를 머금은 입술로 인한 것입니다.(2절) 왕의 선한 말은 곧 백성에게 축복이 됩니다. 왕의 통치는 영화롭습니다. 그는 탁월한 전사이며 의로운 통치자입니다.(3~7절) 후반부는 왕의 결혼식의 아름다움과 영화를 찬양하는 내용인데 왕의 신부에게 주는 권면의 내용과 왕과 신부에게 주는 축복의 선언입니다.(10~17절)

(46편) 이 시는 성전예배 때 불렀을 것으로 보입니다. 하나님은 환난 중에 만날 피난처, 힘, 큰 도움이십니다.(1~3절) 시온에 거하시는 하나님은 대적들을 물리치고 당신의 백성들을 지키시며 모든 열방 중에서 높임을 받으실 것입니다.(4~11절)

하나님의 말씀을 버린 사울 왕이나 이스라엘 백성들에게는 하나님의 공의의 심판이 기다리고 있었습니다. 반면 연약한 형제를 위해 또한 복음의 전파를 위해 자신의 자유와 권리를 내려놓는 바울은 아름다운 신앙의 자취를 남겨 놓았습니다. 더 많은 사람을 얻기 위해 바울의 모범을 따라가게 하옵소서.

본문 사무엘상 29-30장 | 고린도전서 10장 | 에스겔 8장 | 시편 47편
주제 동참 (同參, 어떤 일이나 모임 등에 함께 참여함)

창조주 하나님은 역사를 주관하시는 분이시다. 사람은 하나님이 부르실 때 순종함으로 하나님의 일하심에 동참해야 한다. 오직 겸손과 성실과 진실과 충성으로 동참할 때 축복의 상급이 주어진다.

사무엘상 29-30장 : 아말렉 추격에 동참하는 다윗과 백성들

- 블레셋 사람들의 수령들은 수백 명씩 수천 명씩 인솔하여 나아가고 다윗과...(29:2-5)
- 이에 다윗이 자기 사람들과 더불어 아침에 일찍이 일어나서 떠나 블레셋 사람들의 땅으로 돌아가고 블레셋 사람들은 이스르엘로 올라가니라(29:11)
- 다윗과 그의 사람들이 사흘 만에 시글락에 이른 때에 아말렉 사람들이 이미 네겝과...(30:1-6)
- 다윗이 여호와께 묻자와 이르되 내가 이 군대를 추격하면 따라잡겠나이까 하니...(30:8)
- 다윗이 새벽부터 이튿날 저물 때까지 그들을 치매 낙타를 타고 도망한 소년...(30:17-20)
- 다윗이 시글락에 이르러 전리품을 그의 친구 유다 장로들에게 보내어 이르되 보라...(30:26)

(29장) 이스라엘과 전쟁을 앞둔 블레셋은 다윗의 참전 여부로 논쟁이 벌어졌습니다. 다윗의 배신을 우려한 블레셋 방백들의 강력한 반대로 다윗의 출전은 결국 좌절되었으나 이는 동족을 상대로 전투를 해야 하는 곤란한 상황에서 벗어나게 하신 하나님의 선한 개입이었습니다.(1~11절)
(30장) 블레셋 영내의 다윗의 연고지인 시글락이 아말렉에 의해 약탈당하는 사건이 발생했으나 다윗은 즉시 추격하여 큰 승리를 거두고 빼앗긴 모든 것을 되찾아 옵니다.(1~20절) 승리 후 참전한 400명과 후방에 남겨진 200명 간에 전리품 분배로 인한 갈등이 일어났으나 다윗은 하나님이 이기게 하신 전쟁이므로 모든 하나님의 백성들이 함께 나누어야 한다는 원칙으로 공동체에 속한 모든 이들을 챙깁니다.(21~31절)

고린도전서 10장 : 주의 식탁에 동참하는 바울과 성도들

- 형제들아 나는 너희가 알지 못하기를 원하지 아니하노니 우리 조상들이 다 구름...(1-7)
- 그들에게 일어난 이런 일은 본보기가 되고 또한 말세를 만난 우리를 깨우치기 위하여...(11)
- 사람이 감당할 시험 밖에는 너희가 당한 것이 없나니 오직 하나님은 미쁘사 너희가...(13-14)
- 우리가 축복하는 바 축복의 잔은 그리스도의 피에 참여함이 아니며 우리가 떼는 떡은...(16-17)

바울은 세례를 받고 성찬에 참여하는 사람이라도 언제든지 이스라엘 백성들처럼 멸망할 수 있음을 경고하면서 광야에서 발생했던 우상숭배, 음행, 시험, 원망 등의 치명적인 죄에 대해 언급합니다.(1~12절) 하나님은 우상숭배나 죄의 거부로 인해 당하는 핍박이나 고난을 능히 감당하게 하십니다.(13절) 바울은 믿음이 연약한 자를 배려하여 우상의 제단에 놓였던 고기를 먹지 않는 것이 더 유익하다고 가르쳤습니다.(8장) 10장에서는 두 번째 이유로 우상숭배의 위험성이 있기에 먹지 않는 것이 더욱 유익하다고 말합니다.(14~15절) 그리스도인은 성찬을 통해 그리스도의 피와 몸에 참여합니다.(16~17절) 우상이나 우상의 제물은 아무것도 아니지만 그 배후에 귀신의 활동(=이방 종교와 문화의 영향)이 있을 수 있으므로 우상의 제단에 드려진 제물을 먹지 않는 것이 더 유익하다고 권면합니다.(18~22절) 이때 당시에는 이방 신전에서 제의에 쓰였던 고기가 대부분 시장을 통해 유통되었습니다. 이제 바울은 추가지침을 내어 놓습니다. 시장의 고기와 불신자의 집에서 내어 주는 고기는 출처를 묻지 말고 단순한 음식으로 여기고 먹으라는 것입니다.(25~28절) 누군가(=믿음이 약한 자)가 이것을 제물이라고 말하지 않는 한 양심에 관한 문제가 아니므로 먹을 수 있습니다. 우리는 가용한 범위 내에서 더 나은 것을 선택해야 합니다. 그리스도인은 하나님의 영광과 타인의 유익을 구하는 존재입니다.(23~24, 29~33절)

에스겔 8장 : 하나님의 환상에 동참하는 선지자 에스겔

- 여섯째 해 여섯째 달 초닷새에 나는 집에 앉았고 유다의 장로들은 내 앞에 앉아 있는데...(1-3)
- 그가 내게 이르시되 인자야 이제 너는 눈을 들어 북쪽을 바라보라 하시기로 내가...(5-6)
- 또 내게 이르시되 인자야 네가 보았느냐 유다 족속이 여기에서 행한 가증한 일을...(17-18)

하나님은 에스겔에게 하나님의 임재와 영광이 머물러 있어야 할 성전이 어떤 상태에 놓여있는지를 환상으로 보여 주십니다. 성전에는 가증한 우상이 자리 잡고 있었으며 온갖 우상의 형상들이 가득했습니다.(1~13절) 바벨론 신인 담무스를 위해 애곡하는 여인들이 등장하고 동방의 태양을 숭배하는 사람들도 목격됩니다.(14~18절) 하나님은 긍휼을 거두실 것이며 그들의 기도에 결코 응답하지 않으실 것입니다.

시편 47편 : 즐거운 소리와 찬송에 동참하는 만민들

- 너희 만민들아 손바닥을 치고 즐거운 소리로 하나님께 외칠지어다 지존하신 여호와는 두려우시고 온 땅에 큰 왕이 되심이로다(1-2)
- 찬송하라 하나님을 찬송하라 찬송하라 우리 왕을 찬송하라 하나님은 온 땅의 왕이심이라 지혜의 시로 찬송할지어다(6-7)

회중들은 이 시를 통해 예배 가운데 하나님의 우주적인 통치를 선포합니다. 온 땅의 주권자이신 하나님은 이스라엘 앞에 주변 민족을 복종케 하시고 약속의 땅을 주셨습니다.(1~4절) 제사장이 법궤를 메고 성전으로 들어갈 때 회중은 승리하시고 왕위에 오르시는 하나님을 연상하며 찬송합니다.(5~6절) 법궤 위에 좌정하셔서 뭇 백성을 다스리시는 하나님의 통치를 찬송합니다.(7~9절) 열방의 통치자들이 하나님을 높이게 될 날이 올 것을 확신합니다.

온 세상을 다스리시는 하나님은 선한 목자가 되셔서 다윗이 처신하기 어려운 상황을 극복하게 하셨습니다. 다윗의 걸음을 인도하시듯 나의 걸음도 인도하여 주옵소서. 내 안에 가증한 우상이 없게 하시고 하나님의 뜻을 세밀하게 좇아 행할 수 있는 믿음의 사람 되게 하여 주옵소서.

본문 사무엘상 31장 | 고린도전서 11장 | 에스겔 9장 | 시편 48편

주제 **사망** (死亡, 사람의 목숨이 끊어짐)

죄로 인해 세상에 사망이 들어왔다. 결국 죄의 삯은 사망이다. 사람이 한번 죽는 것은 정한 이치가 되었다. 믿는 자는 육의 죽음인 첫째 사망은 당할지라도 영원한 불못에 들어가는 둘째 사망은 피해야 한다.

사무엘상 31장 : 사울 왕과 요나단이 예언대로 전장에서 사망

- 블레셋 사람들이 이스라엘을 치매 이스라엘 사람들이 블레셋 사람들 앞에서 도망하여 길보아 산에서 엎드러져 죽으니라...(1-6)
- 사울의 머리를 베고 그의 갑옷을 벗기고 자기들의 신당과 백성에게 알리기 위하여 그것을 블레셋 사람들의 땅 사방에 보내고...(9-12)

하나님의 영이 떠나 버린 사울 왕의 최후입니다. 블레셋과의 전투에서 패하면서 사울은 세 아들과 함께 전사하게 됩니다.(1~6절) 사울의 시체와 그의 갑옷은 전리품이 되어 죽어서도 모욕을 당하는 처지가 되었으며 과거 암몬의 침략 때에 사울의 도움을 받아 암몬을 물리쳤던 길르앗 야베스 사람들이 보은차원에서 사울의 시신을 찾아 장례를 치러 줍니다.(7~13절)

고린도전서 11장 : 성만찬의 근거가 되는 예수 그리스도의 사망

- 내가 그리스도를 본받는 자가 된 것 같이 너희는 나를 본받는 자가 되라(1)
- 그러나 나는 너희가 알기를 원하노니 각 남자의 머리는 그리스도요 여자의 머리는 남자요 그리스도의 머리는 하나님이시라(3)
- 남자는 하나님의 형상과 영광이니 그 머리를 마땅히 가리지 않거니와 여자는 남자의...(7-9)
- 그러나 주 안에는 남자 없이 여자만 있지 않고 여자 없이 남자만 있지 아니하니라...(11-12)
- 만일 남자에게 긴 머리가 있으면 자기에게 부끄러움이 되는 것을 본성이 너희에게...(14)
- 그런즉 너희가 함께 모여서 주의 만찬을 먹을 수 없으니...(20-27)
- 우리가 판단을 받는 것은 주께 징계를 받는 것이니 이는 우리로 세상과 함께 정죄함을...(32)

이제는 예배의 문제가 대두됩니다. 먼저 복장인데 예배 중에 여성이 머리에 너울을 쓰느냐, 안 쓰느냐의 문제입니다.(2~16절) 당시 너울을 쓰는 것은 종교적 복장이 아니라 일상적인 복장이었습니다. 오히려 여자가 머리를 가리지 않는 것은 단정하지 못한 것이며 성적인 유혹의 의미도 있었기 때문에 바울은 예배 중에 일상적인 복장으로 단정히 예배할 것을 주문합니다. 그리스도 안에서 얻은 자유가 남녀 성 구별의 모호함과 단정함의 표식인 너울을 벗는 것으로 나타나는 것은 옳지 않다고 판단한 것입니다. 바울의 말은 얼핏 보면 남녀차별처럼 보이지만 결론적으로 남녀는 평등하되 질서가 있어야 한다는 입장입니다. 만약 누군가가 노출이 심한 옷을 입고 예배의 자리에 오는 것이 합당하겠습니까 라고 묻는다면 바울은 이렇게 권면할 것입니다. "자기에게 부끄러움이 되는 것을 본성이 너희에게 가르치지 아니하느냐?"(14절) 성만찬의 문제도 있습니다.(17~34절) 초대교회는 예배 후 음식을 함께 나누던 공동체였습니다. 그런데 삶의 여유가 있는 부자들이 많은 음식을 가져와 일을 마치고 늦게 올 수밖에 없는 노동자나 노예 출신의 성도들이 교회로 오기 전에 먼저 먹어 버렸습니다. 이것에 대해 교회를 업신여기고 빈궁한 자를 부끄럽게 하는 행위로 규정한 바울은 예배는 빈부귀천을 떠나 모든 성도가 하나 되어 교제하는 시간이 되어야 하며, 성찬은 예수님의 십자가와 부활을 재현하는 신비이기에 이에 합당하지 않게 성찬에 참여하는 것은 죄를 범하는 것이라고 가르칩니다.

에스겔 9장 : 이마에 표 있는 자를 제외한 모든 자들의 사망

- 또 그가 큰 소리로 내 귀에 외쳐 이르시되 이 성읍을 관할하는 자들이 각기 죽이는 무기를 손에 들고 나아오게 하라 하시더라...(1-6)
- 그들이 칠 때에 내가 홀로 있었는지라 엎드려 부르짖어 이르되 아하 주 여호와여 예루살렘을 향하여 분노를 쏟으시오니 이스라엘의 남은 자를 모두 멸하려 하시나이까...(8-9)

8장에서 예루살렘 성전 안팎에서 벌어지는 가증한 우상숭배에 대한 고발이 있었습니다. 9장은 이에 대한 심판의 선고입니다. 하나님은 심판을 수행할 천사들을 부르시고 동시에 회개함으로 구원받을 사람의 이마에 표시를 하도록 명령하십니다.(1~4절) 심판은 성전에서부터 시작됩니다.(5~8절) 가장 경건하고 거룩해야 할 곳이 죄악의 근원지가 되었기 때문입니다. 하나님이 심판을 행하시는 이유는 그들의 죄가 가득하고, 불법이 가득 찼으며, 하나님이 이 땅을 버렸다고 말하면서 회개하지 않기 때문입니다.(9~11절)

시편 48편 : 하나님의 성을 찬송치 않는 자의 심판적 사망

- 여호와는 위대하시니 우리 하나님의 성, 거룩한 산에서 극진히 찬양 받으시리로다...(1-2)
- 우리가 들은 대로 만군의 여호와의 성, 우리 하나님의 성에서 보았나니 하나님이 이를 영원히 견고하게 하시리로다 (셀라) 하나님이여 우리가 주의 전 가운데에서...(8-9)
- 주의 심판으로 말미암아 시온 산은 기뻐하고 유다의 딸들은 즐거워할지어다...(11-14)

위대한 왕이신 하나님이 통치하시는 시온의 아름다움, 견고함을 노래하는 시입니다. 온 세계가 위대하신 하나님이 다스리시는 시온을 즐거워하는 가운데 하나님은 당신 자신을 요새로 선언하십니다.(1~3절) 시온을 치러 왕들이 모였으나 다시스의 배를 깨뜨리시는 하나님의 역사에 그들은 두려워 떨며 도망가게 됩니다.(4~7절) 하나님은 시온을 견고케 하십니다.(8절) 하나님이 시온을 견고케 하신 역사로 인해 이스라엘 백성들은 기뻐합니다.(9~11절) 시온을 지키신 하나님을 후대에 널리 전해야 합니다.(12~14절)

불순종과 불법을 일삼은 사울 왕과 예루살렘은 결국 심판을 받게 되었습니다. 그러나 회개한 자에게 구원을 약속하십니다. 하나님을 의뢰하는 사람, 하나님을 의뢰하는 민족을 하나님은 견고하게 지켜 주십니다. 마땅히 가야 할 길을 가게 하옵소서. 우리 교회가 성경적 질서와 사회의 질서가 잘 조화된 아름다운 교회가 되게 하옵소서.

본문 사무엘하 1장 | 고린도전서 12장 | 에스겔 10장 | 시편 49편

주제 **위로** (慰勞, 남의 괴로움이나 슬픔을 달래 주려고 따뜻한 말이나 행동 또는 은혜를 베풂)

유한하고 부족한 인간은 자주 어려움 속에 처한다. 또한 가치 있는 일을 위해 노력하지만 한계에 부딪친다. 그때마다 자비로우신 하나님과 사랑이 넘치는 사람들은 어려움 당한 자에게 다가와 위로를 베푼다.

사무엘하 1장 : 다윗이 노래로 사울과 요나단의 죽음을 위로함

- 사흘째 되는 날에 한 사람이 사울의 진영에서 나왔는데 그의 옷은 찢어졌고 머리에는 흙이 있더라 그가 다윗에게 나아와 땅에 엎드려 절하매...(2-10)
- 다윗이 그에게 이르되 네가 어찌하여 손을 들어 여호와의 기름 부음 받은 자 죽이기를 두려워하지 아니하였느냐 하고...(14-15)
- 다윗이 이 슬픈 노래로 사울과 그의 아들 요나단을 조상하고(17)
- 이스라엘아 네 영광이 산 위에서 죽임을 당하였도다 오호라 두 용사가 엎드러졌도다...(19-21)
- 사울과 요나단이 생전에 사랑스럽고 아름다운 자이러니 죽을 때에도 서로 떠나지...(23-24)
- 내 형 요나단이여 내가 그대를 애통함은 그대는 내게 심히 아름다움이라 그대가...(26)

사울의 전사 소식이 다윗에게 전해집니다.(1~10절) 소식을 전한 아말렉 사람은 전공을 노려 자신이 다윗의 대적인 사울을 죽였다고 거짓말을 하며 증표도 보여 줍니다. 비록 사울왕이 자신을 죽이려는 시도를 여러 번 했지만 다윗은 하나님이 기름 부어 세우신 왕의 죽음을 진심으로 슬퍼하며 사울 왕의 죽음을 출세의 기회로 삼으려 한 아말렉 사람을 처형합니다.(11~16절) 다윗은 조가를 지어 부릅니다.(17~27절) 특히 그의 진실한 친구였던 요나단의 죽음에 대해 애도합니다.

고린도전서 12장 : 성령이 은사를 통해 몸된 모든 지체를 위로함

- 형제들아 신령한 것에 대하여 나는 너희가 알지 못하기를 원하지 아니하노니(1)
- 그러므로 내가 너희에게 알리노니 하나님의 영으로 말하는 자는 누구든지 예수를 저주할 자라 하지 아니하고 또 성령으로 아니하고는 누구든지 예수를 주시라 할 수 없느니라...(3-12)
- 만일 온 몸이 눈이면 듣는 곳은 어디며 온 몸이 듣는 곳이면 냄새 맡는 곳은 어디냐...(17-26)
- 하나님이 교회 중에 몇을 세우셨으니 첫째는 사도요 둘째는 선지자요 셋째는 교사요 그 다음은 능력을 행하는 자요 그 다음은 병 고치는 은사와 서로 돕는 것과 다스리는 것과 각종 방언을 말하는 것이라...(28-31)

다양한 은사가 충만한 고린도 교회는 무분별한 은사 사용으로 많은 문제가 발생했습니다. 바울은 먼저 은사를 주신 분이 삼위일체 하나님이심을 강조합니다.(1~6절) 은사는 철저히 교회 공동체의 유익을 위해 쓰여져야 합니다.(7절) 은사 간에는 우열이 없으며 같은 성령에 의해 다양한 은사가 나타납니다.(8~11절) 교회 공동체는 그리스도를 머리로 하는 한 몸 공동체이기에 다양한 은사가 연합하여 한 몸을 이루어야 합니다.(12~30절) 모든 지체가 소중하듯이 모든 은사가 소중합니다. 은사를 받은 자는 은사로 지체를 섬겨야 합니다. 특별히 은사를 가진 성도에게 가장 필요하며 가장 사모해야 할 은사 중의 은사는 사랑입니다.(31절)

에스겔 10장 : 천사가 그룹과 바퀴를 통해 에스겔을 위로함

- 이에 내가 보니 그룹들 머리 위 궁창에 남보석 같은 것이 나타나는데 그들 위에 보좌의 형상이 있는 것 같더라…(1-2)
- 하나님이 가는 베 옷을 입은 자에게 명령하시기를 바퀴 사이 곧 그룹들 사이에서…(6-14)
- 그룹들이 나아갈 때에는 바퀴도 그 곁에서 나아가고 그룹들이 날개를 들고 땅에서…(16-17)
- 그것은 내가 그발 강 가에서 보던 이스라엘의 하나님 아래에 있던 생물이라 그들이 그룹인 줄을 내가 아니라…(20-22)

하나님의 심판은 성전에서부터 시작되었습니다.(9장) 에스겔은 환상 가운데 하나님이 베옷 입은 천사에게 숯불을 가져다가 예루살렘 성읍 위에 흩으라는 명령을 받는 장면을 봅니다.(1~2절) 숯불은 진노의 심판을 의미합니다. 하나님이 말씀하신 대로 베옷을 입은 천사는 그룹 사이에 있는 불을 받아 갑니다.(3~8절) 이는 예루살렘을 심판하시기 위함입니다. 계속해서 에스겔은 네 그룹과 네 바퀴를 보았습니다.(9~17절) 바퀴는 물론 그룹들의 온몸에 눈이 가득한 것은 하나님의 전지하심을 강조하는 것입니다. 모든 것을 감찰하시는 하나님 앞에 숨길 수 있는 것은 하나도 없습니다. 하나님의 영광이 성전을 떠나 성전 동편에 머뭅니다.(18~22절) 죄가 가득한 곳에는 하나님의 영광이 머무를 수 없습니다.

시편 49편 : 하나님이 영접을 통해 유한한 사람을 위로함

- 귀천 빈부를 막론하고 다 들을지어다…(2-4)
- 자기의 재물을 의지하고 부유함을 자랑하는 자는…(6-8)
- 그러나 그는 지혜 있는 자도 죽고 어리석고 무지한 자도 함께 망하며 그들의 재물은 남에게 남겨 두고 떠나는 것을 보게 되리로다…(10-13)
- 그러나 하나님은 나를 영접하시리니 이러므로 내 영혼을 스올의 권세에서…(15-20)

행복과 안전이 많은 재산에 있다고 여기는 교만한 자를 교훈하는 지혜시 입니다. 빈부귀천에 상관없이 누구나 죽음에 직면하게 됩니다.(1~4절) 죽음 앞에서는 재물도 소용없으며 모두가 공평합니다.(5~11절) 부를 의지하는 어리석은 자들의 마지막은 스올(=죽음의 세계)입니다.(12~15절) 반면 그들이 괴롭히던 의인들은 하나님이 스올에서 건지실 것입니다. 부로 인하여 주어지는 세상 영광을 두려워할 필요가 없는 이유는 부를 의지한 자들의 거처가 결국 스올이 될 것이기 때문입니다.(16~20절)

사울은 비록 자신을 죽이려 했지만 다윗은 하나님이 세우신 왕에 대해 함부로 대하지 않았습니다. 다윗과 같이 진정으로 하나님을 인정하는 삶을 살아가게 하옵소서. 예수 그리스도로 인하여 하나님의 영광이 함께 하는 인생이 되었으니 사랑의 은사를 충만하게 부어 주셔서 지체를 더욱 잘 섬기게 하옵소서. 부와 명예와 권력으로 세상을 호령하는 자들을 부러워하지 않게 하옵소서.

본문 사무엘하 2장 | 고린도전서 13장 | 에스겔 11장 | 시편 50편
주제 유익 (有益, 이롭거나 도움이 됨)

세상에는 유익한 일과 무익한 일이 있다. 유익한 일이라 해도 자신에게만 국한되고 타인에게는 피해가 되는 일도 있다. 그러므로 영적이든 육체적이든 타인에게 유익이 되는 일을 하는 선한 자가 되어야 한다.

사무엘하 2장 : 휴전은 싸우는 모두를 유익하게 하는 것

- 그 후에 다윗이 여호와께 여쭈어 아뢰되 내가 유다 한 성읍으로 올라가리이까...(1-5)
- 사울의 군사령관 넬의 아들 아브넬이 이미 사울의 아들 이스보셋을 데리고...(8-13)
- 그 날에 싸움이 심히 맹렬하더니 아브넬과 이스라엘 사람들이 다윗의 신복들 앞에서...(17-19)
- 아브넬이 요압에게 외쳐 이르되 칼이 영원히 사람을 상하겠느냐 마침내 참혹한...(26-28)
- 요압이 아브넬 쫓기를 그치고 돌아와 무리를 다 모으니 다윗의 신복 중에...(30-32)

사울 왕이 죽은 후 다윗은 유다 지파의 왕으로 등극합니다.(1~7절) 다윗은 사울 왕의 시신을 거둬 장례를 치른 길르앗 야베스 사람들의 선한 행위를 칭찬합니다. 한편 다윗을 택한 하나님의 뜻을 저버리고 군사령관 아브넬이 사울의 아들 이스보셋을 왕으로 추대함으로서 다윗과 이스보셋 간의 왕위계승 전쟁이 일어나게 됩니다.(8~11절) 첫 전투에서 다윗은 적군 360명을 죽이는 대승을 거둡니다.(12~17,31절) 그러나 도주하는 이스보셋의 세력을 추격하는 과정에서 다윗의 군사령관 요압의 아우 아사헬과 아끼는 신복 19명을 잃는 대가를 치렀습니다.(18~32절)

고린도전서 13장 : 사랑은 나보다 상대를 유익하게 하는 것

- 내가 사람의 방언과 천사의 말을 할지라도 사랑이 없으면 소리 나는 구리와 울리는...(1-7)
- 내가 어렸을 때에는 말하는 것이 어린 아이와 같고 깨닫는 것이 어린 아이와 같고...(11-12)
- 그런즉 믿음, 소망, 사랑, 이 세 가지는 항상 있을 것인데 그 중의 제일은 사랑이라(13)

성도는 성령의 은사로 능력 있는 신앙인이 되고 싶은 열망을 가지고 있습니다. 그러나 교회의 덕이 되어야 할 은사는 얼마든지 잘못 쓰일 수 있습니다. 13장은 성령의 은사가 올바르게 사용되기 위해 필요한 가장 중요한 은사를 제시합니다. 천사의 말과 방언, 예언의 능력, 기적을 일으킬 수 있는 믿음, 구제와 가장 숭고한 순교에 이르기까지 이 모든 것이 사랑이 없으면 아무런 유익이 되지 않습니다.(1~3절) 사랑은 단순한 감정이 아닙니다. 인내, 온유, 시기하지 않음, 자랑하지 않음, 교만하지 않음, 무례하지 않음, 자기의 유익을 구하지 않음, 성내지 않음, 악한 것을 생각하지 않음, 불의를 기뻐하지 않음, 진리를 따름 그리고 끝까지 참고 바라며 견디는 능력입니다.(4~7절) 모든 은사는 끝이 있습니다.(8절) 우리가 이 땅에서 깨닫는 영적 지식은 불완전합니다.(9~10절) 은사를 가지고 우열을 다투는 것은 미성숙한 어린아이의 모습입니다.(11절) 신앙의 본질은 믿음, 소망, 사랑이며 그중의 최고의 가치는 사랑입니다.(12~13절)

에스겔 11장 : 예언은 사로잡힌 자를 유익하게 하는 것

- 그 때에 주의 영이 나를 들어올려서 여호와의 전 동문 곧 동향한 문에 이르시기로...(1-5)
- 그러므로 주 여호와께서 이같이 말씀하셨느니라 이 성읍 중에서 너희가 죽인 시체는...(7)
- 너희를 그 성읍 가운데에서 끌어내어 타국인의 손에 넘겨 너희에게 벌을 내리리니...(9-12)
- 인자야 예루살렘 주민이 네 형제 곧 네 형제와 친척과 온 이스라엘 족속을 향하여...(15-20)
- 그 때에 그룹들이 날개를 드는데 바퀴도 그 곁에 있고 이스라엘 하나님의 영광도...(22-25)

예루살렘 지도자들이 심판을 받게 된 이유는 백성을 올바른 길로 인도하지 않고 불의를 품었으며 악한 꾀를 내었기 때문입니다.(1~6절) 그들은 가마 속에 안전하게 보존되는 고기처럼 예루살렘은 안전하다고 백성들을 속였습니다. 하나님은 그들을 가마 밖으로 끄집어내어 멀리 던지실 것이라고 말씀하십니다.(=심판선언, 7~12절) 백성의 고관 중 하나인 블라댜의 죽음은 하나님이 행하실 심판의 예고편과 같습니다.(11~13절) 바벨론의 침공 때 포로로 끌려가지 않고 예루살렘에 남게 된 자들은 포로로 끌려간 동족들에 대해 하나님께 버림받았다고 생각했습니다.(14~15절) 그러나 하나님은 포로로 끌려간 자들을 버리지 않으셨으며 그들이 내 백성이 되고 나는 그들의 하나님이 되리라는 약속의 말씀을 주셨습니다.(16~21절) 이는 회복에 관한 약속입니다. 우상숭배로 인해 여호와의 영광은 성전에서 떠났고 주의 영은 갈대아(=바벨론)에 사로잡힌 자들에게 임합니다.(22~25절)

시편 50편 : 제물은 제사하는 자를 유익하게 하는 것

- 전능하신 이 여호와 하나님께서 말씀하사 해 돋는 데서부터 지는 데까지...(1-2)
- 하나님이 자기의 백성을 판결하시려고 위 하늘과 아래 땅에 선포하여...(4-6)
- 나는 네 제물 때문에 너를 책망하지는 아니하리니 네 번제가 항상 내 앞에 있음이로다...(8-9)
- 감사로 하나님께 제사를 드리며 지존하신 이에게 네 서원을 갚으며...(14-15)
- 네가 이 일을 행하여도 내가 잠잠하였더니 네가 나를 너와 같은 줄로 생각하였도다...(21-23)

하나님의 언약에 백성이 신실하게 응답하며 헌신을 다짐하는 성전예배용 시입니다. 재판장이신 하나님은 언약 백성을 판결하시기 위한 증인으로 온 세상을 부르십니다.(1~6절) 하나님은 제물이나 번제로 성도들을 책망하지 않으시며 이방 신들처럼 배가 고파서 제물을 받으시는 분도 아닙니다.(7~15절) 온 세상 모든 것이 다 그의 소유인데 무엇이 부족해서 제물에 집착하시겠습니까. 하나님이 원하시는 것은 감사제를 드림으로 서원을 갚는 것입니다. 환난 날에 응답하신 하나님을 감사와 찬양으로 영화롭게 하는 것입니다. 시인은 하나님의 율법을 싫어하며 지키지 않는 자를 악인으로 규정하고 그들에 대한 하나님의 심판을 선언합니다.(16~22절) 감사로 제사하는 자가 하나님을 영화롭게 합니다.(23절) 형식보다 하나님과의 인격적인 관계가 진정한 제사를 판가름합니다.

올바른 길을 버리고 불의와 악한 생각으로 살아가지 않게 하옵소서. 구원과 안전은 인간이 보장할 수 없으며 오직 하나님의 주권에 달려 있음을 고백합니다. 교회 공동체를 위해 필요한 은사도 언젠가 끝이 있음을 기억하여 어리석은 논쟁을 중단하고 항상 있을 믿음과 소망과 사랑을 바라며 구하게 하옵소서. 사랑의 은사로 모든 은사를 빛나게 할 수 있는 참 신자가 되게 하옵소서. 날마다 감사로 하나님을 영화롭게 하기를 결단하게 하옵소서.

본문 사무엘하 3장 | 고린도전서 14장 | 에스겔 12장 | 시편 51편

주제 **대의** (大義/大意, 하나님과 사람이 행하거나 지켜야 할 큰 도리와 큰 뜻)

죄악된 세상은 온전히 공평하지 못하다. 대개 한쪽으로 기울게 마련이다. 그때 하나님과 참 그리스도인은 큰 뜻과 마음을 가지고 수용하고 양보하며 때로는 공의와 긍휼로 세상을 화평하게 세워가야 한다.

사무엘하 3장 : 민족 화합을 이루려는 다윗의 수용적인 대의

- 다윗이 헤브론에서 아들들을 낳았으되 맏아들은 암논이라 이스르엘 여인 아히노암의...(2-3)
- 사울의 집과 다윗의 집 사이에 전쟁이 있는 동안에 아브넬이 사울의 집에서 점점...(6-14)
- 아브넬이 이스라엘 장로들에게 말하여 이르되 너희가 여러 번 다윗을 너희의...(17-21)
- 다윗이 요압과 및 자기와 함께 있는 모든 백성에게 이르되 너희는 옷을 찢고 굵은...(31-32)
- 석양에 뭇 백성이 나아와 다윗에게 음식을 권하니 다윗이 맹세하여 이르되 만일...(35-37)

왕위계승 전쟁이 지속되면서 다윗은 점차 강성해지고 이스보셋은 점점 힘을 잃어 갑니다.(1~11절) 이스보셋과 갈등을 겪은 군사령관 아브넬은 이스보셋과 결별 후 다윗에게 귀속 의사를 밝혔는데 다윗은 귀속의 증표로 자신의 아내였던 사울의 딸 미갈을 데리고 오게 합니다.(12~16절) 아브넬은 이스라엘 장로들을 만나 다윗을 왕으로 인정하자고 설득하고 다윗은 자신 편에 서기로 한 아브넬을 환영합니다.(17~21절) 그러나 전에 있었던 전쟁으로 아브넬에게 아우 아사헬을 잃은 다윗의 군사령관 요압은 다윗 몰래 그를 죽입니다.(22~27절) 아브넬을 임의로 죽인 요압에 대해 다윗은 분노하며 아브넬의 죽음을 슬퍼합니다.(28~37절) 병권을 가지고 있는 스루야의 아들들(=요압과 아비새)은 다윗에게 상당한 부담이 되어 다윗은 하나님의 손에 그들을 맡깁니다.(38~39절)

고린도전서 14장 : 교회의 덕을 세우려는 지체의 양보적인 대의

- 사랑을 추구하며 신령한 것들을 사모하되 특별히 예언을 하려고 하라...(1-5)
- 그러나 교회에서 내가 남을 가르치기 위하여 깨달은 마음으로 다섯 마디 말을...(19-20)
- 그러나 다 예언을 하면 믿지 아니하는 자들이나 알지 못하는 자들이 들어와서...(24-26)
- 만일 통역하는 자가 없으면 교회에서는 잠잠하고 자기와 하나님께 말할 것이요...(28-29)
- 하나님은 무질서의 하나님이 아니시요 오직 화평의 하나님이시니라 모든 성도가...(33-34)

성령의 은사들은 사랑 안에서 구현되어야 합니다.(1절) 바울은 은사를 귀하게 여기되 예언을 사모하라고 권합니다.(1~12절) 예언은 하나님의 말씀을 바르게 해석하고 가르치는 것을 의미합니다. 방언은 하나님과 자신만이 아는 비밀스러운 언어이며 말하는 사람의 믿음을 세워주는 유익이 있지만 방언의 뜻을 모르는 공동체에게는 유익을 주지 못합니다. 방언은 자신만을 위한 은사입니다. 그러나 예언은 가르침을 통해 많은 성도들에게 유익을 주는 공동체를 위한 은사입니다. 개인을 뛰어넘어 공동체의 유익을 위해서 방언을 하는 사람은 통역의 은사를 구하기를 권합니다.(13~16절) 통역되지 않는 방언보다 깨달음을 주는 예언이 공동체에 더 유익한 이유는 예언은 마음 속 깊은 죄까지 드러내며 성도를 참된 예배자로 세우기 때문입니다.(17~25절) 교회의 덕을 위하여 방언은 질서 있게 하되 반드시 통역과 함께 해야 합니다.(26~28절) 예언도 하나님의 말씀인지 아닌지를 잘 분별해야 하며 품위 있고 질서 있게 해야 합니다.(29~40절) 여자는 교회에서 잠잠하라는 구절은 예언과 관련하여 교회에 유익을 주지 못하는 무질서한 행동을 통제하려는 권고입니다.

에스겔 12장 : 반역한 족속을 벌하시는 주의 공의적인 대의

- 인자야 네가 반역하는 족속 중에 거주하는도다 그들은 볼 눈이 있어도 보지 아니하고...(2-6)
- 인자야 이스라엘 족속 곧 그 반역하는 족속이 네게 묻기를 무엇을 하느냐 하지...(9-13)
- 인자야 너는 떨면서 네 음식을 먹고 놀라고 근심하면서 네 물을 마시며...(18-19)
- 인자야 이스라엘 땅에서 이르기를 날이 더디고 모든 묵시가 사라지리라 하는...(22-25)

하나님은 에스겔에게 포로의 행장을 꾸미라는 상징행동을 지시하십니다.(1~16절) 이는 이스라엘이 포로가 되어 잡혀 갈 것을 미리 보여주는 예고입니다. 왕도 결박되어 바벨론으로 끌려간 후 거기서 죽게 될 것입니다. 그러나 백성 중 일부는 가증한 일을 자백하고 여호와를 인정하게 될 것입니다. 이번에는 두려워 떨면서 음식을 먹고 근심하면서 물을 마셔야 하는 행동을 지시하십니다.(17~20절) 포로생활의 비참함을 보여주는 행동입니다. 예루살렘의 멸망에 대한 예언자의 선포가 금방 실현되지 않자 거짓 예언자들은 에스겔의 심판 선언이 거짓이라고 선동합니다.(21~25절) 그러나 하나님은 심판이 반드시 임할 것을 강조하십니다.(26~28절)

시편 51편 : 죄를 용서해 주시는 하나님의 긍휼적인 대의

- 하나님이여 주의 인자를 따라 내게 은혜를 베푸시며 주의 많은 긍휼을 따라 내 죄악을...(1-3)
- 우슬초로 나를 정결하게 하소서 내가 정하리이다 나의 죄를 씻어 주소서 내가 눈보다...(7)
- 주의 얼굴을 내 죄에서 돌이키시고 내 모든 죄악을 지워 주소서...(9-13)
- 하나님께서 구하시는 제사는 상한 심령이라 하나님이여 상하고 통회하는 마음을...(17)

다윗이 우리아의 아내 밧세바를 범하고 우리아를 죽인 죄를 참회하며 지은 시입니다. 다윗은 하나님의 인자와 긍휼을 의지하여 죄를 사하여 달라고 기도합니다.(1~2절) 하나님은 진실함을 원하셨지만 다윗은 출생 때부터 시작된 죄성을 다스리지 못하고 하나님 앞에서 악을 행하였음을 고백합니다.(3~6절) 죄로 인하여 마치 뼈가 상한 것과 같은 고통 가운데 있는 자신을 정결케 하여 주시기를 소망합니다(7~9절) 다윗은 성령을 거두지 마시고 정결한 마음과 정직한(=신실한) 영을 달라고 기도합니다.(10~12절) 상하고 통회하는 심령으로 드리는 기도를 들어주시면 다른 범죄자에게 하나님의 도를 가르쳐 하나님께로 돌아오게 하겠다는 약속을 합니다.(13~17절) 그는 마지막으로 이스라엘 공동체의 회복을 위하여 간구합니다.(18~19절)

하나님! 사사로운 감정으로 주의 일을 그르치지 않게 하시고 심판 중에도 긍휼을 잊지 않으시는 하나님을 보게 하옵소서. 죄에 빠졌을 때 다윗과 같이 통회하며 회개할 수 있는 은혜를 주시옵소서.

본문 사무엘하 4-5장 | 고린도전서 15장 | 에스겔 13장 | 시편 52-54편

주제 **살림** (復活, 쇠퇴한 것이 다시 성하게 일어나고 죽은 것이 다시 살아남)

하나님은 창조주이시며 구원자이시다. 개인적으로는 죄로 인하여 죽은 자를 믿음 안에서 살리시며 국가적으로는 민족을 섭리 안에서 회복시키신다. 오직 하나님과 예수 그리스도만이 다시 살리실 수 있다.

사무엘하 4-5장 : 흩어진 지파를 다윗을 중심으로 다시 살리심

- 사울의 아들 이스보셋은 아브넬이 헤브론에서 죽었다 함을 듣고 손의 맥이 풀렸고...(4:1-2)
- 그들이 집에 들어가니 이스보셋이 침실에서 침상 위에 누워 있는지라 그를 쳐죽이고...(4:7-12)
- 이스라엘 모든 지파가 헤브론에 이르러 다윗에게 나아와 이르되 보소서 우리는 왕의...(5:1-7)
- 다윗이 그 산성에 살면서 다윗 성이라 이름하고 다윗이 밀로에서부터 안으로 성을...(5:9-12)
- 블레셋 사람들이 다시 올라와서 르바임 골짜기에 가득한지라...(5:22-24)

(4장) 아브넬이 다윗의 장군 요압에 의해 죽고 이스보셋은 레갑과 바아나에 의해 암살을 당합니다.(1~6절) 다윗은 이스보셋의 머리를 가지고 자신에게 온 레갑과 바아나에 대해 그들의 주군을 암살한 대가를 물어 처형합니다.(7~12절)

(5장) 마침내 통합 이스라엘의 왕으로 등극하게 된 다윗은 여부스 족속이 점령하고 있던 시온성(=예루살렘)을 함락하고 수도로 삼습니다.(1~10절) 하나님은 다윗에게 많은 자녀를 주시고 그의 나라를 강성케 하셨으며 특히 오랜 숙적인 블레셋과의 연이은 전투에서 승리하게 하셨습니다.(11~25절)

고린도전서 15장 : 그리스도가 죽게된 모든 영혼을 다시 살리심

- 너희가 만일 내가 전한 그 말을 굳게 지키고 헛되이 믿지 아니하였으면 그로 말미암아...(2-10)
- 그리스도께서 다시 살아나신 일이 없으면 너희의 믿음도 헛되고 너희가 여전히...(17-20)
- 아담 안에서 모든 사람이 죽은 것 같이 그리스도 안에서 모든 사람이 삶을 얻으리라...(22-24)
- 육체는 다 같은 육체가 아니니 하나는 사람의 육체요 하나는 짐승의 육체요 하나는...(39-47)
- 사망아 너의 승리가 어디 있느냐 사망아 네가 쏘는 것이 어디 있느냐 ...(55-58)

예수 그리스도의 성육신과 죽음 및 부활은 오래전 하나님이 세운 구원계획의 실현입니다.(1~11절) 그는 성경대로 죽으시고 성경대로 부활하셨습니다. 그리스도의 부활은 믿으면서 죽은 자의 부활은 믿지 못하는 자에게 바울은 죽은 자의 부활이 없다면 그리스도도 다시 부활하지 못하셨다고 단호하게 말하며 성도의 부활을 확신 있게 선포합니다.(12~19절) 그리스도께서 부활의 첫 열매가 되심으로 우리는 그 뒤를 따르는 부활의 또 다른 열매가 되었습니다.(20~24절) 부활은 사망을 이기는 능력이며 참 믿음과 참된 삶의 근거가 됩니다.(25~34절) 씨앗이 썩어서 많은 열매를 맺듯이 육신의 죽음 이후에 영광의 부활이 있습니다.(35~36절) 주께서 다시 오실 때 우리는 영원히 썩지 않을 영광의 부활체를 입게 될 것입니다.(37~53절) 예수님은 부활로서 사망을 완전히 이기셨습니다.(50~56절) 예수 그리스도의 공로로 죄와 사망으로부터 완전히 승리한 성도는 복음

을 위한 수고에 주저함이 없어야 합니다.(57~58절)

에스겔 13장 : 거짓 예언에 죽은 백성의 영혼을 다시 살리심

인자야 너는 이스라엘의 예언하는 선지자들에게 경고하여 예언하되 자기 마음대로...(2-6)
그 선지자들이 허탄한 묵시를 보며 거짓 것을 점쳤으니 내 손이 그들을 쳐서 내 백성의..(9-14)
너 인자야 너의 백성 중 자기 마음대로 예언하는 여자들에게 경고하며 예언하여...(17-22)

하나님은 거짓 선지자를 책망하십니다.(1~7절) 그들은 자기의 심령에 따라 예언하며 황무지의 여우같이 백성을 먹이로 생각하는 자들이며 허탄한 것과 거짓 점괘로 백성을 미혹하는 자들입니다. 그들에게 임할 하나님의 심판은 첫째 그들은 이스라엘의 호적에서 제외될 것이며, 둘째 회칠한 담처럼 겉으로는 아름다우나 하나님의 진노로 결국 망해 사라지게 될 것입니다.(8~16절) 자기 마음대로 예언하는 여선지자들은 양식을 위해 거짓을 지어내어 영혼을 죽이는 자들입니다.(17~19절) 하나님은 그들이 다시는 속이지 못하도록 심판하시겠다고 말씀하십니다.(20~21절) 거짓 여선지자들이 의인의 마음을 근심하게 하고 악인이 회개하여 돌이키는 것을 막고 있기 때문에 하나님이 직접 당신의 백성을 건져 내실 것입니다.(22~23절)

시편 52-54편 : 고난과 역경 속에 처한 다윗을 다시 살리심

포악한 자여 네가 어찌하여 악한 계획을 스스로 자랑하는가 하나님의 인자하심은...(52:1-3)
이 사람은 하나님을 자기 2)힘으로 삼지 아니하고 오직 자기 재물의 풍부함을...(52:7-8)
어리석은 자는 그의 마음에 이르기를 하나님이 없다 하도다 그들은 부패하며 가증한...(53:1-3)
그들이 두려움이 없는 곳에서 크게 두려워하였으니 너를 대항하여 진 친 그들의 뼈를...(53:5-6)
하나님이여 주의 이름으로 나를 구원하시고 주의 힘으로 나를 변호하소서...(54:1-6)

(52편) 놉의 제사장들이 사울에게 쫓기는 다윗에게 도움을 주었다가 도엑의 고발로 사울에 의해 모조리 학살당한 적이 있습니다.(삼상 22장) 다윗은 포악한 자(=도엑)를 하나님께 고발합니다.(1~4절) 재물을 의지하는 자는 하나님이 철저히 심판하시지만 하나님의 인자를 의지하는 의인은 견고하게 설 것이며 영원히 감사할 것입니다.(5~9절)
(53편) 고의로 하나님을 부정하는 어리석은 자들은 부패하여 선을 행할 능력이 없습니다.(1~4절) 그들은 심판을 받을 것이나 하나님의 백성은 포로에서 회복되고 구원받을 것입니다.(5~6절)
(54편) 사울에 의해 생명의 위협을 받고있는 다윗이 구원과 원수의 멸망을 위해 간절히 부르짖습니다.(1~5절) 그는 자신의 기도가 응답될 것을 확신하며 낙헌제(=감사의 마음으로 자원하여 드리는 제사)를 서원합니다.(6~7절)

사울은 스스로를 높이다가 결국 망했습니다. 하나님이 높여 주실 때 비로소 우리는 승리할 수 있습니다. 모든 것은 하나님의 주권 아래 있습니다. 오늘날에도 활동하는 거짓 선지자에게 현혹되지 않게 하시고 재물을 의지하지 않게 하시며 하나님을 의뢰하는 자로 견고히 서게 하옵소서.

본문 사무엘하 6장 | 고린도전서 16장 | 에스겔 14장 | 시편 55편
주제 **경건** (敬虔, 공경하는 마음으로 삼가고 조심하며 대상을 받들어 올림)

경외와 경건은 인간이 창조된 때로부터 하나님 앞에 서는 최선의 방법이다. 바울이 말하기를 경건은 범사에 유익하니 금생과 내생에 약속이 있다고 했다. 그러므로 어떤 상황 속에서든 경건의 삶을 살아야 한다.

사무엘하 6장 : 정성껏 제사하며 여호와의 궤를 옮기는 경건

- 다윗이 이스라엘에서 뽑은 무리 삼만 명을 다시 모으고...(1-3)
- 그들이 나곤의 타작 마당에 이르러서는 소들이 뛰므로 웃사가 손을 들어 하나님의...(6-14)
- 여호와의 궤가 다윗 성으로 들어올 때에 사울의 딸 미갈이 창으로 내다보다가 다윗 왕이 여호와 앞에서 뛰놀며 춤추는 것을 보고 심중에 그를 업신여기니라(16)
- 다윗이 번제와 화목제 드리기를 마치고 만군의 여호와의 이름으로 백성에게 축복하고(18)
- 다윗이 자기의 가족에게 축복하러 돌아오매 사울의 딸 미갈이 나와서 다윗을...(20-22)

다윗은 블레셋에게 빼앗겼다가 현재는 아비나답의 집에 있는 언약궤를 예루살렘으로 가져오기로 결정합니다.(1~5절) 그런데 레위인이 어깨에 메고 직접 운반해야 하는 언약궤 운반규정을 어기고 물건을 옮기듯 수레에 싣고 이동하다가 예기치 못한 돌발 상황이 발생하면서 웃사가 하나님의 진노로 죽게 되었습니다.(6~10절) 하나님은 사랑이시지만 하나님의 공의는 엄위합니다. 다윗은 웃사의 죽음으로 인한 두려움 때문에 언약궤를 오벧에돔의 집에 약 3개월 두었는데 하나님이 오벧에돔의 집에 복을 주셨다는 소식을 듣고 나서야 비로소 규정에 유의하며 언약궤를 예루살렘으로 옮겨옵니다.(11~15절) 다윗은 언약궤의 귀환을 기뻐하며 춤을 췄는데 그의 아내 미갈은 그런 다윗을 업신여겼습니다.(16~19절) 결국 하나님을 기뻐하는 자를 비웃은 대가로 미갈은 평생 자녀를 낳지 못하는 벌을 받게 됩니다.(20~23절)

고린도전서 16장 : 예루살렘교회를 위해 은혜롭게 헌금하는 경건

- 성도를 위하는 연보에 관하여는 내가 갈라디아 교회들에게 명한 것 같이 너희도...(1-4)
- 이제는 지나는 길에 너희 보기를 원하지 아니하노니 이는 만일 주께서 허락하시면...(7-10)
- 깨어 믿음에 굳게 서서 남자답게 강건하라...(13-18)
- 만일 누구든지 주를 사랑하지 아니하면 저주를 받을지어다 우리 주여 오시옵소서(22)

고린도 교회는 예루살렘 교회를 돕기 위한 연보(=선교헌금)를 계획 중인데 이는 이방교회가 복음을 전해준 교회에 보답한다는 의미와 함께 유대교회와 이방 교회의 하나됨을 보여주는 것입니다.(1~4절) 자발적인 동참을 호소하는 바울은 에베소 사역의 현황을 전하며 차후 선교의 계획도 밝힙니다.(5~9절) 자신보다 먼저 고린도에 도착해 사역하게 될 디모데에 대한 교회의 적극적인 협력을 요청하면서 아볼로에 관한 소식도 전합니다.(10~12절) 고린도 교회가 내부적인 여러 문제를 가지고 있지만 깨어 믿음을 지킬 것을 권하며 여러 동역자들의 안부를 전합니다.(13~20절) 그리스도께 우리를 위해 그 자신을 내어 주셨으니 우리는 마땅히 주님을 사랑하게 됩니다.(21~24절)

에스겔 14장 : 마음에서 우상과 가증한 것을 제하는 경건

- 이스라엘 장로 두어 사람이 나아와 내 앞에 앉으니...(1-8)
- 선지자의 죄악과 그에게 묻는 자의 죄악이 같은즉 각각 자기의 죄악을 담당하리니...(10-11)
- 인자야 가령 어떤 나라가 불법을 행하여 내게 범죄하므로 내가 손을 그 위에 펴서...(13-20)
- 주 여호와께서 이같이 이르시되 내가 나의 네 가지 중한 벌 곧 칼과 기근과 사나운...(21-23)

하나님은 우상을 마음에 품고 그의 앞에 나아오는 것을 거부하십니다.(4절) 하나님은 하나님과 우상을 겸하여 섬기는 자들을 심판하되 특히 거짓 선지자와 그들을 찾았던 모든 사람들을 심판하실 것입니다.(1~11절) 하나님은 예루살렘의 타락의 심각성에 대해 말씀하십니다. "노아, 다니엘, 욥 이 세 사람이 거기에 있을지라도 그들은 자기의 공의로 자기의 생명만 건지리라" 구약의 의인의 대명사인 노아, 다니엘, 욥 이 세 사람이 탄원을 해도 심판을 막을 수 없다는 것입니다.(12~16절) 예루살렘은 기근, 생명을 위협하는 짐승, 칼, 전염병 등의 심판이 임할 것입니다.(17~20절) 비록 네 가지 재앙에서 살아남는 자가 있다 해도 포로로 끌려오게 되면서 그들의 악한 행동과 소행에 대한 하나님의 공의로운 심판을 드러낼 것입니다.(21~23절) 먼저 포로 된 자들은 예루살렘 남아 있던 자들을 부러워했는데 그들마저 끌려오는 것을 보고 위로를 받을 것입니다.

시편 55편 : 사망의 위험에서 하나님께 부르짖는 경건

- 하나님이여 내 기도에 귀를 기울이시고 내가 간구할 때에 숨지 마소서(1)
- 이는 원수의 소리와 악인의 압제 때문이라 그들이 죄악을 내게 더하며 노하여 나를...(3-5)
- 내가 성내에서 강포와 분쟁을 보았사오니 주여 그들을 멸하소서 그들의 혀를 잘라...(9-11)
- 그는 곧 너로다 나의 동료, 나의 친구요 나의 가까운 친우로다...(13-16)
- 옛부터 계시는 하나님이 들으시고 그들을 낮추시리이다 (셀라) 그들은 변하지 아니하며...(19)
- 네 짐을 여호와께 맡기라 그가 너를 붙드시고 의인의 요동함을 영원히 허락하지...(22)

원수의 압제로 인해 생명을 위협을 받고있는 다윗이 그의 피난처가 되시는 하나님께서 간절히 부르짖고 있습니다.(1~8절) 현재 그의 고통은 사망의 위험이라는 표현에 잘 드러나 있습니다. 시인은 하나님이 악인의 음모를 좌절시키고 그들을 멸하여 주시길 기도합니다.(9~11절) 친구의 배신으로 고통스러워하는 다윗은 악인에게 사망의 심판을 내려 주시길 기도합니다.(12~15절) 다윗은 하나님이 자신의 탄식과 부르짖음을 들으셔서 구원하여 주실 것을 확신합니다.(16~23절) 우리는 의인의 요동함을 허락하지 않으시는 하나님께 모든 짐을 맡겨야 합니다.

하나님을 경외하는 법을 말씀을 통해 잘 배우게 하시고 혼합주의 신앙을 철저하게 배격하게 하옵소서. 주님을 사랑하는 마음으로 복음을 전하고 교회를 건강하게 잘 세워가게 하옵소서.

본문 사무엘하 7장 | 고린도후서 1장 | 에스겔 15장 | 시편 56-57편
주제 **심정** (心情, 마음에 품은 생각과 감정)

인간은 온전할 수 없다. 하지만 주를 믿고 새 피조물인 하나님의 사람은 중심을 바로 잡고 변화된 삶을 시작할 수 있다. 그 후 진실하고 헌신된 심정으로 주어진 모든 일을 최선을 다해 성취해 가는 것이다.

사무엘하 7장 : 다윗의 중심을 보시고 감동하신 주님의 심정

- 여호와께서 주위의 모든 원수를 무찌르사 왕으로 궁에 평안히 살게 하신 때에...(1-16)
- 다윗 왕이 여호와 앞에 들어가 앉아서 이르되 주 여호와여 나는 누구이오며 내 집은 무엇이기에 나를 여기까지 이르게 하셨나이까...(18-24)
- 만군의 여호와 이스라엘의 하나님이여 주의 종의 귀를 여시고 이르시기를 내가 너를 위하여 집을 세우리라 하셨으므로 주의 종이 이 기도로 주께 간구할 마음이 생겼나이다...(27-29)

7장은 다윗 언약에 관한 내용입니다. 삶의 고비를 수없이 넘긴 다윗은 마침내 왕으로서의 입지를 굳건히 다지게 되었습니다. 그러나 자신의 성공에 도취되지 않고 여호와의 궤가 여전히 초라한 장막에 놓여 있다는 사실에 마음 아파하며 성전 건축을 꿈꾸게 됩니다.(1~3절) 하나님은 다윗의 선한 마음을 기뻐하시며 그의 나라를 영원히 견고하게 하시겠다는 약속을 하십니다.(4~17절) 이 약속은 다윗의 자손이신 예수 그리스도를 통해 온전히 성취됩니다. 나단을 통해 자신을 향한 하나님의 약속을 들은 다윗은 감격하며 하나님이 행하신 일들을 찬양합니다.(18~24절) 다윗은 하나님이 주신 약속의 말씀이 이루어지기를 기도합니다.(25~29절) 내가 받은 말씀이 곧 기도의 제목입니다.

고린도후서 1장 : 성도를 거룩과 진실함으로 대한 바울의 심정

- 찬송하리로다 그는 우리 주 예수 그리스도의 하나님이시요 자비의 아버지시요...(3-6)
- 형제들아 우리가 아시아에서 당한 환난을 너희가 모르기를 원하지 아니하노니 힘에 겹도록 심한 고난을 당하여 살 소망까지 끊어지고...(8-10)
- 우리가 세상에서 특별히 너희에 대하여 하나님의 거룩함과 진실함으로 행하되 육체의 지혜로 하지 아니하고 하나님의 은혜로 행함은 우리 양심이 증언하는 바니 이것이 우리의...(12)
- 하나님은 미쁘시니라 우리가 너희에게 한 말은 예 하고 아니라 함이 없노라...(18-22)

복음을 전하다가 수많은 핍박과 고난을 당했던 바울은 낙심하지 않고 도리어 하나님을 찬송합니다.(1~3절) 하나님은 복음 전도자가 핍박과 고난을 이길 수 있는 힘과 위로를 공급하십니다.(4~7절) 특별히 바울은 살기를 바랄 수 없을 정도로 극심한 고난을 경험했습니다.(8~11절) 이 과정에서 그는 오직 하나님만을 의지하는 법을 배워 하나님께 더 가까이 나아가게 되었습니다. 본래 바울은 고린도 교회를 방문하려 했으나 그 약속을 실천하지 못했습니다.(15~16절) 이로 인해 일부 성도들이 그의 진실성에 대해 의심을 하게 되었습니다.(17절) 바울은 지금까지 고린도 성도들에게 하나님의 거룩함과 진실함으로 대하였다고 말하면서 자신의 유익을 위해 방문 일정을 변경한 게 아니라고 말합니다.(12,18절) 성경의 수많은 기록들은 그리스도 안에서 '예'가 됩니다.(19~20절) 즉 그리스도 안에서 모두 성취되었습니다. 그러므로 일부 사람들의 비난에 휘둘려 바울이 전한 복음을 의심해서는 안 됩니다. 성령께서 복음의 진실성을 보증하여 주십니다.(21~22절) 결과적으로 바울이 고린도 교회 방문 일정을 변경한 것은 그들 스스로 회개의 시간을 갖게 하기 위함입니다.(23~24절)

에스겔 15장 : 범법한 예루살렘을 대적하시는 주님의 심정

- 여호와의 말씀이 내게 임하여 이르시되 인자야 포도나무가 모든 나무보다 나은 것이 무엇이랴 숲속의 여러 나무 가운데에 있는 그 포도나무 가지가 나은 것이 무엇이랴...(1-8)

쓸모없는 포도나무에 관한 말씀입니다. 하나님은 죄에 빠져 있는 이스라엘을 쓸모없는 포도나무에 비유하십니다.(1~3절) 포도나무는 목재로서 쓸모가 없어서 땔감으로 쓰일 뿐인데 이스라엘의 영적상태가 불에 던져질 포도나무와도 같습니다.(4~5절) 하나님은 불같은 심판을 내리심으로 당신의 존재를 드러내실 것입니다.(6~8절)

시편 56-57편 : 쫓길 때 주님을 절실히 의지하는 다윗의 심정

- 하나님이여 내게 은혜를 베푸소서 사람이 나를 삼키려고 종일 치며 압제하나이다...(56:1-5)
- 나의 유리함을 주께서 계수하셨사오니 나의 눈물을 주의 병에 담으소서 이것이...(56:8-11)
- 하나님이여 내게 은혜를 베푸소서 내게 은혜를 베푸소서 내 영혼이 주께로 피하되...(57:1-3)
- 그들이 내 걸음을 막으려고 그물을 준비하였으니 내 영혼이 억울하도다 그들이 내 앞에 웅덩이를 팠으나 자기들이 그 중에 빠졌도다 (셀라)...(57:6-8)

(56편) 표제어에 따르면 이 시는 다윗이 사울을 피해 가드 왕 아기스에게 의탁하는 과정에서 미치광이 흉내를 내야했던 때를 배경으로 하고 있습니다.(삼상 21장) 사방이 대적으로 둘러싸인 상황에서 다윗은 오직 하나님만을 의지할 것을 선언합니다.(1~4절) 그리고 자신의 생명을 노리는 사악한 무리들을 심판해 달라고 요청합니다.(5~7절) 다윗은 하나님이 의인의 눈물을 헛되지 않게 하실 것을 신뢰하며 기도응답을 믿고 감사제를 서원합니다.(8~13절)
(57편) 다윗이 사울에 의해 위협을 받을 때 구원을 간구하는 기도입니다. 재앙이 지나기까지 하나님께 부르짖으며 그의 날개 그늘 아래 숨는 것 외에 다윗이 할 수 있는 것이 아무것도 없었습니다.(1~4절) 하나님은 인자와 진리로 시인을 구원하실 것입니다. 다윗은 고난 중에 있음에도 불구하고 하나님의 능력과 영광이 온 세계에 나타나기를 기도합니다.(5절) 그는 하나님의 구원을 확신하며 마음을 정하여 하나님을 찬양합니다.(6~11절)

다윗과 맺은 언약을 예수 그리스도를 통해 성취하신 신실하신 하나님을 찬양합니다. 내 주와 맺은 언약은 영원히 변하지 않습니다. 죄에 빠져 쓸모없는 존재처럼 되지 않게 하시고 바울처럼 나아갈 때와 기다릴 때를 영적으로 잘 분별하는 자가 되게 하옵소서. 고난 속에서도 하나님의 영광을 선포하는 주의 종 되게 하옵소서.

본문 사무엘하 8-9장 | 고린도후서 2장 | 에스겔 16장 | 시편 58-59편
주제 **향기** (香氣, 꽃이나 향 따위에서 나는 좋은 냄새)

모든 피조물은 나름의 냄새를 가지고 있다. 좋은 향이 나면 향기요 나쁜 향이 나면 냄새다. 하나님과 그 백성, 그 자녀는 가시밭의 백합화처럼 향기를 날려야 한다. 그 향기는 다양하고 풍성해야 한다.

사무엘하 8-9장 : 노략물을 바치고 므비보셋을 품은 다윗의 향기

- 그 후에 다윗이 블레셋 사람들을 쳐서 항복을 받고 블레셋 사람들의 손에서...(8:1-6)
- 하맛 왕 도이가 다윗이 하닷에셀의 온 군대를 쳐서 무찔렀다 함을 듣고...(8:9-15)
- 여호야다의 아들 브나야는 그렛 사람과 블렛 사람을 관할하고 다윗의 아들들은...(8:18)
- 왕이 이르되 사울의 집에 아직도 남은 사람이 없느냐 내가 그 사람에게 하나님의...(9:3-11)

(8장) 다윗과 함께하신 하나님은 블레셋, 소바 왕, 다메섹, 에돔과의 전쟁에서 모두 이기게 하십니다.(1~18절) 전리품을 모두 하나님께 드린 다윗은 정의와 공의로 백성을 다스립니다.
(9장) 나라를 더욱 안정시킨 다윗은 자신을 생명처럼 아껴 주었던 요나단과 맺은 언약을 기억하여 그의 집안의 남은 자를 찾습니다.(1~4절) 요나단의 아들 므비보셋을 왕궁으로 데려온 다윗은 그를 아들과 같이 대하면서 요나단과 맺은 언약을 신실하게 지켜 나갑니다.(5~13절)

고린도후서 2장 : 복음 전파자는 모든 자에게 그리스도의 향기

- 내가 이같이 쓴 것은 내가 갈 때에 마땅히 나를 기쁘게 할 자로부터 도리어 근심을...(3-9)
- 이는 우리로 사탄에게 속지 않게 하려 함이라 우리는 그 계책을 알지 못하는 바가 아니로라(11)
- 항상 우리를 그리스도 안에서 이기게 하시고 우리로 말미암아 각처에서 그리스도를...(14-17)

고린도 교회 안에 있는 바울의 대적자들이 바울과 성도들을 근심에 빠뜨린 일이 있었습니다. 바울은 근심 중에 나아가지 않으려고 고린도 교회 방문계획을 변경하였습니다.(1~2절) 바울은 직접 방문하는 대신 눈물로 편지(=고린도후서)를 씁니다.(3~4절) 바울은 문제를 일으킨 사람을 용서하고 위로하라고 권면합니다.(5~11절) 책망의 목적은 회개에 있지 실족케 하는데 있지 않습니다.(7절) 바울은 디도 편에 이 편지를 고린도 교회에 보냈는데 드로아에서 디도를 만나기로 했다가 결국 만나지 못하는 바람에 그의 심령은 편하지 않았습니다.(12~13절) 그에게는 늘 교회와 성도에 대한 염려가 있습니다. 하나님은 성도들을 통해 그리스도의 향기(=복음)를 세상에 나타내십니다.(14절) 그리고 복음 전도자는 그 자체가 그리스도의 향기입니다.(15절) 복음에 대한 수용과 거부는 생명과 사망을 판가름합니다.(16절) 우리는 하나님의 말씀을 받은 그대로 순전하게 전해야 합니다.(17절)

에스겔 16장 : 심판 후에 구원을 베푸시는 하나님의 향기

- 인자야 예루살렘으로 그 가증한 일을 알게 하여...(2-11)
- 네 화려함으로 말미암아 네 명성이 이방인 중에 퍼졌음은 내가 네게 입힌 영화로...(14-17)
- 사람들은 모든 창기에게 선물을 주거늘 오직 너는 네 모든 정든 자에게 선물을 주며...(33-34)
- 나 주 여호와가 이같이 말하노라 네가 맹세를 멸시하여 언약을 배반하였은즉...(59-60)
- 내가 네게 내 언약을 세워 내가 여호와인 줄 네가 알게 하리니...(62-63)

하나님은 심판이 예정된 예루살렘과 하나님의 관계를 설명합니다. 본래 버려진 아이 같았던 예루살렘을 하나님이 죽음에서 건져 주시고 양육해 주셨을 뿐 아니라 신부로 삼아 주셨습니다.(1~8절) 예루살렘은 존귀하고 영광스러운 지위를 얻게 되었습니다.(9~14절) 그러나 예루살렘은 남편인 하나님을 배신하고 행음에 빠졌습니다. 다소 민망한 표현까지 등장하는 본문은 그만큼 그들의 영적 타락과 정치적인 타락(=하나님이 아닌 애굽이나 앗수르를 의지함)이 심각했음을 말해 줍니다.(15~34절) 이제 하나님은 거룩한 신부였던 예루살렘을 음녀라 부르시며 심판을 선언하십니다.(35~43절) 예루살렘은 이방 민족보다 더 부패하여 소돔은 물론 우상숭배로 이미 멸망한 사마리아(=북이스라엘)도 예루살렘에 비하면 그 죄가 절반도 되지 않을 정도입니다.(44~52절) 그러나 하나님은 첫 언약을 기억하셔서 수치를 당한 예루살렘을 용서하시고 영원한 언약을 세우실 것입니다.(53~63절) 하나님의 크고 놀라운 사랑에 예루살렘은 할 말을 잃을 것입니다.

시편 58-59편 : 요새와 피난처가 되어 주시는 전능자의 향기

- 통치자들아 너희가 정의를 말해야 하거늘 어찌 잠잠하냐 인자들아 너희가 올바르게...(58:1-2)
- 그들이 급히 흐르는 물 같이 사라지게 하시며 겨누는 화살이 꺾임 같게 하시며...(58:7-9)
- 나의 하나님이여 나의 원수에게서 나를 건지시고 일어나 치려는 자에게서...(59:1)
- 그들이 나의 생명을 해하려고 엎드려 기다리고 강한 자들이 모여 나를 치려 하오니...(59:3-4)
- 그들의 입술의 말은 곧 그들의 입의 죄라 그들이 말하는 저주와 거짓말로 말미암아...(59:12)

(58편) 시인은 정의에 침묵하고 불의한 판결로 폭력을 초래하며 독사처럼 치명적인 판결을 내리는 불의한 통치자들의 행태를 고발합니다.(1~5절) 하나님의 공의로운 재판을 요청하는 시인은 반드시 심판이 이루어져 하나님의 공의가 인정되고 고백될 것을 확신합니다.(6~11절)

(59편) 자신을 죽이려는 원수들로 인해 위협을 받고있는 다윗이 하나님의 도우심을 간구합니다.(1~5절) 다윗은 악인들이 반드시 멸망할 것을 확신하면서 하나님이 원수들을 오랫동안 심판하심으로 이스라엘 백성은 물론 온 세상이 하나님의 다스리심을 알게 해 달라고 간구합니다.(6~13절) 다윗은 그의 기도가 응답될 것을 확신합니다.(14~17절)

본래 버려진 아이와 같고 므비보셋과 같은 나를 부르셔서 왕의 식탁에 참여하게 하신 은혜에 감사드립니다. 부르심에 감격하며 살아가게 하옵소서. 온 세상을 다스리시는 공의로우신 하나님! 내가 억울한 일을 당할 때에 당신의 공의로 나를 지켜 주시옵소서. 나를 그리스도의 향기가 되게 하옵소서.

본문 사무엘하 10장 | 고린도후서 3장 | 에스겔 17장 | 시편 60-61편
주제 **심령** (心靈, 성경에서 말하는 마음과 영혼)

하나님께서 주관하시는 역사는 곧 하나님의 마음이 투영된 것이다. 늘 관심을 가지고 하나님의 마음을 생각할 때 우리의 심령은 그 역사하심에 동참하고 그 결과와 열매를 누릴 수 있다.

사무엘하 10장 : 담대히 싸우는 요압과 아비새의 신앙적 심령

- 그 후에 암몬 자손의 왕이 죽고 그의 아들 하눈이 대신하여 왕이 되니...(1-3)
- 암몬 자손들이 자기들이 다윗에게 미움이 된 줄 알고 암몬 자손들이 사람을 보내 벧르홉 아람 사람과 소바 아람 사람의 보병 이만 명과 마아가 왕과 그의 사람 천 명과 돕 사람 만 이천 명을 고용한지라...(6-7)
- 암몬 자손은 나와서 성문 어귀에 진을 쳤고 소바와 르홉 아람 사람과 돕과 마아가 사람들은 따로 들에 있더라...(8-14)

다윗은 우호관계에 있던 암몬 왕 나하스의 죽음을 애도하며 사절단을 보냈는데 암몬의 왕 하눈은 다윗이 보낸 사신을 모욕하는 행위를 저지릅니다.(1~5절) 이것이 발단이 되어 일어난 이스라엘과 암몬·아람 연합군과의 전쟁에서 완벽한 승리를 거둔 다윗은 주변 나라의 관계에서 확실한 힘의 우위를 점하게 됩니다.(6~19절)

고린도후서 3장 : 새 언약을 마음판에 새긴 성도의 만족한 심령

- 너희는 우리의 편지라 우리 마음에 썼고 뭇 사람이 알고 읽는 바라...(2-3)
- 우리가 이같은 소망이 있으므로 담대히 말하노니...(12-18)

고린도 교회에는 바울의 사도직에 대해 인정하지 않는 사람들이 있었습니다.(1~3절) 바울은 고린도의 성도들 자체가 자신의 사도직을 증명하는 추천서라고 말합니다. 하나님은 새 언약의 일꾼으로 바울을 택하셨습니다.(4~6절) 율법은 인간을 죄인으로 세우지만 구원해 주지는 못합니다.(7~11절) 연약한 인간이 율법을 완전히 지키는 것은 불가능합니다. 그러나 구원을 주지 못하는 율법이라도 그것을 받은 모세의 얼굴은 이스라엘의 지도자들이 감당하지 못할 정도로 빛나는 광채가 있었습니다. 하물며 영의 직분은 얼마나 더 영광스럽겠습니까. 모세의 율법은 그리스도가 오시기까지이며 이제 그리스도께서 참된 영광으로 오셨으므로 우리는 예수님께 집중해야 합니다. 율법의 마침이요 완성이 되시는 예수님을 통해 비로소 복음의 실체가 완전히 드러나게 되었습니다.(12~16절) 우리는 성령으로 인하여 종의 영이 아닌 아들의 영을 받았기에 하나님과 대면하는 영광을 영원토록 누리게 되었습니다.(17~18절)

에스겔 17장 : 반역한 자들을 심판하시는 하나님의 노한 심령

- 인자야 너는 이스라엘 족속에게 수수께끼와 비유를 말하라...(2-10)
- 너는 반역하는 족속에게 묻기를 너희가 이 비유를 깨닫지 못하겠느냐 하고 그들에게 말하기를 바벨론 왕이 예루살렘에 이르러 왕과 고관을 사로잡아 바벨론 자기에게로 끌어 가고...(12-16)
- 그러므로 주 여호와의 말씀이니라 내가 나의 삶을 두고 맹세하노니 그가 내 맹세를 업신여기고 내 언약을 배반하였은즉 내가 그 죄를 그 머리에 돌리되...(19-24)

하나님의 말씀이 수수께끼와 비유로 임했습니다. 큰 독수리는 바벨론의 느부갓네살 왕, 백향목 가지와 포도나무는 유다의 두 왕(=여호야긴과 시드기야), 다른 독수리는 애굽의 바로를 의미합니다.(1~10절) 느부갓네살은 여호야긴을 바벨론으로 끌고 가는 대신 시드기야를 유다의 왕으로 세웁니다. 그러나 바벨론이 세운 왕 시드기야는 친애굽 정책을 쓰다가 바벨론에 의해 멸망 당하고 맙니다.(11~21절) 유다는 멸망했지만 하나님은 구원을 약속하십니다.(22~24절)

시편 60-61편 : 회복의 응답을 구하는 다윗의 애절한 심령

- 주께서 사랑하시는 자를 건지시기 위하여 주의 오른손으로 구원하시고 응답하소서(60:5)
- 하나님이여 주께서 우리를 버리지 아니하셨나이까 하나님이여 주께서 우리 군대와 함께 나아가지 아니하시나이다...(60:10-12)
- 하나님이여 나의 부르짖음을 들으시며 내 기도에 유의하소서...(61:1-8)

(60편) 본 시는 이스라엘이 요압 장군이 활약으로 아람&에돔 연합군과의 전쟁에서 승리한 것을 배경으로 하고 있습니다.(삼하 8장) 그러나 시의 초반에는 에돔에 의한 패배에 대한 탄식이 등장합니다.(1~3절) 아마도 전쟁 초기에는 수세에 몰렸던 것으로 보입니다. 시인은 하나님이 이스라엘을 승리케 하시고 주변의 여러 민족을 정복하게 하실 것을 소망합니다.(4~8절) 이스라엘은 초기의 실패를 딛고 마침내 승리할 것입니다.(9~12절)

(61편) 죽음의 문턱(=땅끝)이라고 생각될 정도로 어려운 상황에서 시인은 피난처요 견고한 망대가 되시는 하나님의 그늘 아래로 피합니다.(1~4절) 과거 하나님은 시인의 기도에 응답하셨으며 시인에게 기업을 주셨습니다.(5절) 시인은 자신의 장수, 안정된 통치의 지속 그리고 하나님의 인자와 진리로 보호하여 주실 것을 간구합니다.(6~7절) 시인은 찬양과 서원의 이행을 약속합니다.(8절)

역사를 주관하시는 하나님은 다윗에게 승리를 주시기도 하시고 우상숭배로 인해 멸망할 수밖에 없는 이스라엘 백성들을 다시 회복하시기도 합니다. 암담한 현실에 놓여 있다 해도 소망을 잃지 않고 하나님의 그늘 아래 피할 수 있기를 간구하게 하옵소서. 계시의 눈을 열어 주심으로 영광의 복음을 알게 하옵소서.

본문 사무엘하 11장 | 고린도후서 4장 | 에스겔 18장 | 시편 62-63편

주제 **의인** (義人, 여호와의 말씀에 합당하여 하나님이 의롭게 여긴 사람)

성경은 의인에 대해서 일반적으로 두 가지 뜻을 말한다. 구약에서는 율법(말씀)을 잘 지킨 자를 의인(義人)으로, 신약에서는 예수를 그리스도로 믿는 자를 의롭게 인정하는 의인(義認된 義人)으로 말한다.

사무엘하 11장 : 편함을 버리고 책임을 다하며 충성하는 의인

- 저녁 때에 다윗이 그의 침상에서 일어나 왕궁 옥상에서 거닐다가 그 곳에서 보니...(2-4)
- 우리아가 다윗에게 이르매 다윗이 요압의 안부와 군사의 안부와 싸움이 어떠했는지를...(7-9)
- 혹시 왕이 노하여 네게 말씀하기를 너희가 어찌하여 성에 그처럼 가까이 가서...(20-21)
- 다윗이 전령에게 이르되 너는 요압에게 이같이 말하기를 이 일로 걱정하지 말라 칼은 이 사람이나 저 사람이나 삼키느니라 그 성을 향하여 더욱 힘써 싸워 함락시키라 하여...(25-27)

다윗의 인생에서 가장 치명적인 범죄가 기록되어 있습니다. 다윗의 군대가 암몬과 전쟁을 치르고 있는 가운데 다윗은 왕궁에 머물러 있었습니다.(1절) 우연히 목욕중인 한 여인을 보게 된 그는 욕망을 통제하지 못하고 충직한 장수인 우리아의 아내 밧세바와 동침하는 죄를 범하고 말았습니다.(2~4절) 이 일로 인해 밧세바가 임신하게 되자 그는 이를 은폐하기 위해 전쟁터에 나가있는 우리아를 왕궁으로 불러 집으로 위로 휴가를 보내는 비상식적인 지시를 합니다.(5~8절) 그러나 우리아는 자신의 상관 요압과 이스라엘 군사들이 전쟁 중에 있는데 자신만 집에서 편히 쉴 수 없다며 사실상 휴가를 거절하게 됩니다.(9~13절) 결국 다윗은 사건 무마를 위해 충신 우리아를 사지로 보내 결국 전사하게 만드는 치명적인 범죄를 또 저지릅니다.(14~25절) 그는 거짓으로 슬퍼하는 척 하며 밧세바를 위로하고 자신의 아내로 맞이함으로써 야망을 성취합니다.(26~27절) 그와 밧세바 사이에서 일어난 일련의 모든 일들을 하나님은 다 보고 계십니다.

고린도후서 4장 : 자신을 전하지 않고 예수만 전파하는 의인

- 이에 숨은 부끄러움의 일을 버리고 속임으로 행하지 아니하며 하나님의 말씀을 혼잡하게 하지 아니하고 오직 진리를 나타냄으로 하나님 앞에서 각 사람의 양심에 대하여...(2-4)
- 우리가 이 보배를 질그릇에 가졌으니 이는 심히 큰 능력은 하나님께 있고 우리에게...(7-11)
- 주 예수를 다시 살리신 이가 예수와 함께 우리도 다시 살리사 너희와 함께 그 앞에...(14)
- 그러므로 우리가 낙심하지 아니하노니 우리의 겉사람은 낡아지나 우리의 속사람은...(16-18)

영광스런 새 언약의 일꾼인 바울은 자신을 대적하는 자들이 여전히 있지만 낙심하지 않습니다.(1절) 어떤 이에게는 복음이 가려져 있는데 이는 악한 영이 그 마음을 혼미하게 했기 때문입니다.(2~4절) 진흙같이 연약하고 보잘것없는 존재였던 바울은 다메섹 도상에서 복음의 빛을 경험한 후 예수님의 주 되심과 복음을 위해 자신이 종 되었음을 전하는 자가 되었습니다.(5~7절) 극심한 핍박 속에서도 예수의 죽음을 짊어진 바울을 통해 예수의 생명이 나타납니다.(8~12절) 현재의 고난은 미래의 소망과 영원에 대한 믿음

을 결코 이길 수 없습니다.(13~18절) 특히 그리스도의 부활은 우리를 더욱 담대하게 만듭니다.(14절)

에스겔 18장 : 율례와 규례를 지켜 진실하게 행동하는 의인

- 너희가 이스라엘 땅에 관한 속담에 이르기를 아버지가 신 포도를 먹었으므로...(2-20)
- 그 범죄한 것이 하나도 기억함이 되지 아니하리니 그가 행한 공의로 살리라...(22-24)
- 만일 의인이 그 공의를 떠나 죄악을 행하고 그로 말미암아 죽으면 그 행한 죄악으로...(26-27)
- 주 여호와의 말씀이니라 이스라엘 족속아 내가 너희 각 사람이 행한 대로 심판할지라...(30-32)

포로로 끌려간 이스라엘 백성들은 조상들의 죄 때문에 자신들이 고초를 겪는다고 생각했습니다.(1~4절) 그러나 하나님은 조상의 죄가 아니라 각자 자신이 행한 죄로 인해 심판을 받는 것이라고 말씀하십니다.(5~20절) 그러나 죄를 범한 자가 죄에서 돌이키고 정의와 공의를 행한다면 반드시 살 것입니다.(21~23절) 반대로 의인이라도 공의에서 떠나 죄를 범하면 죄값을 치르게 될 것입니다.(24절) 각자 행한 일에 대한 결과이기에 하나님의 심판은 공평합니다.(25~29절) 하나님은 회개를 촉구하십니다.(30~32절)

시편 62-63편 : 고난 중에 주만 구원 소망으로 인정하는 의인

- 나의 영혼이 잠잠히 하나님만 바람이여 나의 구원이 그에게서 나오는도다...(62:1-3)
- 나의 영혼아 잠잠히 하나님만 바라라 무릇 나의 소망이 그로부터 나오는도다...(62:5-8)
- 포악을 의지하지 말며 탈취한 것으로 허망하여지지 말며 재물이 늘어도 거기에...(62:10)
- 하나님이여 주는 나의 하나님이시라 내가 간절히 주를 찾되 물이 없어 마르고...(63:1-4)
- 내가 나의 침상에서 주를 기억하며 새벽에 주의 말씀을 작은 소리로 읊조릴 때에...(63:6-8)

(62편) 자신을 죽이려고 공격하는 대적들로 인해 넘어지는 담과 흔들리는 울타리처럼 매우 위태로운 상황에서 시인은 견고한 반석이요 요새이신 하나님만 신뢰한다고 고백합니다.(1~4절) 시인은 자신의 영혼과 백성에게 잠잠히 하나님만 바라볼 것을 촉구합니다.(5~8절) 사람은 정말 아무것도 아니기에 사람을 두려워하지 말고 권능의 하나님께 마음을 두어야 합니다.(9~12절)

(63편) 시인은 간절한 마음으로 하나님을 갈망하고 있습니다.(1절) 대적들을 피해 예루살렘 성전에서 멀리 떨어져 있는 유대 광야로 간 시인은 육체적으로 영적으로 갈한 상태입니다. 시인은 과거 성소에서 하나님과 교제했던 시간들을 회상하며 생명보다 나은 주의 인자와 사랑을 찬양할 것을 결단합니다.(2~4절) 시인은 골수와 기름진 것을 먹음같이 그의 영혼을 만족케 할 하나님의 말씀을 묵상할 것입니다.(5~6절) 하나님은 그의 도움이 되시며 대적에게는 심판자가 되십니다.(7~10절) 대적들은 패하여 할 말을 잃어버릴 것입니다.(11절)

다윗이 어떻게 죄로 인해 무너졌는지를 보게 하옵소서. 모든 것을 다 아시는 하나님 앞에 정직하게 하옵소서. 복음의 빛을 내게 비춰주심에 감사드리며 나를 통해 예수의 생명이 드러나게 하옵소서. 내 영혼이 주를 바라봅니다.

본문 사무엘하 12장 | 고린도후서 5장 | 에스겔 19장 | 시편 64-65편

주제 비유 (譬喩, 어떤 사물이나 현상을 그와 비슷한 다른 것에 빗대어 표현함)

성경에는 많은 비유가 있다. 예수님은 진리를 깨닫게 하기 위해 사용하셨고, 또 역사서나 시편이나 잠언에서는 여러 상황과 교훈을 전하기 위해 사용하였으며, 예언과 같은 비밀을 전하는 도구로도 사용하였다.

사무엘하 12장 : 작은 암양 새끼를 뺏은 부자로 비유된 다윗

- 여호와께서 나단을 다윗에게 보내시니 그가 다윗에게 가서 그에게 이르되 한 성읍에 두 사람이 있는데 한 사람은 부하고 한 사람은 가난하니...(1-5)
- 나단이 다윗에게 이르되 당신이 그 사람이라 이스라엘의 하나님 여호와께서...(7-9)
- 너는 은밀히 행하였으나 나는 온 이스라엘 앞에서 백주에 이 일을 행하리라...(12-13)
- 이르되 아이가 살았을 때에 내가 금식하고 운 것은 혹시 여호와께서 나를 불쌍히 여기사 아이를 살려 주실는지 누가 알까 생각함이거니와...(22-25)
- 다윗이 모든 군사를 모아 랍바로 가서 그 곳을 쳐서 점령하고...(29-31)

비유로 죄를 지적하는 나단 선지자의 위엄 있는 선포를 들은 다윗은 즉시 회개합니다.(1~9절) 하나님은 다윗의 회개를 받으시고 죄를 사하여 주셨지만 죄에 대한 대가가 있음을 말씀하십니다.(10~14절) 첫 번째로 밧세바와의 부적절한 관계로 잉태된 아기는 다윗의 금식기도에도 불구하고 태어나자마자 앓다가 죽게 됩니다.(15~20절) 다윗은 하나님의 주권을 인정하고 상황을 받아들입니다.(21~23절) 그러나 하나님은 다윗에게 은혜를 베푸사 훗날 그의 뒤를 이어 왕이 되는 솔로몬을 주십니다.(24~25절) 죄인에게 은혜를 베푸시는 하나님이십니다. 중단되었던 암몬과의 전쟁이 다시 시작되어 다윗은 크게 승리하였습니다.(26~31절)

고린도후서 5장 : 새로운 피조물과 주의 사신으로 비유된 바울

- 만일 땅에 있는 우리의 장막 집이 무너지면 하나님께서 지으신 집 곧 손으로 지은 것이 아니요 하늘에 있는 영원한 집이 우리에게 있는 줄 아느니라...(1-2)
- 곧 이것을 우리에게 이루게 하시고 보증으로 성령을 우리에게 주신 이는 하나님이시니라...(5-10)
- 우리가 만일 미쳤어도 하나님을 위한 것이요 정신이 온전하여도 너희를 위한 것이니...(13-19)
- 하나님이 죄를 알지도 못하신 이를 우리를 대신하여 죄로 삼으신 것은 우리로 하여금 그 안에서 하나님의 의가 되게 하려 하심이라(21)

이 땅에서의 삶은 땅에 있는 장막 집과 같아서 시간이 지나면 반드시 무너지게 됩니다.(1~2절) 그러나 하늘에 있는 영원한 집이 우리를 기다리고 있습니다. 성령님이 영원한 집을 보증해 주십니다.(3~5절) 그러므로 우리는 이 땅에서 영원한 집을 소망하며 주를 기쁘시게 하는 삶을 살아야 합니다.(6~10절) 바울은 사람의 환심을 사기 위해 재능이

나 언변을 자랑하지 않았으며 오직 주를 기쁘시게 하는 삶을 살아왔음을 하나님이 아신다고 말합니다.(11~12절) 그리스도를 만난 자는 그리스도를 위해 살아가며 그리스도의 사랑에 붙잡힌 자가 됩니다.(13~15절) 바울도 한때는 그리스도를 배척했으나 지금은 그리스도를 위해 살아갑니다.(16절) 그리스도께서 우리 죄를 대신하여 속죄 제물이 되심으로 우리는 하나님의 의가 되었고 새로운 피조물이 되었습니다.(17~21절) 영원한 집을 소망하는 우리는 이 땅에서 더욱 하나님과 화목해야 합니다.(20절)

에스겔 19장 : 젊은 사자와 포도나무로 비유된 이스라엘 고관

- 너는 이스라엘 고관들을 위하여 애가를 지어...(1-9)
- 네 피의 어머니는 물 가에 심겨진 포도나무 같아서 물이 많으므로 열매가 많고 가지가 무성하며...(10-14)

하나님은 에스겔에게 애가를 지어 부르라고 하십니다.(1절) 본문은 고관들을 위한 애가(2~9절)와 백성들을 위한 애가(10~14절)로 구성되어 있습니다. 애굽으로 끌려간 첫 번째 사자는 여호아하스 왕을, 바벨론으로 끌려간 두 번째 사자는 시드기야 혹은 여호야긴을 의미합니다. 물가에 심겨 많은 열매를 맺으며 무성한 가지를 뻗었던 포도나무는 결국 광야로 옮겨졌으며 뿌리가 뽑히고 가지가 꺾이고 말았습니다.(10~14절) 하나님을 떠나 우상을 숭배한 결과입니다.

시편 64-65편 : 칼의 혀와 화살의 말을 쓰는 자로 비유된 원수

- 하나님이여 내가 근심하는 소리를 들으시고 원수의 두려움에서 나의 생명을...(64:1-5)
- 이러므로 그들이 엎드러지리니 그들의 혀가 그들을 해함이라 그들을 보는 자가 다...(64:8-10)
- 기도를 들으시는 주여 모든 육체가 주께 나아오리이다...(65:2-5)
- 땅 끝에 사는 자가 주의 징조를 두려워하나이다 주께서 아침 되는 것과 저녁 되는 것을 즐거워하게 하시며...(65:8-13)

(64편) 심판을 두려워하지 않는 대적들이 다윗의 생명을 노리는 가운데 다윗은 하나님께 자신의 생명을 보존해 주시길 간구합니다.(1~4절) 악인들은 그들의 승리를 자신합니다.(5~6절) 그러나 하나님은 악인을 심판하시고 의인을 건지심으로 의인은 하나님의 구원을 찬양할 것입니다.(7~10절)
(65편) 죄 사함을 받고 하나님께 나아오는 자는 복이 있습니다.(1~4절) 창조주 하나님은 혼돈을 잠재우시고 질서를 세우시며 주의 백성을 구원하십니다.(5~7절) 열방이 하나님이 행하신 구원의 징조를 보고 예배하며 즐거워할 것입니다.(8절) 시인은 하나님의 풍성한 공급으로 인해 감사하며 찬양합니다.(9~13절)

다윗은 비록 치명적인 죄를 범했지만 선지자의 죄에 대한 지적에 즉시 회개함으로 하나님의 긍휼을 얻게 됩니다. 죄인을 용서하시는 하나님의 긍휼과 함께 죄에는 대가가 있다는 사실을 분명히 알게 하옵소서. 하나님께 나아오는 자에게 복을 주시며 영원한 집으로 인도하여 주심을 평생 찬양하게 하옵소서.

본문 사무엘하 13장 | 고린도후서 6장 | 에스겔 20장 | 시편 66-67편
주제 역할 (役割, 일정한 자격으로 자기가 해야 할 맡은 바 직책이나 임무)

모든 사람은 자신의 역할을 가지고 태어난다. 특히 예수 그리스도를 믿고 교회의 지체가 된 성도들은 자신의 역할을 찾고 개발하며 감당함으로써 합당한 열매를 맺혀야 한다. 잘못된 역할은 악과 죄를 낳는다.

사무엘하 13장 : 암논에게 꾀를 알려주는 요나답의 간교한 역할

- 그 후에 이 일이 있으니라 다윗의 아들 압살롬에게 아름다운 누이가 있으니 이름은...(1-5)
- 다윗이 사람을 그의 집으로 보내 다말에게 이르되 이제 네 오라버니 암논의 집으로...(7-16)
- 만 이 년 후에 에브라임 곁 바알하솔에서 압살롬이 양 털을 깎는 일이 있으매...(23-28)
- 그들이 길에 있을 때에 압살롬이 왕의 모든 아들들을 죽이고 하나도 남기지..(30-32)
- 다윗 왕의 마음이 압살롬을 향하여 간절하니 암논은 이미 죽었으므로 왕이 위로를...(39)

다윗의 가문에 비극이 발생합니다. 평소 이복동생 다말을 흠모해 왔던 암논이 거짓 계책을 써서 다말을 집으로 불러들인 후 자신의 욕망을 채우는 심각한 범죄를 저지른 것입니다.(1~14절) 이후 암논은 다말을 매몰차게 내쫓았고 이 사실을 알게 된 다말의 친오빠 압살롬은 암논에 대한 증오를 품게 됩니다.(15~22절) 이 일과 관련하여 다윗은 크게 화만 냈을 뿐 별다른 조치를 하지 않았습니다. 2년의 시간이 흐른 어느 날 압살롬은 암논을 죽이고 그술로 망명을 떠납니다.(23~39절) 밧세바를 범하고 그의 남편을 의도적으로 죽게 한 다윗의 죄에 대하여 "그의 집안에 칼이 떠나지 않으리라"는 나단 선지자의 예언이 현실이 되었습니다.(12:10)

고린도후서 6장 : 하나님과 함께 일하는 자 바울의 희생적 역할

- 우리가 하나님과 함께 일하는 자로서 너희를 권하노니 하나님의 은혜를 헛되이 받지...(1-10)
- 내가 자녀에게 말하듯 하노니 보답하는 것으로 너희도 마음을 넓히라...(13-17)

하나님의 동역자라는 의식을 가진 바울은 지금이 은혜의 때요, 구원의 기회이므로 반드시 복음을 붙들어야 한다고 강조합니다.(1~2절) 그는 자신의 연약함이나 과오로 인해 복음이 방해를 받을까 조심하면서 온갖 종류의 핍박과 환난에 대해 인내했으며 정결함과 자비로움, 성령의 감화와 거짓 없는 사랑, 진리의 말씀과 하나님의 능력으로 사역을 감당했습니다.(3~7절) 그에게는 영광과 모욕, 악한 이름(=사기꾼)과 아름다운 이름(=사도)의 상반된 평가가 뒤따랐습니다.(8절) 그는 가난한 자였으나 복음으로 사람들을 부요케 하는 부자였으며 아무것도 가지지 못한 자 같으나 결국엔 모든 것을 가진 자였습니다.(8~10절) 바울은 고린도 성도들이 그에 대한 잘못된 편견에서 벗어날 것을 촉구합니다.(11~13절) 바울은 믿지 않는 자와 멍에를 함께 메지 달라고 권면합니다.(14~18절) 빛이 어두움과 함께 할 수 없듯이 하나님의 백성은 세상의 가치관을 가지고 살 수 없습니다. 거룩한 삶은 곧 구별된 삶입니다.

에스겔 20장 : 장로에게 주뜻을 전하는 에스겔의 대언적 역할

- 일곱째 해 다섯째 달 열째 날에 이스라엘 장로 여러 사람이 여호와께 물으려고...(1)
- 이르라 주 여호와께서 이같이 말씀하셨느니라 옛날에 내가 이스라엘을 택하고...(5-14)
- 내가 내 이름을 위하여 내 손을 막아 달리 행하였나니 내가 그들을 인도하여...(22-24)
- 그러므로 너는 이스라엘 족속에게 이르라 주 여호와께서 이같이 말씀하셨느니라...(30-31)

유다가 멸망하기 4년 전에 지도자들이 유다의 미래에 대해 듣고자 에스겔을 찾았는데 하나님은 그들에게 응답하지 않을 것이며 도리어 조상의 가증한 죄에 대해 알게 하라고 말씀하십니다.(1~4절) 하나님은 출애굽에 대하여 이스라엘 백성들은 여전히 우상을 버리지 못하고 있었지만 자신의 이름과 명예를 지키고자 구원해 낸 것이라고 말씀하십니다.(5~9절) 그럼에도 불구하고 출애굽 세대, 광야세대, 약속의 땅 세대 모두 안식일과 율법을 제대로 지키지 않고 반역하여 하나님의 이름을 더럽혔습니다.(10~29절) 하나님은 우상 숭배자들에 대해 듣지 않으시며 반역자들을 심판하실 것입니다.(30~36절) 우상을 숭배하면서 하나님을 예배하는 행위는 하나님의 이름을 모독하는 것입니다.(37~39절) 그러나 하나님은 백성의 회복에 대한 강한 의지를 천명하십니다.(40~42절) 백성들이 자신의 죄를 뉘우치고 하나님을 진정으로 섬길 날이 올 것이며 이를 위해 하나님은 백성들의 죄에 대해 징계하실 것입니다.(43~49절)

시편 66-67편 : 온 땅과 민족이 주를 찬양하는 경배자 역할

- 하나님께 아뢰기를 주의 일이 어찌 그리 엄위하신지요 주의 큰 권능으로 말미암아...(66:3-6)
- 그는 우리 영혼을 살려 두시고 우리의 실족함을 허락하지 아니하시는 주시로다...(66:9-14)
- 하나님을 찬송하리로다 그가 내 기도를 물리치지 아니하시고 그의 인자하심을...(66:20)
- 하나님은 우리에게 은혜를 베푸사 복을 주시고 그의 얼굴 빛을 우리에게 비추사 (셀라)...(67:1-5)

(66편) 시인은 하나님이 지으신 모든 만물들을 향해 하나님을 찬양하라고 선포합니다.(1~2절) 특히 하나님이 행하신 구원의 역사들을 찬양해야 합니다.(3~6절) 우리를 영원히 다스리시며 우리를 살리시고 단련하시니 하나님을 찬양해야 합니다.(7~10절) 고난(=유다의 멸망 & 바벨론 포로)의 역사를 통해 풍성한 하나님의 은총을 경험하게 했으니 찬양해야 합니다.(11~12절) 마침내 고난을 통과한 시인은 고난의 시절 하나님께 서원한 감사의 제사를 드립니다.(13~15절) 하나님은 시인의 기도에 응답하셨고 시인은 영광의 찬송을 드리며 자신이 경험한 은혜를 증언합니다.(16~20절)
(67편) 시인은 하나님이 복의 근원이심을 강조합니다.(1, 6~7절) 땅의 소산은 하나님이 주시는 복입니다. 시인은 주의 도가 모든 민족에게 알려져 모든 민족이 주를 찬양하기를 간구합니다.(2~5절)

하나님! 오늘 말씀을 통해 다윗의 범죄가 미치는 영향을 보았습니다. 죄를 멀리하게 하시고 주의 거룩하심을 사모하게 하옵소서. 우상과 하나님을 겸하여 섬긴 이스라엘 백성처럼 되지 않게 하시고 하나님 앞에 순전하게 하옵소서. 복음으로 사람들을 부요케 하기를 소망합니다. 복음이 온 세상에 전파되어 모든 민족이 주를 찬송하게 하옵소서.

본문 사무엘하 14장 | 고린도후서 7장 | 에스겔 21장 | 시편 68편

주제 **근심** (해결되지 않은 일 때문에 속을 태우거나 우울해 함)

인간은 불확실한 시대 속에서 염려하며 산다. 염려란 속의 근심과 밖의 걱정이다. 특히 믿음이 적은 자는 속의 근심을 많이 품고 산다. 영적인 근심이나 육적인 근심도 모두 주 안에서 해결 받을 수 있다.

사무엘하 14장 : 다윗과 압살롬이 풀지 못했던 관계 근심

- 스루야의 아들 요압이 왕의 마음이 압살롬에게로 향하는 줄 알고...(1-8)
- 여인이 이르되 청하건대 왕은 왕의 하나님 여호와를 기억하사 원수 갚는 자가...(11)
- 여인이 이르되 그러면 어찌하여 왕께서 하나님의 백성에게 대하여 이같은 생각을...(13-21)
- 압살롬이 이태 동안 예루살렘에 있으되 왕의 얼굴을 보지 못하였으므로...(28-33)

그술로 망명을 떠난 압살롬으로 인해 다윗이 국정 운영에 집중하지 못하자 요압은 다윗과 압살롬의 화해를 위해 드고아의 한 여인에게 임무를 주어 왕을 만나게 합니다.(1~3절) 그녀는 요압이 시킨 대로 거짓으로 자신의 억울한 일을 말하며 다윗의 개입을 요청하였고 다윗은 그녀를 지켜 주겠다고 약속합니다.(4~11절) 다윗의 호의적인 반응을 본 여인은 압살롬을 데려오지 않는 다윗의 행위와 자신에게 한 다윗의 말에 모순이 있음을 용기 있게 말합니다.(12~14절) 여인이 다윗을 찾아온 이유는 하나 남은 상속자마저 죽임당할 위기에서 자신을 구해줄 것이라고 확신했기 때문입니다.(15~17절) 다윗은 요압이 이 여인을 조종하고 있다는 것을 알아차리게 됩니다.(18~20절) 약 3년 만에 압살롬이 돌아왔지만 다윗은 그를 만나지 않습니다.(21~24절) 탁월한 외모로 이스라엘 백성들의 인기를 얻고 있는 압살롬은 아버지가 계속 만나주지 않자 요압에게 만남의 주선을 부탁하였고 마침내 두 사람은 화해하게 됩니다.(25~33절)

고린도후서 7장 : 하나님의 뜻대로 하는 근심과 세상 근심

- 그런즉 사랑하는 자들아 이 약속을 가진 우리는 하나님을 두려워하는 가운데서...(1-3)
- 우리가 마게도냐에 이르렀을 때에도 우리 육체가 편하지 못하였고 사방으로...(5-7)
- 내가 그에게 너희를 위하여 자랑한 것이 있더라도 부끄럽지 아니하니 우리가...(14)

새 언약의 백성으로서 구별된 삶을 살 것을 강조한 바울은 복음을 이용해 자신의 이익을 구하지 않았음을 분명하게 밝힙니다.(1~2절) 도리어 고린도 교회 성도들과 같은 운명공동체라고 말하면서 “너희들은 나의 자랑이며 말하지 못할 것이 없는 거리낌 없는 관계”라고 말합니다.(3~4절) 마침 바울이 전한 교훈을 고린도 교회 성도들이 받아들여 다시금 진리를 사모하고 죄에 대해 애통하며 바울을 다시 보기 원한다는 소식을 듣고 바울은 큰 위로와 기쁨을 얻습니다.(5~7절) 디도 편으로 보낸 바울의 편지(=고린도 교회의 잘못을 지적하는 내용)가 잠시 고린도 교회 성도들을 근심하게 했지만 그들은 회개하고 돌이켰습니다.(8~9절) 하나님의 뜻대로 하는 근심은 구원과 생명으로 인도합니다.(10~12절) 디도의 방문을 환대하며 바울이 전한 교훈을 수용한 고린도 성도들은 그들에 대한 바울의 신뢰가 참인 것을 입증했습니다.(13~16절)

에스겔 21장 : 주의 칼 심판에 대한 에스겔의 탄식과 근심

- 인자야 너는 얼굴을 예루살렘으로 향하며 성소를 향하여 소리내어 이스라엘 땅에게..(2-7)
- 그 칼이 날카로움은 죽임을 위함이요 빛남은 번개 같이 되기 위함이니 우리가...(10)
- 인자야 너는 부르짖어 슬피 울지어다 이것이 내 백성에게 임하며 이스라엘 모든...(12)
- 인자야 너는 바벨론 왕의 칼이 올 두 길을 한 땅에서 나오도록 그리되 곧 성으로...(19)
- 네게 대하여 허무한 것을 보며 네게 대하여 거짓 복술을 하는 자가 너를 중상 당한...(29)

죄에 빠지고도 회개할 줄 모르는 백성들에게 무서운 칼의 심판이 임할 예정인데 하나님은 에스겔에게 백성들 앞에서 크게 탄식하고 그가 탄식하는 이유에 대해 설명하라고 말씀하십니다.(1~7절) 칼의 심판은 매우 가혹할 것이며 하나님의 분노는 두 번, 세 번 거듭될 것입니다.(8~17절) 하나님은 바벨론 왕에게 칼을 맡기시며 예루살렘에 대한 심판을 위임하셨는데 모든 백성들이 죄를 범하였지만 특히 왕에게 더 큰 책임을 물을 것입니다.(18~27절) 허무한 대상을 섬기고 거짓 복술을 의지하였으며 바벨론의 예루살렘 정복에 일조를 한 암몬 족속도 심판을 피하지 못할 것입니다.(28~32절)

시편 68편 : 하나님이 해결하신 소외된 자의 삶의 근심

- 하나님이 일어나시니 원수들은 흩어지며 주를 미워하는 자들은 주 앞에서 도망하리이다(1)
- 의인은 기뻐하여 하나님 앞에서 뛰놀며 기뻐하고 즐거워할지어다(3)
- 너희가 양 우리에 누울 때에는 그 날개를 은으로 입히고 그 깃을 황금으로 입힌...(13)
- 하나님이여 그들이 주께서 행차하심을 보았으니 곧 나의 하나님, 나의 왕이 성소로...(24)

일생동안 수많은 고난과 전쟁을 겪은 다윗은 대적들을 물리치고 승리를 주신 하나님을 찬양하라고 권합니다.(1~4절) 약한 자를 붙드시는 하나님은 지난날의 역사 가운데 이스라엘을 선하게 인도하시며 필요한 것을 공급해 주셨습니다.(5~10절) 미리암의 노래(홍해에서의 승리, 출 15장), 드보라의 노래(가나안 왕 야빈과의 전쟁에서 승리, 삿 5장), 이스라엘 여인들의 노래(골리앗에 대한 다윗의 승리, 삼상 18장) 등을 보면 여인들이 승리를 노래합니다. 가장 높은 바산이 아닌 평범한 시온산을 거처로 삼으신 하나님은 승리하셨으며 연약한 여인들에게까지 승리의 산물을 나누어 주심으로 여인들은 승리의 노래를 부릅니다.(11~18절) 시인은 우리의 짐을 대신 지시고 함께 하시며 우리 대신 싸워 승리하시는 하나님을 노래합니다.(19~27절) 열방이 하나님께 돌아와 경배할 것을 내다보며 이스라엘 백성은 물론 온 열방에게 하나님의 위엄과 능력을 찬양하자고 제안합니다.(28~35절)

하나님 아닌 헛된 것을 의지하지 않게 하시고 회개를 모르는 완고한 심령이 되지 않게 하옵소서. 근심 많은 세상살이이나 세상 근심이 아닌 하나님의 뜻대로 하는 근심으로 생명과 구원에 이르게 하옵소서.

본문 사무엘하 15장 | 고린도후서 8장 | 에스겔 22장 | 시편 69편

주제 **참여** (參與, 어떤 일이나 모임에 참가하여 관계함)

사람은 원하든 원치 않든 어는 곳엔가 속하고 또 참여하게 된다. 당연히 좋은 일에 참여해야 하지만 때로는 나쁜 일에 참여하여 죄를 짓고 더 깊은 수렁에 빠지게 된다. 그러므로 항상 깨어 있어야 한다.

사무엘하 15장 : 다윗의 피난과 미래 재건에 참여하는 자들

- 그 후에 압살롬이 자기를 위하여 병거와 말들을 준비하고 호위병 오십 명을...(1-7)
- 그의 모든 신하들이 그의 곁으로 지나가고 모든 그렛 사람과 모든 블렛 사람과 및 왕을 따라 가드에서 온 모든 가드 사람 육백 명이 왕 앞으로 행진하니라(18)
- 보라 사독과 그와 함께 한 모든 레위 사람도 하나님의 언약궤를 메어다가 하나님의 궤를 내려 놓고 아비아달도 올라와서 모든 백성이 성에서 나오기를 기다리도다...(24-28)
- 다윗이 감람 산 길로 올라갈 때에 그의 머리를 그가 가리고 맨발로 울며 가고 그와 함께 가는 모든 백성들도 각각 자기의 머리를 가리고 울며 올라가니라...(30-35)

왕위 찬탈을 노리는 압살롬은 자신을 지지하는 여론을 만든 후 핵심세력 200여명과 함께 헤브론에서 반란을 일으킵니다.(1~12절) 압살롬의 반란 소식에 다윗은 황급히 왕궁을 버리고 떠나게 되었는데 일부 백성들과 가드 사람 잇대가 그와 함께합니다.(13~23절) 다윗은 피난길에 법궤를 메고 합류한 제사장들을 예루살렘으로 보내며 하나님이 은혜를 베푸시면 다시 법궤를 볼 수 있을 것이라고 말합니다.(24~29절) 자신의 모사 아히도벨이 압살롬 편에 섰다는 쓰라린 소식을 들은 다윗은 아히도벨의 적수가 될 만한 또 다른 인물인 후새를 압살롬에게 보냅니다.(30~37절)

고린도후서 8장 : 가난 중에도 선교와 연보에 참여하는 자들

- 형제들아 하나님께서 마게도냐 교회들에게 주신 은혜를 우리가 너희에게 알리노니...(1-5)
- 오직 너희는 믿음과 말과 지식과 모든 간절함과 우리를 사랑하는 이 모든 일에 풍성한...(7-9)
- 할 마음만 있으면 있는 대로 받으실 터이요 없는 것은 받지 아니하시리라...(12-14)
- 또 그들과 함께 우리의 한 형제를 보내었노니 우리는 그가 여러 가지 일에 간절한 것을 여러 번 확인하였거니와 이제 그가 너희를 크게 믿으므로 더욱 간절하니라...(22-23)

바울은 고린도 교회 성도들에게 모범적인 한 교회를 소개합니다. 마게도냐 교회는 핍박과 경제적 궁핍 가운데 있었지만 예루살렘 교회를 돕는 일에 교회의 역량을 초월하여 참여합니다.(1~4절) 바울은 고린도 교회도 복음으로 인한 진실한 사랑의 구제에 동참하길 촉구합니다.(5~9절) 많이 가진 자는 많게, 적게 가진 자는 적게 각자 자신의 수준에 따라 구제와 섬김을 행함으로써 서로의 부족함을 채워 공동체가 함께 부요함을 누리는 것이 아름답습니다.(10~15절) 이 일을 위해 교회를 사랑하는 디도와 한명의 형제가 자원하였습니다.(16~19절) 그들은 상당한 무게의 금화와 지폐를 모으고 보관하며 예루살렘교회까지 운반해야 했기에 모금과 관련하여 오해가 생기지 않도록 일절 깨끗함으로 일을 처리해야 합니다.(20~21절) 바울은 중요하고도 위험한 사역을 맡은 세 명의 형제에 대한 칭송과 함께 그들을 잘 영접해 줄 것을 교회에 당부합니다.(22~24절)

에스겔 22장 : 주가 미워하는 죄에 참여하는 고관과 백성들

- 너는 말하라 주 여호와께서 이같이 말씀하셨느니라 자기 가운데에 피를 흘려...(3-5)
- 내가 너를 뭇 나라 가운데에 흩으며 각 나라에 헤치고 너의 더러운 것을 네 가운데에서 멸하리라(15)
- 인자야 이스라엘 족속이 내게 찌꺼기가 되었나니 곧 풀무 불 가운데에 있는 놋이나...(18-20)
- 그 가운데에서 선지자들의 반역함이 우는 사자가 음식물을 움킴 같았도다...(25-29)

우상숭배와 각종 불의한 죄로 기소를 당한 예루살렘에 대해 하나님은 심판을 집행하실 것입니다.(1~16절) 하나님의 진노의 심판은 결코 가볍지 않을 것입니다.(17~22절) 그러나 찌꺼기 같은 이스라엘은 이 심판을 통해 더러움이 제거될 것입니다. 하나님의 말씀을 바르게 가르치고 경건하게 살아야 할 선지자와 제사장마저 타락한 이스라엘은 하나님의 심판을 피할 수 없습니다.(23~31절)

시편 69편 : 수렁에서 건짐받아 경배와 복에 참여하는 다윗

- 나는 설 곳이 없는 깊은 수렁에 빠지며 깊은 물에 들어가니 큰 물이 내게 넘치나이다...(2-4)
- 주 만군의 여호와여 주를 바라는 자들이 나를 인하여 수치를 당하게 하지 마옵소서 이스라엘의 하나님이여 주를 찾는 자가 나로 말미암아 욕을 당하게 하지 마옵소서(6)
- 여호와여 주의 인자하심이 선하시오니 내게 응답하시며 주의 많은 긍휼에 따라...(16-18)
- 비방이 나의 마음을 상하게 하여 근심이 충만하니 불쌍히 여길 자를 바라나 없고...(20)
- 하나님이 시온을 구원하시고 유다 성읍들을 건설하시리니 무리가 거기에 살며...(35)

자신을 괴롭히는 대적들에 대한 저주가 담겨 있는 개인 탄원시입니다. 다윗은 물과 수렁에 점점 빠져가며 죽어가는 상황을 묘사하고 있는데 하나님의 응답이 더뎌 목이 마르고 눈이 쇠한다고 고백합니다.(1~4절) 다윗은 우매함과 죄가 있음을 인정하지만 적어도 지금의 고난은 죄로 인한 형벌이 아닌 주를 향한 열심 때문이라고 말합니다.(5~12절) 다윗은 주의 인자하심으로 깊은 물과 수렁에서 자신을 건져 주시길 간구합니다.(13~18절) 그리고 자신이 겪는 극심한 고난을 아시는 주께 대적들에 대한 저주의 기도를 드립니다.(19~28절) 이것은 시인이 대적과 싸우는 방식입니다. 고난 속에서 순전하게 된 다윗은 하나님에 대한 감사와 찬송을 결단합니다.(29~32절) 궁핍한 자의 기도를 들으시며 갇힌 자를 멸시하지 않는 하나님은 종의 기도를 들으시며 모든 피조물들로부터 찬송을 받으실 것입니다.(33~36절)

아들의 반란으로 피난길을 떠나면서도 그리고 대적들의 공세로 죽음 직전까지 내몰린 힘겨운 상황에서도 다윗은 하나님의 주권에 자신을 온전히 맡기는 기도를 드립니다. 내 삶의 실제적인 주권이 하나님께 있음을 정직하게 고백하게 하옵소서. 마게도냐 형제들처럼 내가 가진 것을 형제들과 함께 누리는 부요한 마음을 주시옵소서.

본문 사무엘하 16장 | 고린도후서 9장 | 에스겔 23장 | 시편 70-71편

주제 **그릇** (일을 해나갈 만한 도량이나 능력, 마음의 크기)

성경은 사람을 그릇에 비유하곤 한다. 귀히 쓰임 받는 그릇은 마음이 크고 비전과 진실함과 실천력을 가짐으로 그 결과 공적을 많이 쌓는 자를 의미하곤 한다. 심적 그릇이 작아 대범치 못한 자는 늘 아쉽다.

사무엘하 16장 : 시므이 저주 앞에서 개의치 않는 큰 마음 그릇

- 다윗이 마루턱을 조금 지나니 므비보셋의 종 시바가 안장 지운 두 나귀에 떡 이백 개와...(1-8)
- 왕이 이르되 스루야의 아들들아 내가 너희와 무슨 상관이 있느냐 그가 저주하는...(10-12)
- 압살롬과 모든 이스라엘 백성들이 예루살렘에 이르고 아히도벨도 그와 함께...(15-19)
- 아히도벨이 압살롬에게 이르되 왕의 아버지가 남겨 두어 왕궁을 지키게 한...(21-23)

다윗이 아들처럼 아꼈던 요나단의 아들 므비보셋의 종 시바는 피난 중인 다윗에게 많은 음식을 제공하며 도움을 주었는데 그는 므비보셋이 다윗을 배신하려 한다는 거짓말을 합니다.(1~3절) 시바에게 속은 다윗은 므비보셋의 소유를 시바에게 넘깁니다.(4절) 다윗의 오해는 그가 왕궁으로 복귀하면서 풀리게 됩니다.(19:24~30) 사울의 친족 시므이가 다윗을 저주하나 다윗은 지금의 상황을 하나님의 공의로운 징계로 여기고 그를 죽이지 않습니다.(5~14절) 다윗의 모사 후새는 압살롬을 무너뜨리기 위해 거짓 충성을 맹세하였으며 아히도벨은 압살롬에게 아버지의 후궁과 동침함으로 왕권이 그에게 있음을 나타낼 것을 제안합니다.(15~23절) 실로 인륜을 저버리게 하는 악한 계략입니다.

고린도후서 9장 : 연보를 즐겁게 많이 심는 자의 큰 마음 그릇

- 이는 내가 너희의 원함을 앎이라 내가 너희를 위하여 마게도냐인들에게 아가야에서는 일 년 전부터 준비하였다는 것을 자랑하였는데 과연 너희의 열심이 퍽 많은 사람들을 분발하게 하였느니라(2)
- 혹 마게도냐인들이 나와 함께 가서 너희가 준비하지 아니한 것을 보면 너희는 고사하고 우리가 이 믿던 것에 부끄러움을 당할까 두려워하노라...(4-8)
- 심는 자에게 씨와 먹을 양식을 주시는 이가 너희 심을 것을 주사 풍성하게 하시고...(10-13)

바울은 고린도 교회 성도들에게 예루살렘 교회를 돕고자 하는 마음이 있음을 보았습니다.(1~2절) 그런데 그가 마게도냐 성도들과 함께 고린도 교회를 방문했을 때 아무것도 준비되어 있지 않다면 바울의 자랑은 빈말이 될 것이기에 3명의 사역자를 미리 보냅니다.(3~5절) 바울은 고린도 교회 성도들이 인색함이나 억지로가 아닌 그들이 받은 풍성한 은혜를 기억하며 자원하는 마음으로 헌금하기를 바라고 있습니다.(6~9절) 당장 먹을 수 있는 양식이지만 먹지 않고 씨앗으로 심으면 많은 열매를 맺습니다. 바울은 예루살렘 교회를 위한 헌금은 씨앗과도 같다고 말합니다.(10~11절) 하나님은 씨와 양식을 주십니다. 그들의 헌금은 궁핍한 성도의 필요를 채워주는 것이며 하나님에 대한 넘치는 감사의 표현입니다.(12절) 또한 이방인들이 복음을 진실하게 잘 받아들였다는 증거이자 유대인 교회와 이방인 교회의 담을 허

문 교제의 증거입니다.(13~15절)

에스겔 23장 : 주를 버리고 세상 것을 가득담은 마음 그릇

- 인자야 두 여인이 있었으니 한 어머니의 딸이라(2)
- 그 이름이 형은 오홀라요 아우는 오홀리바라 그들이 내게 속하여 자녀를 낳았나니...(4-13)
- 이와 같이 내가 네 음란과 애굽 땅에서부터 행음하던 것을 그치게 하여 너로 그들을...(27)
- 네가 이같이 당할 것은 네가 음란하게 이방을 따르고 그 우상들로 더럽혔기 때문이로다(30)
- 여호와께서 또 내게 이르시되 인자야 네가 오홀라와 오홀리바를 심판하려느냐...(36-42)
- 주 여호와께서 이같이 말씀하셨느니라 그들에게 무리를 올려 보내 그들이 공포와...(46-48)

하나님은 이스라엘과 유다의 죄를 두 음녀(=오홀라 & 오홀리바)의 간음에 비유합니다.(1~4절) 오홀라(=북이스라엘)는 하나님을 신뢰하지 않고 앗수르와 애굽을 의지하여 나라를 유지하고자 했습니다.(5~10절) 그러나 앗수르에 의해 멸망 당하고 맙니다. 오홀리바(=유다)는 오홀라에게 일어난 일을 보고서도 하나님을 버리고 다른 나라를 섬기고 우상을 숭배했습니다.(11~21절) 오홀리바는 남편인 하나님을 버리고 여러 사내(=나라)와 연애를 하다가 큰 수치를 당했습니다.(22~26절) 남편을 떠난 오홀라와 오홀리바는 음행의 대가를 혹독하게 치렀습니다.(27~35절) 하나님은 두 음녀가 저지른 구체적인 죄(=우상숭배, 안식일 범함, 성소를 더럽힘, 이방을 의지, 무고한 피 흘림, 인신제사 등)를 심판하심으로써 그 땅에서 음란을 그치게 하실 것입니다.(36~49절)

시편 70-71편 : 하나님을 반석과 요새로 가득채운 마음 그릇

- 하나님이여 나를 건지소서 여호와여 속히 나를 도우소서...(70:1-2)
- 주를 찾는 모든 자들이 주로 말미암아 기뻐하고 즐거워하게 하시며 주의 구원을...(70:4-5)
- 주의 의로 나를 건지시며 나를 풀어 주시며 주의 귀를 내게 기울이사 나를...(71:2-5)
- 하나님이여 나를 멀리 하지 마소서 나의 하나님이여 속히 나를 도우소서(71:12)
- 하나님이여 내가 늙어 백발이 될 때에도 나를 버리지 마시며 내가 주의 힘을 후대에...(71:18)

(70편) 표제어에 따르면 다윗의 시로서 기념식이나 공적 제사에서 공동체가 부른 노래입니다. 시인은 대적으로부터 건져 주시길 간구하는데 시인의 고통을 조롱하는 자들이 있습니다.(1~3절) 시인은 연약한 자신을 건져 주심으로 모든 백성이 주를 기뻐하며 찬양하게 되기를 소망합니다.(4~5절)
(71편) 시인은 하나님의 보호를 기대하며 하나님께 피한다는 탄원의 기도를 드립니다.(1~4절) 시인은 절박한 상황에서 견고한 피난처이자 지금까지 의지해 온 하나님에 대한 찬송을 결단하며 속히 자신을 건져 주시고 대적을 심판해 주시길 간구합니다.(5~13절) 그는 고난 가운데서도 구원을 소망하며 주의 공의와 구원을 전할 것을 서원합니다.(14~18절) 자신과 이스라엘 공동체를 건지실 하나님의 성실하심을 찬양합니다.(19~24절)

억울한 상황에서 감정적으로 대응하지 않고 하나님께 나아가 기도하는 다윗에게서 배우게 하옵소서. 하나님의 일하심을 보게 하옵소서. 오홀라와 오홀리바가 보여준 어리석은 모습이 없기를 소망합니다. 물질에 대해 깨끗하게 하시고 의로운 일에 심어 풍성히 거두게 하옵소서.

본문 사무엘하 17장 | 고린도후서 10장 | 에스겔 24장 | 시편 72편
주제 **담대** (膽大, 담력이 커서 배짱이 두둑하고 용감함)

하나님은 자신이 선택한 자에게 항상 담대하라고 말씀하신다. 상대와 환경이 만만치 않고 열세임에도 불구하고 두려워하지 말라고 하신다. 믿음의 영웅들은 항상 하나님이 함께하심으로 담대하게 행동했다.

사무엘하 17장 : 담대하게 다윗왕과 함께하고 피난을 돕는 자들

- 아히도벨이 또 압살롬에게 이르되 이제 내가 사람 만 이천 명을 택하게 하소서...(1-5)
- 이제 너희는 빨리 사람을 보내 다윗에게 전하기를 오늘밤에 광야 나루터에서 자지 말고 아무쪼록 건너가소서 하라 혹시 왕과 그를 따르는 모든 백성이 몰사할까 하노라 하니라(16)
- 한 청년이 그들을 보고 압살롬에게 알린지라 그 두 사람이 빨리 달려서 바후림...(18-20)
- 아히도벨이 자기 계략이 시행되지 못함을 보고 나귀에 안장을 지우고 일어나 고향으로 돌아가 자기 집에 이르러 집을 정리하고 스스로 목매어 죽으매 그의 조상의 묘에 장사되니라(23)

지금 당장 다윗을 기습하자는 아히도벨과 지금은 위험하니 후일을 도모하자는 후새의 의견이 충돌하였는데 압살롬이 후새의 의견을 따릅니다.(1~10절) 승리할 수 있었던 아히도벨의 신속한 기습전략은 압살롬의 판단력을 마비시킨 하나님에 의해 좌절됩니다.(11~14절) 후새는 요단을 건너 멀리 도피하라는 정보를 다윗에게 알리기 위해 몰래 전령을 보내고, 전령들은 한 여인을 통해 발각될 위기를 극복하고 무사히 다윗에게 이르게 됩니다.(15~20절) 하나님이 다윗을 형통케 하심을 볼 수 있습니다. 자신의 계략이 막히고 압살롬 정권의 전망이 불투명해지자 아히도벨은 자살을 하였고 다윗은 많은 사람들의 호응에 힘입어 더욱 힘을 얻게 됩니다.(21~29절)

고린도후서 10장 : 그리스도의 복음을 담대하게 전하는 사도 바울

- 너희를 대면하면 유순하고 떠나 있으면 너희에 대하여 담대한 나 바울은 이제...(1-2)
- 우리의 싸우는 무기는 육신에 속한 것이 아니요 오직 어떤 견고한 진도 무너뜨리는...(4-5)
- 주께서 주신 권세는 너희를 무너뜨리려고 하신 것이 아니요 세우려고 하신 것이니 내가 이에 대하여 지나치게 자랑하여도 부끄럽지 아니하리라(8)
- 그러나 우리는 분수 이상의 자랑을 하지 않고 오직 하나님이 우리에게 나누어 주신 그 범위의 한계를 따라 하노니 곧 너희에게까지 이른 것이라(13)

바울은 정통 유대교뿐 아니라 교회로부터도 비난과 공격을 받았습니다. 고린도 교회 안에 바울을 이중적인 사람이라고 비난하는 자가 있었습니다.(1절) 바울은 대면해서도 담대한 태도로 대하길 원하느냐고 묻는데 그가 담대할 때는 복음의 대적자를 만날 때입니다.(2절) 바울이 정통 유대인이고 가말리엘의 문하생이지만 그런 조건을 자랑하지 않는 이유는 하나님의 능력은 그런 육신의 자랑에 속한 것이 아니기 때문입니다.(3~7절) 대적자들이 바울은 이중적이라고 비난하는 것과는 달리 바울은 말과 행동이 일치한 참 사도이며 교회를 세우려는 목적에 충실하게 사역했기에 부끄러움이 없습니다.(8~11절) 대적자들은 자신의 학벌, 인맥, 가문 등을 자랑하는 자였으나 바울은 고린도 성도들의 믿음이 자라고 풍성해지는 것을 자랑하고자 합니다.(12~15절) 대적자들이 교회 내에서 자기 입지를 굳히는데 집중할 때 복음이 널리 전파되는 것에 더 집중한 바울은 스스로 칭찬하는 것은 어리석으며 주님의 칭찬만이 참된 것이라고 말합니다.(16~18절)

에스겔 24장 : 아내를 잃고 담대하게 심판을 예언하는 에스겔

- 인자야 너는 날짜 곧 오늘의 이름을 기록하라 바벨론 왕이 오늘 예루살렘에 가까이...(2-6)
- 그러므로 주 여호와께서 이같이 말씀하셨느니라 화 있을진저 피를 흘린 성읍이여...(9-14)
- 인자야 내가 네 눈에 기뻐하는 것을 한 번 쳐서 빼앗으리니 너는 슬퍼하거나 울거나...(16-19)
- 너는 이스라엘 족속에게 이르기를 주 여호와의 말씀에 내 성소는 너희 세력의 영광이요 너희 눈의 기쁨이요 너희 마음에 아낌이 되거니와 내가 더럽힐 것이며 너희의 버려 둔 자녀를 칼에 엎드러지게 할지라...(21-23)

심판의 시기가 가까이 왔습니다.(1~2절) 하나님은 예루살렘을 가리켜 피 흘린 성읍, 녹슨 가마라고 하십니다.(6절) 피 흘림과 가마 안에 가득한 녹은 예루살렘에 가득한 악을 의미합니다. 하나님은 그들의 행위대로 심판하시기 위해 나무를 많이 쌓아 심판의 불을 크게 더하실 것입니다.(3~14절) 이는 잘 벗겨지지 않는 녹까지 완전히 제거하시기 위함입니다. 에스겔에게 충격적인 일이 일어납니다. 그의 아내가 죽게 되었는데 하나님은 이를 슬퍼하지 말라고 하십니다.(15~17절) 왜냐하면 에스겔의 아내가 갑자기 죽은 것보다 더 큰 재앙이 곧 일어날 것이기 때문입니다.(18~27절)

시편 72편 : 여호와의 공의로 담대하게 통치하는 솔로몬

- 하나님이여 주의 판단력을 왕에게 주시고 주의 공의를 왕의 아들에게 주소서...(1-2)
- 그가 가난한 백성의 억울함을 풀어 주며 궁핍한 자의 자손을 구원하며 압박하는 자를 꺾으리로다(4)
- 그들이 생존하여 스바의 금을 그에게 드리며 사람들이 그를 위하여 항상 기도하고 종일 찬송하리로다(15)
- 그의 이름이 영구함이여 그의 이름이 해와 같이 장구하리로다 사람들이 그로...(17-18)

솔로몬에게 헌정된 시로 보이는 왕의 노래(=제왕시)입니다. 시인은 백성들의 하나님 경외, 의인의 흥왕, 평화로운 세상이라는 결과를 가져오게 될 공의로 통치하는 왕을 소망하고 있습니다.(1~7절) 하나님은 공의로 다스리는 왕을 형통하게 하실 것이며 왕을 통해 모든 민족 가운데 하나님의 권세와 위엄을 나타내실 것입니다.(8~11절) 왕의 공의로운 통치는 백성에 대한 사랑, 특히 사회적 약자에 대한 배려와 보호가 전제되어 있는데 그렇게 되면 왕으로부터 은혜를 입은 백성들은 왕을 위해 기도할 것이며 하나님은 약자를 돌보는 왕을 축복하셔서 왕의 명성이 더욱 확장될 것입니다.(12~17절) 시인은 하나님의 영광이 온 땅에 충만하길 기원합니다.(18~20절)

악인을 치리하시며 의인을 붙드시는 하나님! 내 안에 깊이 숨어 있는 죄의 녹을 성령의 불로 태워 주시고 나를 드러내기보다 복음이 드러나는 삶을 살게 하옵소서. 이 땅의 위정자들이 하나님의 공의를 두려워하며 공의로 다스리게 하옵소서.

본문 사무엘하 18장 | 고린도후서 11장 | 에스겔 25장 | 시편 73편

주제 대우 (待遇, 사회적 관계에 따라 적절히 예우를 갖춰 남을 대함)

피조물은 창조주를 경배해야 하고, 백성은 왕을 존귀히 여겨야 하며, 영적 제자는 복음을 전하고 가르쳐 주신 스승을 공경해야 한다. 그러나 오히려 하나님이 죄인을 귀하게 대우하심으로 자녀를 삼으셨다.

사무엘하 18장 : 함께 피난한 백성들이 다윗왕을 중하게 대우

- 이에 다윗이 그와 함께 한 백성을 찾아가서 천부장과 백부장을 그들 위에 세우고...(1-5)
- 거기서 이스라엘 백성이 다윗의 부하들에게 패하매 그 날 그 곳에서 전사자가 많아...(7)
- 압살롬이 다윗의 부하들과 마주치니라 압살롬이 노새를 탔는데 그 노새가 큰...(9)
- 그들이 압살롬을 옮겨다가 수풀 가운데 큰 구멍에 그를 던지고 그 위에 매우 큰 돌무더기를 쌓으니라 온 이스라엘 무리가 각기 장막으로 도망하니라(17)
- 요압이 구스 사람에게 이르되 네가 가서 본 것을 왕께 아뢰라 하매 구스 사람이...(21-23)
- 파수꾼이 이르되 내가 보기에는 앞선 사람의 달음질이 사독의 아들 아히마아스의...(27-33)

다윗은 결국 압살롬의 반란을 진압하였으며 압살롬은 자신의 평생의 자랑거리였던 아름다운 머리털로 인해 비극적인 최후를 맞게 됩니다.(1~18절) 군사령관 요압은 예전에 사울과 이스보셋의 전사 소식을 전한 전령들이 모두 다윗에 의해 처형된 사실을 떠올립니다. 물론 전령들이 자기의 전공을 내세우다가 죽음을 자초한 부분이 있긴 합니다. 아무튼 요압은 압살롬의 전사 소식을 구스인으로 하여금 보고하게 하였으며 그에 앞서 승전 보고는 제사장 사독의 아들 아히마아스가 하도록 조치합니다.(19~23절) 다윗은 전쟁의 승리보다 압살롬의 생존여부를 더 궁금해 했는데 그의 죽음에 대한 소식을 듣고 매우 슬퍼합니다.(24~33절)

고린도후서 11장 : 고린도 교회가 중매자 바울을 가볍게 대우

- 원하건대 너희는 나의 좀 어리석은 것을 용납하라 청하건대 나를 용납하라...(1-4)
- 내가 비록 말에는 부족하나 지식에는 그렇지 아니하니 이것을 우리가 모든 사람...(6-7)
- 또 내가 너희와 함께 있을 때 비용이 부족하였으되 아무에게도 누를 끼치지 아니하였음은 마게도냐에서 온 형제들이 나의 부족한 것을 보충하였음이라 내가 모든 일에 너희에게 폐를 끼치지 않기 위하여 스스로 조심하였고 또 조심하리라...(9)
- 너희는 지혜로운 자로서 어리석은 자들을 기쁘게 용납하는구나...(19-30)

바울이 자신의 사도권을 변호하는 이유는 복음을 변호하기 위해서입니다. 바울은 그리스도와 성도의 중매에 진실함과 깨끗함으로 열심을 내었는데 고린도 성도들은 도리어 영적 아버지인 바울을 버리고 미혹하는 자를 따랐습니다.(1~6절) 그는 자신을 낮추면서 성도들을 섬겼습니다.(7절) 이는 그의 자비량 선교 및 마게도냐 교회의 후원을 통한 사역을 말하는 것인데 고린도 교회를 사랑하는 마음으로 혹여 누가 되지 않게 하려 함이었습니다.(8~11절) 그는 지금까지 한 대로 낮에 일하고 밤에 말씀을 가르칠 것이라고 말하면서 개인의 이익을 위해 사역하는 자에 대해 의의 일꾼으로 가장한 사탄의 일꾼이라고 말합니다.(12~15절) 바울의 걱정은 대적들의 비난 때문에 자신이 전한 복음까지 의심받는 상황입니다. 그래서 바울은 어쩔 수 없이 자신을 소개합니다.(16~21절) 그는 정통 유대인이며 복음으로 인해 가장 고난을 많이 당한 사람입니다.(22~27절) 그러나 바울은 그러한 자랑이나 교회 안에서 권세를 부리는 것(=강함) 보다 교회를 향한 염려와 애타는 마음(=약함)을 자랑합니다.(28~33절) 그는 한 때 대제사장으로부터 위임을 받아 그리스도인을 잡아 죽이던 강한 자였으나 그리스도를 만난 이후 광주리를 타고 도망하는 약한 자가 되었습니다.

에스겔 25장 : 암몬과 모압이 이스라엘과 유다를 멸시로 대우

- 너는 암몬 족속에게 이르기를 너희는 주 여호와의 말씀을 들을지어다 주 여호와께서 이같이 말씀하셨느니라 내 성소가 더럽힘을 받을 때에 네가 그것에 관하여, 이스라엘 땅이...(3-4)
- 주 여호와께서 이같이 말씀하셨느니라 네가 이스라엘 땅에 대하여 손뼉을 치며 발을 구르며 마음을 다하여 멸시하며 즐거워하였나니...(6-8)
- 암몬 족속과 더불어 동방 사람에게 넘겨 주어 기업을 삼게 할 것이라 암몬 족속이 다시는 이방 가운데에서 기억되지 아니하게 하려니와...(10-16)

하나님의 심판은 예루살렘을 넘어 주변 민족에게도 임할 것입니다. 예루살렘이 바벨론의 침공을 당할 때 기뻐했던 암몬은 다른 민족으로부터 노략을 당할 것이며 모압과 세일 역시 패망하게 될 것입니다.(1~11절) 바벨론의 예루살렘 침공 시 그들과 동조하여 예루살렘을 공격한 에돔과 이스라엘과 오랜 숙적 블레셋도 심판을 피하지 못할 것입니다.(12~17절)

시편 73편 : 주가 우매무지하고 짐승 같은 아삽을 귀히 대우

- 하나님이 참으로 이스라엘 중 마음이 정결한 자에게 선을 행하시나...(1-8)
- 말하기를 하나님이 어찌 알랴 지존자에게 지식이 있으랴 하는도다...(11-14)
- 하나님의 성소에 들어갈 때에야 그들의 종말을 내가 깨달았나이다...(17-23)
- 하늘에서는 주 외에 누가 내게 있으리요 땅에서는 주 밖에 내가 사모할 이 없나이다...(25-26)
- 하나님께 가까이 함이 내게 복이라 내가 주 여호와를 나의 피난처로 삼아 주의 모든...(28)

하나님을 경외하지 않는 악인의 번영은 경건한 사람들을 힘들게 하는 요인 중 하나입니다.(1~3절) 누구나 겪는 죽음의 고통마저 겪지 않는 것처럼 보일 정도로 시인은 객관성을 잃은 채 상대적 박탈감과 깊은 상실감에 빠져 있습니다.(4~12절) 경건을 통해 누리려던 평안을 악인이 누리고 있으며 자신은 도리어 고통을 받고있는 현실이다 보니 악인을 따라갈까 하는 유혹마저 생깁니다.(13~16절) 고통 속에서 성소를 찾은 시인에게 하나님은 겉으로만 평안해 보이는 악인의 운명을 깨닫게 하셨습니다.(17~20절) 시인은 악인의 흥왕을 잠시나마 부러워했던 자신을 짐승 같다고 고백하며 하나님이 그의 오른손을 붙드셨음을 고백합니다.(21~23절) 반석이며 영원한 분깃이 되시는 하나님이 그를 인도하실 것을 확신하며 하나님을 가까이함이 진정한 복임을 선포합니다.(24~28절)

하나님! 내가 의지하고 자랑하는 것이 내게 올무가 될 수 있음을 아는 지혜가 있게 하옵소서. 바울처럼 세상과 예수 그리스도를 중매하는 삶을 살게 하시고 악인의 흥왕함을 보더라도 그들의 마지막을 볼 수 있는 눈을 주셔서 흔들리지 않으며 하나님의 공의를 신뢰하게 하옵소서.

본문 사무엘하 19장 | 고린도후서 12장 | 에스겔 26장 | 시편 74편

주제 기억 (記憶, 지난 일과 내용을 잊지 않고 보전하거나 되살려 생각해 냄)

생각하고 기억하는 것은 하나님과 그 형상을 따라 창조된 인간의 속성이다. 인간은 자신이 경험한 기억에 따라 언행심사가 달라지고 하나님은 우리의 일거수일투족을 감찰하시고 기억하사 행한대로 갚으신다.

사무엘하 19장 : 다윗과의 관계를 기억하는 므비보셋과 바르실래

- 하나님께 가까이 함이 내게 복이라 내가 주 여호와를 나의 피난처로 삼아 주의 모든...(1-3)
- 요압이 집에 들어가서 왕께 말씀 드리되 왕께서 오늘 왕의 생명과 왕의 자녀의...(5-8)
- 왕께 아뢰되 내 주여 원하건대 내게 죄를 돌리지 마옵소서 내 주 왕께서 예루살렘에서 나오시던 날에 종의 패역한 일을 기억하지 마시오며 왕의 마음에 두지 마옵소서(19)
- 바르실래는 매우 늙어 나이가 팔십 세라 그는 큰 부자이므로 왕이 마하나임에 머물...(32-36)
- 왕이 대답하되 김함이 나와 함께 건너가리니 나는 네가 좋아하는 대로 그에게 베풀겠고 또 네가 내게 구하는 것은 다 너를 위하여 시행하리라 하니라(38)

죽은 압살롬을 너무 그리워하는 다윗 때문에 반란을 진압한 군사들이 기뻐할 수 없게 되자 요압은 군사들을 부끄럽게 만들지 말라고 다윗에게 조언합니다.(1~8절) 압살롬의 반란으로 인해 백성들은 혼란을 겪고 있습니다.(9~10절) 다윗이 반역에 가담한 자들을 조건 없이 포용하겠다는 의사를 전하면서 유다지파 지도자들과 다윗의 갈등을 일단락됩니다.(11~15절) 다윗은 피난길에서 자신을 저주했던 시므이를 용서하고 시종 시바의 모함으로 압살롬 측에 가담했다고 생각했던 므비보셋에 관한 오해도 풀었습니다.(16~30절) 므비보셋은 자기 몫의 재산에는 관심 없고 다윗이 돌아온 것만으로 기뻐합니다. 다윗은 마하나임에서 자신의 도피생활을 지원했던 바르실래에게 왕궁으로 함께 가자고 권하나 바르실래는 나이 많은 자신이 다윗에게 짐이 될까봐 거절하면서 대신 자신의 아들을 데려가 달라고 요청합니다.(31~39절) 한편 다윗을 다시 모시는 일을 유다지파 단독으로 시행한 것 때문에 유다와 나머지 지파 간에 다툼이 일어납니다.(40~43절)

고린도후서 12장 : 고린도의 홀대를 기억하고 두려움을 갖는 바울

- 무익하나마 내가 부득불 자랑하노니 주의 환상과 계시를 말하리라...(1-5)
- 여러 계시를 받은 것이 지극히 크므로 너무 자만하지 않게 하시려고 내 육체에 가시 곧 사탄의 사자를 주셨으니 이는 나를 쳐서 너무 자만하지 않게 하려 하심이라...(7-10)
- 사도의 표가 된 것은 내가 너희 가운데서 모든 참음과 표적과 기사와 능력을...(12-16)
- 너희는 이 때까지 우리가 자기 변명을 하는 줄로 생각하는구나 우리는 그리스도...(19-21)

복음의 변호를 위한 바울의 사도권 변호가 이어집니다.(1절) 대적자들은 신비한 체험을 내세워 자신들의 권위를 높이려 했습니다. 바울은 3인칭 화법으로 셋째 하늘인 낙원에 이끌려 간 경험을 말합니다.(2~4절) 신비로운 체험이 사도의 기준이라면 바울 역시 충분히 해당되지만 그는 이것을 내세우지 않고 자신의 약함을 자랑합니다.(5~6절) 그는 많은 계시가 아닌 육체의 가시(=병명을 알 수 없는 그의 지병)를 자랑합니다.(7~10절) 이는 자기를 높이지 않고 그리스도의 능력이 머물게 하려 함입니다. 바울이 이렇게까지 자신을 변호하는 것은 거짓 사도를 분별하지 못한 고린도 성도들 때문입니다.(=너희가 억지로 시킨 것, 11절) 사도로서 충분한 증거를 가지고 있는 바울은 고린도 성도들을 진심으로 사랑했으며 자비량 사역이라 해서 고린도의 사역을 부족하게 하지 않은 복음의 참된 일꾼이었습니다.(12~15절) 사사로운 이익을 추구하지 않고 오직 교회의 덕을 세우는 것(=영적 성장)에만 집중한 바울은 고린도 교회를 재방문할 때 그의 사도권을 놓고 교회에서 또다시 분란이 일어나지 않을까 염려합니다.(16~21절)

에스겔 26장 : 두로의 오만함을 기억하시고 심판하시는 여호와

- 인자야 두로가 예루살렘에 관하여 이르기를 아하 만민의 문이 깨져서 내게로...(2-7)
- 그가 그 말굽으로 네 모든 거리를 밟을 것이며 칼로 네 백성을 죽일 것이며 네 견고한...(11-13)
- 그 때에 바다의 모든 왕이 그 보좌에서 내려 조복을 벗으며 수 놓은 옷을 버리고 떨림을 입듯 하고 땅에 앉아서 너로 말미암아 무시로 떨며 놀랄 것이며. .(16-17)
- 내가 너를 구덩이에 내려가는 자와 함께 내려가서 옛적 사람에게로 나아가게 하고...(20)

두로에 대한 심판은 3장에 걸쳐 등장합니다. 이웃 나라의 패망을 이익을 취할 기회로 여긴 해상무역의 나라 두로는 바벨론에 의해 심판을 받게 될 것이며 무역을 통해 힘과 재물을 축적한 두로의 패망은 널리 전파될 것입니다.(1~21절) 참고로 두로는 바벨론의 13년간의 끈질긴 공격 끝에 BC 573년에 마침내 패망하게 됩니다.

시편 74편 : 주를 비방하고 능욕하는 것을 기억하시는 여호와

- 하나님이여 주께서 어찌하여 우리를 영원히 버리시나이까 어찌하여 주께서 기르시는...(1-3)
- 이제 그들이 도끼와 철퇴로 성소의 모든 조각품을 쳐서 부수고...(6-9)
- 주께서 어찌하여 주의 손 곧 주의 오른손을 거두시나이까 주의 품에서 손을 빼내시어...(11-12)
- 낮도 주의 것이요 밤도 주의 것이라 주께서 빛과 해를 마련하셨으며...(16-18)
- 학대 받은 자가 부끄러이 돌아가게 하지 마시고 가난한 자와 궁핍한 자가 주의...(21-22)

바벨론 포로로 끌려간 아삽의 후손의 시로 보입니다. 비록 우상숭배와 범죄로 성소가 파괴되고 이방인의 포로로 붙잡혀 왔지만 여전히 하나님은 유다를 사랑하시고 함께 하신다는 믿음을 엿볼 수 있습니다.(1~3절) 시인은 유다의 대적 바벨론이 곧 주의 대적이라고 말하면서 그들이 주의 성소를 더럽혔다고 호소합니다.(4~8절) 이제 징벌의 시간이 어느 정도 지났으니 더 이상 관망하지 마시고 구원해 달라고 요청합니다.(9~11절) 시인은 하나님이 행하신 창조와 구원의 역사를 회고하면서 시인은 그들이 당하는 고난은 곧 하나님의 이름이 비방과 능욕을 당하는 것임을 기억해 주셔서 하나님이 적극적으로 역사에 개입하여 건져 주시길 간구합니다.(12~23절)

자신을 저주했던 자에게 용서를 베푸는 다윗은 자신을 못 박는 자들을 위해 기도하시는 예수님이 생각나게 합니다. 내게 있는 약함은 그리스도의 은혜와 능력 안에 머물게 하려는 크신 섭리임을 알기에 감사함으로 받아들이게 하옵소서. 징계 중이라도 은혜를 잊지 않으시는 하나님을 신뢰합니다.

본문 사무엘하 20장 | 고린도후서 13장 | 에스겔 27장 | 시편 75-76편

주제 **대면** (對面, 얼굴을 마주보고 대함)

인생은 대면의 연속이다. 문제를 해결하기 위해 당사자를 대면하고 교회를 세우기 위해 문제자를 대면하며 예언을 통해 회개를 촉구하기 위해 죄인들을 대면하고 결국 모든 인생은 주 앞에 서서 그를 대면해야 한다.

사무엘하 20장 : 아벨 성읍의 지혜로운 여인이 요압과 대면함

- 마침 거기에 불량배 하나가 있으니 그의 이름은 세바인데 베냐민 사람 비그리의 아들이었더라 그가 나팔을 불며 이르되 우리는 다윗과 나눌 분깃이 없으며 이새의 아들에게서...(1-2)
- 아마사가 요압의 손에 있는 칼은 주의하지 아니한지라 요압이 칼로 그의 배를 찌르매 그의 창자가 땅에 쏟아지니 그를 다시 치지 아니하여도 죽으니라(10)
- 나는 이스라엘의 화평하고 충성된 자 중 하나이거늘 당신이 이스라엘 가운데 어머니 같은 성을 멸하고자 하시는도다 어찌하여 당신이 여호와의 기업을 삼키고자 하시나이까 하니(19)

사울 왕조의 재건을 꿈꾸는 베냐민 지파의 세바가 반란을 일으킵니다.(1~3절) 다윗은 왕권을 위협할 정도로 힘이 커진 요압을 견제하기 위해 군의 지휘를 요압이 아닌 아마사에게 맡겼는데 군사를 모으는 일이 지체되자 아비새에게 세바를 추격하는 임무를 별도로 주었고 아비새와 함께 출정한 요압은 아마사를 제거해 버립니다.(4~13절) 세바가 입성한 아벨 성을 포위한 다윗의 군대는 성을 함락하려 했으나 한 지혜로운 여인이 성의 백성들을 설득해 세바의 머리를 베어 요압에게 가져옴으로써 전쟁은 그치게 됩니다.(14~22절) 다윗 정부의 주요 직위자가 소개됩니다.(23~26절)

고린도후서 13장 : 바울이 고린도 교회의 죄 지은 자들과 대면함

- 내가 이미 말하였거니와 지금 떠나 있으나 두 번째 대면하였을 때와 같이 전에 죄 지은 자들과 그 남은 모든 사람에게 미리 말하노니 내가 다시 가면 용서하지 아니하리라...(2-5)
- 우리가 하나님께서 너희로 악을 조금도 행하지 않게 하시기를 구하노니 이는 우리가 옳은 자임을 나타내고자 함이 아니라 오직 우리는 버림 받은 자 같을지라도 너희는 선을 행하게 하고자 함이라...(7-10)
- 주 예수 그리스도의 은혜와 하나님의 사랑과 성령의 교통하심이 너희 무리와 함께...(13)

바울은 고린도 교회에 대한 3차 방문계획을 밝히면서 자신을 비난하고 개인의 이익을 추구하던 자들에 대해 교회가 정한 법으로 징계하겠다는 의지를 밝힙니다.(1~2절) 그리스도께서 약한 모습으로 십자가에 못 박히셨으나 하나님의 능력을 소유하신 것처럼 지금껏 바울은 약한 태도를 견지했으나 이제는 단호하게 행함으로써 교회의 거룩함을 지키려 합니다.(3~4절) 대적자들은 바울이 버림받은 자라서 환난을 당한다고 주장하나 바울은 예수 그리스도가 자신 안에 계신 줄 알지 못하는 자가 버림받은 자이며, 자신은 버림받은 자의 여부에 관심이 없고 오직 고린도 성도들이 선을 행하는 자 되기를 소망한다고 말합니다.(5~7절) 교회가 온전히 회복되길 원하는 바울이 엄하게 질책하는 이유는 그가 교회를 방문했을 때 직접 징계하는 일이 없기를 바라기 때문입니다.(8~13절) 바울은 교회가 진리 안에서 거룩하길 소망합니다.

에스겔 27장 : 에스겔이 범죄로 인해 벌 받는 두로와 대면함

- 인자야 너는 두로를 위하여 슬픈 노래를 지으라...(2-4)
- 시돈과 아르왓 주민들이 네 사공이 되었음이여 두로야 네 가운데에 있는 지혜자들이...(8-12)
- 유다와 이스라엘 땅 사람이 네 상인이 되었음이여 민닛 밀과 과자와 꿀과 기름과 유향을 네 물품과 바꾸어 갔도다(17)
- 많은 민족의 상인들이 다 너를 비웃음이여 네가 공포의 대상이 되고 네가 영원히 다시 있지 못하리라 하셨느니라(36)

27장은 두로를 위한 애가입니다.(1~2절) 본문은 지중해 해상무역을 주도한 두로가 얼마나 번성했는지를 잘 보여줍니다.(3~25절) 두로는 풍부한 자금으로 난공불락의 요새를 세웠으며 이로 인해 자신들은 부요하며 안전하다고 자만했습니다. 그러나 경제적인 번영으로 완벽한 방어체계와 수많은 무역선과 함선을 보유한 두로는 결국 난파선과 같은 운명에 처해지게 될 것입니다.(26~36절)

시편 75-76편 : 아삽이 경외받으실 재판장 하나님과 대면함

- 하나님이여 우리가 주께 감사하고 감사함은 주의 이름이 가까움이라 사람들이...(75:1-2)
- 또 악인들의 뿔을 다 베고 의인의 뿔은 높이 들리로다 (75:10)
- 하나님은 유다에 알려지셨으며 그의 이름이 이스라엘에 크시도다...(76:1-3)
- 야곱의 하나님이여 주께서 꾸짖으시매 병거와 말이 다 깊이 잠들었나이다...(76:6-9)
- 너희는 여호와 너희 하나님께 서원하고 갚으라 사방에 있는 모든 사람도 마땅히 경외할 이에게 예물을 드릴지로다(76:11)

(75편) 감사시의 형태이면서 하나님의 심판을 기대하는 내용이 담겨 있습니다. 시인은 주께서 임하셔서 기이한 일을 행하실 것(=심판)에 대해 감사하고 있습니다.(1~2절) 하나님은 창조주이시기에 심판의 자격이 있습니다.(3절) 하나님의 심판은 오만한 자와 악인, 교만한 자를 향할 것입니다.(4~5절) 사람을 낮추시고 높이시는 하나님의 주권을 찬양합니다.(6~10절)
(76편) 하나님이 대적을 제압하고 평화를 가져오는 용사요 승리자로 선포되고 있습니다. 시온에 거하시는 하나님은 전쟁을 없애고 평화를 이루시는 분입니다.(1~3절) 감히 하나님 앞에서 설 자가 없으며 대적들은 철저한 패배와 죽음을 맛보게 될 것인데 이는 땅의 모든 온유한 자를 구원하시기 위함입니다.(4~9절) 심판의 목적은 구원입니다. 하나님의 심판에 대해 인간은 분노할 자격이 없으며 하나님은 세상 모든 권세가 두려워하며 마땅히 경외할 대상입니다.(10~12절)

연이은 반란에도 하나님은 다윗과 그의 나라를 여전히 붙들고 계십니다. 예측할 수 없는 인생 가운데 세찬 바람이 불더라도 하나님이 붙들어 주시면 능히 견디고 승리할 수 있음을 고백합니다. 주님의 공동체이지만 인간의 연약함도 잘 드러나는 곳이 교회입니다. 더욱 교회를 사랑하는 성도가 되게 하옵소서.

본문 사무엘하 21장 | 갈라디아서 1장 | 에스겔 28장 | 시편 77편

주제 **저주** (詛呪, 몹시 악한 자에게 재앙이나 불행한 일이 일어나도록 빎음)

하나님은 광야생활에서 이스라엘 백성들에게 축복과 저주를 선포하셨다. 성경에 나오는 저주에는 일시적인 저주와 영원한 저주, 현재적인 저주와 예언적인 저주, 주관적인 저주와 객관적인 저주 등이 있다.

사무엘하 21장 : 사울과 그 집 때문에 주가 내리신 일시적 저주

- 다윗의 시대에 해를 거듭하여 삼 년 기근이 있으므로 다윗이 여호와 앞에 간구하매...(1-6)
- 왕이 이에 아야의 딸 리스바에게서 난 자 곧 사울의 두 아들 알모니와 므비보셋과 사울의 딸 메랍에게서 난 자 곧 므홀랏 사람 바르실래의 아들 아드리엘의 다섯 아들을 붙잡아...(8-9)
- 스루야의 아들 아비새가 다윗을 도와 그 블레셋 사람을 쳐죽이니 그 때에 다윗의...(17)
- 또 다시 블레셋 사람과 곱에서 전쟁할 때에 베들레헴 사람 야레오르김의 아들 엘하난은 가드 골리앗의 아우 라흐미를 죽였는데 그 자의 창 자루는 베틀 채 같았더라...(19-21)

이스라엘에 3년간 기근이 지속되었는데 원인은 여호수아 때에 평화조약을 맺은 기브온 사람들에 대한 사울 집안의 학살 때문이었습니다.(1~2절) 무엇을 원하는지를 묻는 다윗의 질문에 기브온 사람들은 과거 그들을 학살하고 이스라엘 영내에 살지 못하게 했던 사울 집안의 일곱 명의 사람을 요구하였고 다윗은 그들의 원대로 해줍니다.(3~9절) 두 아들을 잃은 리스바는 크게 슬퍼하며 밤낮으로 아들들의 주검을 지켰는데 이 소식을 들은 다윗은 일곱 명의 시신을 거두어 장례를 치러 줍니다.(10~14절) 블레셋과 여러 차례 전쟁이 있었으나 휘하 장수들의 활약으로 다윗은 모두 승리합니다.(15~22절)

갈라디아서 1장 : 다른 복음을 전하는 자들에게 선포한 저주

- 사람들에게서 난 것도 아니요 사람으로 말미암은 것도 아니요 오직 예수 그리스도와 그를 죽은 자 가운데서 살리신 하나님 아버지로 말미암아 사도 된 바울은...(1-4)
- 이제 내가 사람들에게 좋게 하랴 하나님께 좋게 하랴 사람들에게 기쁨을 구하랴 내가 지금까지 사람들의 기쁨을 구하였다면 그리스도의 종이 아니니라...(10-12)
- 그러나 내 어머니의 태로부터 나를 택정하시고 그의 은혜로 나를 부르신 이가...(15-19)
- 다만 우리를 박해하던 자가 전에 멸하려던 그 믿음을 지금 전한다 함을 듣고(23)

그리스도께서 우리를 위해 자신의 몸을 주셨으며 바울은 하나님의 뜻에 따라 복음을 전하도록 사도로 부름을 받았습니다.(1~5절) 그리스도의 사역은 우리를 구원하기에 충분합니다. 그런데 갈라디아 교회는 예수 그리스도를 믿는 것과 함께 모세의 율법을 지키고 할례를 받아야 된다는 거짓 교사들의 미혹에 빠졌습니다.(6~10절) 복음은 사람에게서 난 것이 아니라 오직 그리스도의 계시로 말미암은 것입니다.(11~12절) 복음의 대적자였던 바울이 사도가 택정함을 입은 것은 오직 하나님의 은혜입니다.(13~15절) 오직 은혜로 부르심은 입은 바울은 아라비아 광야에서 3년간 주님과 깊은 영적 교제의 시간을 가졌으며 그 후 베드로와 야고보만 만났습니다.(16~20절) 많은 사도를 만나 인정 받으려는 시도를 하지 않은 것입니다. 그가

15일간의 예루살렘에서의 일정 이후 14년간(2:1) 이방 땅인 수리아와 길리기아에서 사역했을 때 핍박자가 복음 전도자로 변화된 것에 대해 유대교회들은 하나님께 영광을 돌렸습니다.(21~24절)

에스겔 28장 : 교만한 두로와 시돈에게 내려진 영원한 저주

- 인자야 너는 두로 왕에게 이르기를 주 여호와께서 이같이 말씀하시되 네 마음이...(2-8)
- 인자야 두로 왕을 위하여 슬픈 노래를 지어 그에게 이르기를 주 여호와의 말씀에...(12-18)
- 인자야 너는 얼굴을 시돈으로 향하고 그에게 예언하라...(21-23)
- 주 여호와께서 이같이 말씀하셨느니라 내가 여러 민족 가운데에 흩어져 있는 이스라엘 족속을 모으고 그들로 말미암아 여러 나라의 눈 앞에서 내 거룩함을 나타낼 때에 그들이 고국 땅 곧 내 종 야곱에게 준 땅에 거주할지라...(25-26)

뛰어난 상술로 벌어들인 많은 재물을 의지하며 자신을 신처럼 여겼던 두로 왕의 죄는 교만입니다.(1~5절) 두로 왕이 자랑하던 지혜의 아름다운 것(=재물)은 빼앗기고 영화(=명성)는 더럽혀질 것이며 그는 주 활동무대인 바다에서 죽음을 맞이할 것입니다.(6~10절) 실제로 두로는 바다를 연하여 쌓은 그들의 성이 수년간 포위를 당한 끝에 멸망합니다. 하나님의 지시로 에스겔이 부를 애가의 내용에 두로 왕의 죄와 그가 받을 심판이 다시 언급됩니다.(11~19절) 두로의 북쪽에 위치한 또 다른 해안 도시국가인 시돈에 대한 심판도 선언됩니다.(20~24절) 시돈은 바알 신앙의 본산으로 이스라엘을 영적으로 타락시킨 아합의 부인 이세벨이 바로 시돈 왕의 딸이었습니다. 주변 나라에 대한 심판선언과 반대로 이스라엘에 대해서는 회복이 선언됩니다.(25~26절)

시편 77편 : 아삽이 침묵하시는 하나님께 느낀 주관적 저주

- 내가 내 음성으로 하나님께 부르짖으리니 내 음성으로 하나님께 부르짖으면 내게...(1-4)
- 하나님이여 주의 도는 극히 거룩하시오니 하나님과 같이 위대하신 신이...(13-15)
- 주의 길이 바다에 있었고 주의 곧은 길이 큰 물에 있었으나 주의 발자취를 알 수...(19-20)

시인은 불안과 근심으로 심령이 상하고 불면에 시달리는 가운데 하나님께 부르짖습니다.(1~4절) 그는 지난날 하나님이 함께 하셨던 시간과 하나님을 찬양했던 순간을 떠올리며 지금은 하나님이 인자와 은혜를 폐하시고 자신을 버린 것은 아닌지 불안해하고 있습니다.(5~9절) 괴로움 속에서 하나님을 기억하려던 시인은 새로운 깨달음을 얻게 됩니다. 10절의 "이는 나의 잘못이라"라는 부분은 다소 난해하지만 내가 잘못되어 가는 가운데 혹은 내가 쇠약해져 가는 가운데라고 해석하면 무난해 보입니다. 시인은 쇠약해져 있지만 주의 권능이 나타났던 시절을 기억하며 그 일을 묵상할 것입니다.(10~12절) 그는 출애굽 역사와 홍해를 건넌 사건을 회상하며 모세와 아론을 통해 인도하신 역사를 소환합니다.(13~20절) 이전에 하나님이 행하신 신실한 일들을 기억할 때 우리는 소망을 잃지 않게 됩니다.

무죄한 자의 피를 흘린 사울의 죄로 인해 그의 자손들이 대가를 치렀고, 우상과 재물을 의지하던 나라들은 패망하게 되었습니다. 후손에게 아름다운 믿음의 본을 남기게 하옵소서. 하나님이 보이지 않을 때 이전에 행하셨던 신실하신 역사들을 기억하며 소망을 잃지 않게 하옵소서.

본문 사무엘하 22장 | 갈라디아서 2장 | 에스겔 29장 | 시편 78편 1~37절

주제 비밀 (祕密, 그 참된 의미를 숨기고 언어나 상징으로 가르침을 전함)

인간은 모든 것에 대해 다 알 수는 없다. 특히 하나님이 미래에 행하실 구원과 심판에 대한 비밀은 더욱 알 수 없다. 오직 하나님이 말씀과 예언과 계시로 나타내실 때에만 깨달아 알 수 있을 뿐이다.

사무엘하 22장 : 하나님의 구원은 원수들에게 감추어진 비밀

- 여호와께서 다윗을 모든 원수의 손과 사울의 손에서 구원하신 그 날에 다윗이 이 노래의 말씀으로 여호와께 아뢰어...(1-3)
- 내가 환난 중에서 여호와께 아뢰며 나의 하나님께 아뢰었더니 그가 그의 성전에서 내 소리를 들으심이여 나의 부르짖음이 그의 귀에 들렸도다(7)
- 이럴 때에 여호와의 꾸지람과 콧김으로 말미암아 물 밑이 드러나고 세상의 기초가 나타났도다...(16-31)
- 이는 주께서 내게 전쟁하게 하려고 능력으로 내게 띠 띠우사 일어나 나를 치는 자를 내게 굴복하게 하셨사오며(40)
- 이러므로 여호와여 내가 모든 민족 중에서 주께 감사하며 주의 이름을 찬양하리이다...(50-51)

다윗은 하나님을 반석, 요새, 방패, 구원의 뿔로 고백하며 찬양합니다.(1~4절) 극심한 고통 속에서 드리는 다윗의 간구에 대한 하나님의 반응은 직접 다윗을 찾아가시는 것입니다.(5~13절) 하나님은 크신 능력으로 대적을 물리치셨고 강한 원수와 미워하는 자로부터 다윗을 건지셨으며 하나님의 공의에 따라 깨끗하게 살아가도록 인도하셨습니다.(14~28절) 예측 불허의 전쟁 상황에서도 등불이 되심으로 적진을 향해 달리게 하셨으며 대적들을 완전히 굴복시켜 승리하게 하셨습니다.(29~46절) 다윗은 구원의 반석 되시는 하나님을 찬양합니다.(47~51절)

갈라디아서 2장 : 믿음으로 의롭다함을 얻는 것은 숨겨졌던 비밀

- 십사 년 후에 내가 바나바와 함께 디도를 데리고 다시 예루살렘에 올라갔나니...(1-5)
- 베드로에게 역사하사 그를 할례자의 사도로 삼으신 이가 또한 내게 역사하사 나를...(8-14)
- 사람이 의롭게 되는 것은 율법의 행위로 말미암음이 아니요 오직 예수 그리스도를...(16)
- 내가 그리스도와 함께 십자가에 못 박혔나니 그런즉 이제는 내가 사는 것이 아니요...(20-21)

바울은 14년간 이방인 사역을 하다가 디도를 데리고 예루살렘을 방문했습니다.(1절) 그런데 복음과 함께 율법도 준수해야 구원받을 수 있다고 주장하는 거짓 교사들이 헬라인인 디도에게 할례를 요구하였고 바울은 이를 단호히 거절했습니다.(2~5절) 베드로를 포함한 사도들 역시 복음 외에 다른 내용을 더해야 한다고 주장하지 않았으며 이방인의 사도인 바울이 전하는 복음을 그대로 인정했습니다.(6~10절) 오히려 베드로가 복음의 진리에서 떠난 행동을 하게 됩니다.(11~16절) 이방인들과 식탁 교제 중 야고보에게서 온 사람들이 나타나자 두려워 그 자리를 피해 버린 것입니다. 바울은 복음이 유대인과 이방인 사이의 벽을 허물었음에도 그 벽을 다시 쌓은 베드로를 책망합니다. 만약 그리스도께서 우리를 완전히 의롭게 하지 못하여 다시 율법에 구원의 기초로 두어야 한다면 우리는 율법을 지키다가 결국 죄를 짓게 될 것입니다.(17~21절) 율법으로 온전케 될 사람은 없습니다. 그리스도의 대속의 죽음 외에 다른 것을 의지하는 것은 그리스도의 죽음을 헛되게 만드는 것입니다.

에스겔 29장 : 애굽이 미약한 나라가 되는 것은 예언된 비밀

- 인자야 너는 애굽의 바로 왕과 온 애굽으로 얼굴을 향하고 예언하라...(2-5)
- 그러므로 주 여호와께서 이같이 말씀하셨느니라 내가 칼이 네게 임하게 하여 네게서 사람과 짐승을 끊은즉...(8-15)
- 인자야 바벨론의 느부갓네살 왕이 그의 군대로 두로를 치게 할 때에 크게 수고하여...(18-20)

29장은 애굽에 대한 예언입니다. 이 예언은 유다의 여호야긴 왕이 바벨론으로 끌려온 지 10년째 해 열째 달(=예루살렘 함락 7개월 전)에 임했습니다.(1절) 한 때 자신을 신이라 여길 정도로 강력한 제국을 이루었던 파라오에 대해 하나님은 대적자가 되시겠다고 선언하십니다.(2~5절) 어리석게도 이스라엘은 곧 부러져 흔들리게 될 갈대 지팡이 같은 애굽을 의존했습니다.(6~7절) 하나님이 이집트를 심판하시면 사람과 짐승이 살지 못할 황무지가 될 것이며 옛 영화와 힘을 잃은 미약한 나라가 될 것입니다.(8~16절) 애굽에 대한 예언(29:1)이 선포된 지 17년이 지난 후 많은 희생을 통해 겨우 점령당한 두로와 달리 애굽은 손쉽게 바벨론에 의해 정복당합니다.(17~20절) 애굽에 대한 심판선언 가운데 이스라엘에 대한 구원의 소망이 등장합니다.(21절)

시편 78편 1~37절 : 율법과 말 비유로 감추어졌던 비밀을 드러냄

- 내 백성이여, 내 율법을 들으며 내 입의 말에 귀를 기울일지어다...(1-8)
- 그들이 하나님의 언약을 지키지 아니하고 그의 율법 준행을 거절하며...(10-11)
- 이는 하나님을 믿지 아니하며 그의 구원을 의지하지 아니한 때문이로다(22)
- 먼지처럼 많은 고기를 비 같이 내리시고 나는 새를 바다의 모래 같이 내리셨도다...(27-30)
- 하나님이 그들의 날들을 헛되이 보내게 하시며 그들의 햇수를 두려움으로 보내게...(33-37)

지혜 서사시로 출애굽 이야기를 시작으로 북이스라엘의 멸망을 내다보는 시점에 이르기까지의 역사를 되짚어 보는데 하나님이 베푸신 은혜와 이스라엘의 범죄가 대비되어 나타납니다. 이스라엘 백성들은 하나님의 말씀에 귀를 기울이고 하나님이 행하신 일을 후대에 전함으로서 자손들이 하나님께 소망을 두고 계명을 지키며 살아가게 해야 할 사명이 있습니다.(1~8절) 시인은 가장 먼저 에브라임의 죄를 언급하는데 시기적으로 북이스라엘 말기의 앗수르의 침공을 연상케 합니다.(9~11절) 시인은 출애굽 및 광야에서의 하나님의 신실한 역사와 이에 상반되는 이스라엘 백성들의 계속되는 불평과 불신, 탐욕으로 인한 실패를 언급합니다.(12~31절) 범죄로 인해 광야에서의 날은 더 길어졌으며 징계로 인해 괴로움도 잠시일 뿐 오래가지 않습니다.(32~37절)

다윗의 고백처럼 하나님은 나의 반석이시오, 요새이시오, 방패이시며 구원의 뿔이 되십니다. 화려한 치세를 자랑하던 고대 이집트 제국도 사라졌고 바알을 숭배하던 북이스라엘도 멸망했습니다. 세상 자랑 버리고 겸손히 주를 섬기게 하옵소서.

본문 사무엘하 23장 | 갈라디아서 3장 | 에스겔 30장 | 시편 78편 38~72절

주제 **지도** (指導, 어떤 목적이나 방향으로 남을 가르쳐 이끎)

올바른 길을 걷도록 지도하는 것이 스승의 도리요 그것을 따르는 것이 제자의 도리인 것처럼 하나님께서는 말씀과 긍휼로 우리를 지도하신다. 우리에게 필요한 것은 오직 믿음과 순종이다.

사무엘하 23장 : 여호와의 영이 말씀으로 다윗을 지도하심

- 이는 다윗의 마지막 말이라 이새의 아들 다윗이 말함이여 높이 세워진 자, 야곱의 하나님께로부터 기름 부음 받은 자, 이스라엘의 노래 잘 하는 자가 말하노라...(1-7)
- 다윗이 소원하여 이르되 베들레헴 성문 곁 우물 물을 누가 내게 마시게 할까 하매...(15-17)

다윗은 하나님이 자신과 맺은 언약을 이루실 것이라고 선언합니다.(1~7절) 다윗과 함께 많은 전쟁을 치렀던 용사들이 소개되고 있습니다. 첫 번째 세 용사는 요셉밧세벳과 엘르아살, 삼마입니다.(8~12절) 블레셋과의 전쟁에서 맹활약한 장수들입니다. 두 번째 세 용사는 요압의 아우 아비새와 시위대장 브나야가 포함되어 있는데 그들 역시 다윗을 위해 목숨을 내던진 충성된 장수들이었지만 첫 번째 세 용사에는 미치지 못했습니다,(13~23절) 그 밖에 요압의 막내 아우 아사헬부터 헷 사람 우리아까지 31명의 특별하고도 충성스러운 용사들이 소개되고 있습니다.(24~39절) 오늘날 복음을 위해 다윗의 용사들과 같은 충성된 일꾼이 필요합니다.

갈라디아서 3장 : 바울이 오직 믿음으로 의롭게 됨을 지도함

- 다윗이 소원하여 이르되 베들레헴 성문 곁 우물 물을 누가 내게 마시게 할까 하매...(1-3)
- 그러므로 믿음으로 말미암은 자는 믿음이 있는 아브라함과 함께 복을 받느니라...(9-14)
- 그러나 성경이 모든 것을 죄 아래에 가두었으니 이는 예수 그리스도를 믿음으로 말미암는 약속을 믿는 자들에게 주려 함이라...(22-23)
- 너희가 다 믿음으로 말미암아 그리스도 예수 안에서 하나님의 아들이 되었으니...(26-28)

바울은 성령을 받고 십자가 복음을 받아들였음에도 불구하고 유대주의자들에게 미혹된 갈라디아 성도들을 책망합니다.(1~5절) 율법이 생기기 전 이미 아브라함은 하나님을 믿음으로 의롭다 여김을 받았습니다.(창 15:6) 만약 아브라함의 자손이라 말하면서 여전히 율법의 행위를 좇는다면 하나님이 아브라함에게 약속한 복을 받을 수 없습니다.(6~9절) 이방민족들도 믿음으로 아브라함의 복에 동참하게 됩니다. 율법으로 온전케 될 수 없는 우리를 위해 예수 그리스도께서 십자가에서 죽으심으로 율법의 저주를 폐하셨습니다.(10~14절) 하나님은 아브라함의 자손 예수 그리스도를 통해 천하 만민에게 복을 주시겠다는 약속을 이루셨습니다.(15~18절) 율법은 우리의 죄인 됨을 깨닫게 할 뿐 율법을 온전히 지킬 수 있는 사람은 없습니다.(19~24절) 율법은 유대인과 이방인을 구별했지만 예수 그리스도를 통해 나타난 구원의 은혜는 차별이 없습니다.(25~29절)

에스겔 30장 : 여호와께서 말씀으로 에스겔을 지도하심

- 또 여호와의 말씀이 내게 임하여 이르시되...(1-5)
- 내가 애굽에 불을 일으키며 그 모든 돕는 자를 멸할 때에 그들이 나를 여호와인 줄 알리라(8)
- 이같이 내가 애굽을 심판하리니 내가 여호와인 줄을 그들이 알리라 하셨다 하라(19)
- 내가 바벨론 왕의 팔은 들어 주고 바로의 팔은 내려뜨릴 것이라 내가 내 칼을 바벨론 왕의 손에 넘기고 그를 들어 애굽 땅을 치게 하리니 내가 여호와인 줄을 그들이 알리라...(25-26)

애굽에 대한 예언이 이어집니다. 하나님은 애굽과 그의 동맹국들까지 심판하심으로써 역사의 주인이 하나님이심을 나타내실 것입니다.(1~9절) 애굽의 주요 도시들은 바벨론의 느부갓네살에 의해 철저히 파괴될 것이며 바로의 팔(=군사력)이 꺾이고 애굽 백성은 사방으로 흩어지게 될 것입니다.(10~26절)

시편 78편 38~72절 : 하나님께서 양 떼 같은 이스라엘을 지도하심

- 오직 하나님은 긍휼하시므로 죄악을 덮어 주시어 멸망시키지 아니하시고 그의 진노를 여러 번 돌이키시며 그의 모든 분을 다 쏟아 내지 아니하셨으니...(38-42)
- 그가 자기 백성은 양 같이 인도하여 내시고 광야에서 양 떼 같이 지도하셨도다...(52-53)
- 또 그의 종 다윗을 택하시되 양의 우리에서 취하시며...(70-72)

하나님의 긍휼은 여전히 계속되었지만 북이스라엘의 범죄 또한 계속되었습니다.(38~42절) 시인은 출애굽의 역사, 홍해의 기적, 시내산 언약의 체결 및 약속의 땅 입성의 과정에서 나타난 하나님의 은혜의 순간들을 열거합니다.(43~55절) 그러나 북이스라엘 백성은 끝내 하나님을 버리고 우상을 숭배하여 하나님의 심판을 받았습니다.(56~66절) 이제 하나님의 시선은 유다와 예루살렘 성전을 향하게 되었습니다.(67~72절) 하나님께 선택받은 은총에 대해 유다 백성들은 바르게 응답해야 할 것입니다.

하나님! 복음을 위해 할 일이 정말 많습니다. 함께 일할 동역자들을 붙여 주옵소서. 하나님의 긍휼이 지속되고 있을 때 바르게 응답하게 하시고, 하나님의 손이 역사를 움직이고 있음을 확실히 알게 하옵소서.

본문 사무엘하 24장 | 갈라디아서 4장 | 에스겔 31장 | 시편 79편

주제 **정욕** (情欲, 마음속에 일어 나는 여러가지 욕구)

인간의 정욕은 욕심이다. 채워지지 않는 끝없는 정욕이 죄를 낳는다. 권력에 대한 정욕, 비진리로 향하는 정욕, 주어진 복 때문에 높아지려는 정욕, 거룩한 것을 더럽히고 정복하려는 정욕이 죄를 낳는 것이다.

사무엘하 24장 : 자신의 힘과 권력을 점검하려는 다윗의 정욕

- 여호와께서 다시 이스라엘을 향하여 진노하사 그들을 치시려고 다윗을 격동시키사 가서 이스라엘과 유다의 인구를 조사하라 하신지라...(1-4)
- 그들 무리가 국내를 두루 돌아 아홉 달 스무 날 만에 예루살렘에 이르러...(8-10)
- 갓이 다윗에게 이르러 아뢰어 이르되 왕의 땅에 칠 년 기근이 있을 것이니이까...(13-18)
- 이르되 어찌하여 내 주 왕께서 종에게 임하시나이까 하니 다윗이 이르되 네게서 타작 마당을 사서 여호와께 제단을 쌓아 백성에게 내리는 재앙을 그치게 하려 함이라 하는지라...(21-25)

다윗이 인구조사를 지시합니다.(1~9절) 왕이 원활한 통치를 위해 인구조사를 시행하는 것은 마땅한 바이나 이번에는 그 동기가 매우 불순했습니다. 자신의 군사력을 과시하려는 목적으로 지시한 것으로써 성경은 사탄의 충동이 있었다고 설명합니다. 인구조사 결과가 나온 후에야 다윗은 자신의 죄를 자각하고 하나님 앞에 용서를 구하며 징계에 순응하게 됩니다.(10~14절) 전염병으로 7만 명이 죽게 되었으며 희생 제사를 드림으로써 재앙은 비로소 멈추게 됩니다.(15~25절) 이와 관련하여 우리는 교만에 대한 교훈을 얻어야 합니다. 또한 예수님이 자신의 몸으로 드린 희생제사로 인해 죄인을 향한 하나님의 진노가 멈추고 구원의 은혜가 임하게 되었음을 기억해야 합니다.

갈라디아서 4장 : 율법으로 돌아가려는 갈라디아교회의 정욕

- 때가 차매 하나님이 그 아들을 보내사 여자에게서 나게 하시고 율법 아래에 나게 하신 것은...(4-7)
- 이제는 너희가 하나님을 알 뿐 아니라 더욱이 하나님이 아신 바 되었거늘 어찌하여 다시 약하고 천박한 초등학문으로 돌아가서 다시 그들에게 종 노릇 하려 하느냐...(9-11)
- 그들이 너희에게 대하여 열심 내는 것은 좋은 뜻이 아니요 오직 너희를 이간시켜 너희로 그들에게 대하여 열심을 내게 하려 함이라...(17-20)
- 형제들아 너희는 이삭과 같이 약속의 자녀라...(28-31)

상속받을 자가 상속을 받을 때까지 아버지가 정한 후견인 아래 있듯이 그리스도의 대속의 죽음 전까지 우리는 율법 아래 놓여 있었으나 그리스도께서 율법 아래 있는 자를 속량하시고 아들의 영을 보내심으로 인해 하나님을 아빠 아버지라 부르는 상속자가 되었습니다.(1~7절) 율법주의로의 회귀는 그리스도가 주신 구원을 헛되게 만드는 것입니다.(8~11절) 바울은 엄격한 율법주의자였던 자신이 복음을 통해 율법에서 해방된 것처럼 갈라디아 성도들도 그렇게 되기를 소망합니다.(12절) 그러나 바울을 사랑하고 환대했었던 그들은 미혹을 받아 바울을 껄끄러운 존재로 여기게 되었습니다.(13~16절) 바울은 복음 위에 그들을 세우기 위해 또다시 해산의 수고를 합니다.(17~20절) 아브라함의 여종 하갈(=율법)의 아들 이스마엘은 종이었지만, 사라(=복음)의 아들 이삭은 유업을 받은 자였음을 기억해야 합니다.(21~25절) 율법주의자들은 하나님 나라와 상관없는 자며 복음 안에 있는 자만이 하나님 나라를 상속받을 수 있습니다.(26~31절)

에스겔 31장 : 크고 아름다운 복 때문에 교만해진 애굽의 정욕

- 인자야 너는 애굽의 바로 왕과 그 무리에게 이르기를 네 큰 위엄을 누구에게 비하랴...(2-8)
- 그러므로 주 여호와께서 이같이 말씀하셨느니라 그의 키가 크고 꼭대기가 구름에 닿아서 높이 솟아났으므로 마음이 교만하였은즉...(10-13)
- 너의 영광과 위대함이 에덴의 나무들 중에서 어떤 것과 같은고 그러나 네가 에덴의 나무들과 함께 지하에 내려갈 것이요 거기에서 할례를 받지 못하고 칼에 죽임을 당한 자 가운데에 누우리라 이들은 바로와 그의 모든 군대니라 주 여호와의 말씀이니라 하라(18)

애굽에 관한 예언이 지속되는데 과거 앗수르의 운명을 그대로 답습하고 있습니다. 높고 곱게 자라나는 레바논 백향목처럼 앗수르는 매우 강성한 제국이었는데 애굽의 강성함 역시 앗수르에 비견될 정도였습니다.(1~9절) 그러나 하나님의 심판의 도구인 바벨론에 의해 베임을 당해 역사 속으로 사라지게 될 것입니다.(10~14절) 앗수르의 멸망은 그들에 의해 정복당한 민족들에게 위로가 되었는데 이제 애굽이 그러한 심판을 경험하게 될 것입니다.(15~18절)

시편 79편 : 주의 기업과 성전을 더럽힌 이방 나라의 정욕

- 하나님이여 이방 나라들이 주의 기업의 땅에 들어와서 주의 성전을 더럽히고 예루살렘이 돌무더기가 되게 하였나이다...(1-4)
- 주를 알지 아니하는 민족들과 주의 이름을 부르지 아니하는 나라들에게 주의 노를 쏟으소서...(6-9)
- 우리는 주의 백성이요 주의 목장의 양이니 우리는 영원히 주께 감사하며 주의 영예를 대대에 전하리이다(13)

공동체 탄원시의 전형을 보여주고 있습니다. 바벨론의 느부갓네살은 예루살렘을 점령하고 성전을 파괴했습니다. 비록 우상숭배의 죄로 발생한 결과이지만 시인은 이방 나라가 예루살렘에 들어와 저지른 온갖 만행에 대해 탄식하며 그들의 행위를 고발합니다.(1~5절) 시인은 하나님의 백성을 유린하고 거처를 파괴한 원수에 대해 하나님이 진노를 쏟아 주실 것과 하나님의 부재를 조롱하는 이들을 심판하여 주시길 간구합니다.(6~10절) 고난 당하는 자를 기억하시고 주를 비방한 자를 심판하여 주시길 기도할 수 있는 것은 우리는 주의 백성이요 주의 기르시는 양이기 때문입니다.(11~13절)

매일 은혜로 사는 존재임을 기억하여 나를 높이고 자랑하고 싶은 마음을 잘 다스리게 하옵소서. 복음을 위한 해산의 아름다운 수고를 기꺼이 감당하는 믿음의 사람 되게 하옵소서. 나는 주의 백성이며 기르시는 양임을 알고 있습니다. 또한 하나님이 나의 아바 아버지임을 알고 있습니다.

본문 열왕기상 1장 | 갈라디아서 5장 | 에스겔 32장 | 시편 80편
주제 **슬픔** (눈물을 흐리며 느끼는 아픈 마음과 괴롭고 답답한 감정)

슬픔은 아픈 감정이요 마음이다. 자식의 반역을 보며, 성도들이 잘못된 교훈과 육체의 소욕을 좇는 것을 보고, 뭇 나라가 멸망하는 것을 볼 때 어찌 아니 슬플까. 선민의 기도가 응답되지 않을 때는 더 슬프다.

열왕기상 1장 : 아도니야의 반역을 보는 늙은 다윗의 슬픔

- 다윗 왕이 나이가 많아 늙으니 이불을 덮어도 따뜻하지 아니한지라(1)
- 이스라엘 사방 영토 내에 아리따운 처녀를 구하던 중 수넴 여자 아비삭을 얻어 왕께...(3)
- 그 때에 학깃의 아들 아도니야가 스스로 높여서 이르기를 내가 왕이 되리라 하고...(5-14)
- 내 주 왕이여 온 이스라엘이 왕에게 다 주목하고 누가 내 주 왕을 이어 그 왕위에 앉을지를 공포하시기를 기다리나이다(20)
- 다윗 왕이 명령하여 이르되 밧세바를 내 앞으로 부르라 하매 그가 왕의 앞으로...(28-37)
- 요나단이 아도니야에게 대답하여 이르되 과연 우리 주 다윗 왕이 솔로몬을 왕으로...(43)

세월이 흘러 다윗은 늙었고 쇠약해졌습니다.(1~4절) 다음 왕위를 누가 이어갈지가 최대의 쟁점이 된 가운데 아도니야는 하나님의 뜻과 상관없이 군사령관 요압과 제사장 아비아달의 지지를 등에 업고 스스로 왕이 될 준비를 합니다.(5~10절) 밧세바와 나단 선지자가 서둘러 다윗에게 이 상황을 알렸고 다윗은 전에 약속한 대로 솔로몬이 차기 왕임을 선언하고 경호대장 브나야와 또 다른 제사장 사독, 선지자 나단에게 즉시 솔로몬의 왕위 즉위식을 거행하라고 지시합니다.(11~37절) 솔로몬은 정식적인 즉위식을 통해 왕으로 등극하였으며 대세가 기울어지자 아도니야의 지지세력은 다 흩어지고 아도니야는 솔로몬에게 목숨을 구절하게 됩니다.(38~53절)

갈라디아서 5장 : 종의 멍에와 육체의 소욕을 보는 바울의 슬픔

- 그리스도께서 우리를 자유롭게 하려고 자유를 주셨으니 그러므로 굳건하게 서서 다시는 종의 멍에를 메지 말라...(1-7)
- 나는 너희가 아무 다른 마음을 품지 아니할 줄을 주 안에서 확신하노라 그러나 너희를 요동하게 하는 자는 누구든지 심판을 받으리라...(10-13)
- 내가 이르노니 너희는 성령을 따라 행하라 그리하면 육체의 욕심을 이루지...(16-24)

그리스도께서는 우리를 율법의 멍에로부터 자유케 하셨습니다.(1절) 율법을 통해 구원을 얻으려는 사람은 그리스도에게서 끊어질 것입니다.(2~4절) 구원에 있어서 할례 유무는 아무런 영향을 미치지 않습니다.(5~6절) 율법을 통한 구원의 완성을 주장하며 갈라디아 성도들의 신앙의 경주를 방해하고 있는 율법주의자들에게는 하나님의 심판이 기다리고 있습니다.(7~12절) 율법의 멍에로부터 자유케 된 성도들은 사랑의 종이 되어야 하며, 성령을 따라 살아가고, 육체의 일은 버리고, 성령의 열매를 맺는 삶을 살아야 합니다.(13~23절) 그리스도의 사람은 정욕과 탐심을 십자가에 못 박고 성령을 따라 살아갑니다.(24~26절)

에스겔 32장 : 애굽과 뭇 나라의 심판을 보는 에스겔의 슬픔

- 인자야 너는 애굽의 바로 왕에 대하여 슬픈 노래를 불러 그에게 이르라 너를...(2-4)
- 주 여호와께서 이같이 말씀하셨느니라 바벨론 왕의 칼이 네게 오리로다...(11-12)
- 그 때에 내가 그 물을 맑게 하여 그 강이 기름 같이 흐르게 하리로다 주 여호와의...(14)
- 이는 슬피 부를 노래이니 여러 나라 여자들이 이것을 슬피 부름이여 애굽과 그 모든...(16)
- 거기에 메섹과 두발과 그 모든 무리가 있고 그 여러 무덤은 사방에 있음이여 그들은...(26)
- 거기에 에돔 곧 그 왕들과 그 모든 고관이 있음이여 그들이 강성하였었으나 칼에 죽임을 당한 자와 함께 있겠고 할례를 받지 못하고 구덩이에 내려간 자와 함께 누우리로다...(29-30)

애굽에 대한 심판을 다루고 있습니다. 바로는 자신에 대해 열국을 지배하는 사자와 같다고 생각하나 실상은 하나님이 쳐 놓은 그물에 걸린 바다악어이며 땅에 던져져서 짐승들의 먹이가 될 신세였습니다.(1~6절) 그 옛날 흑암의 재앙처럼 바로의 빛을 가릴 만큼의 큰 어두움이 닥쳐올 것인데 이 어두움은 바벨론 왕의 칼을 의미합니다.(7~16절) 애굽의 백성뿐만 아니라 그들과 동맹을 맺은 나라들(=유명한 여자, 18절)도 스올(=죽은 자들이 가는 지하세계)로 내려가게 될 것입니다.(17~23절) 애굽보다 먼저 스올에 와 있는 여섯 나라(=앗시리아, 엘람, 메섹, 두발, 에돔, 시돈)가 소개되고 있습니다.(24~32절) 모두 주변 민족들을 두렵게 할 정도로 강성했으나 멸망한 나라들입니다.

시편 80편 : 하나님의 침묵에 절규하는 이스라엘의 슬픔

- 요셉을 양 떼 같이 인도하시는 이스라엘의 목자여 귀를 기울이소서 그룹 사이에 좌정하신 이여 빛을 비추소서...(1-5)
- 만군의 하나님이여 우리를 회복하여 주시고 주의 얼굴의 광채를 비추사 우리가 구원을 얻게 하소서...(7-8)
- 주께서 어찌하여 그 담을 허시사 길을 지나가는 모든 이들이 그것을 따게 하셨나이까...(12-15)
- 그리하시면 우리가 주에게서 물러가지 아니하오리니 우리를 소생하게 하소서...(18-19)

'요셉'이라는 표현으로 추정컨대 북이스라엘의 멸망을 배경으로 하는 공동체 탄원시로 보입니다.(1절) 목자가 양을 인도함같이 목자 되신 하나님이 양 떼인 자신들을 구원하여 주실 것을 호소하는데 특히 "주의 얼굴빛을 비추시며 돌이키게 해 달라"고 간구합니다.(2~7절) 주의 얼굴이 우리를 향하고 있다는 것은 긍휼과 사랑이 공급되고 있다는 의미입니다. "여호와는 그의 얼굴을 네게 비추사... 여호와는 그 얼굴을 네게로 향하여 드사"(민 6:22~26) 시인은 이스라엘을 포도나무로 비유합니다. 애굽에서 옮겨 온 포도나무는 한때 번성했으나 하나님이 담을 허시고(=보호를 철회함) 들짐승들(=이방민족들)로 하여금 그 열매를 먹게 하셨습니다.(8~13절) 다시 하나님이 얼굴의 광채를 비추어 주시길, 다시 백성들을 돌보아 주시길 간구합니다.(14~19절)

그 얼굴을 내게로 향하여 드사 평강을 주시는 하나님을 기뻐하며 예배합니다. 화려했던 고대 이집트제국의 패망을 보며 세상 영광의 허무함을 알게 하시고 이 땅의 교회는 결코 쇠하지 않는다는 것 또한 더욱 잘 알게 하옵소서. 죄로부터 자유케 하시며 사랑의 종으로 살도록 명하옵소서.

본문 열왕기상 2장 | 갈라디아서 6장 | 에스겔 33장 | 시편 81-82편

주제 **경고** (警告, 조심하거나 삼가도록 미리 주의를 줌)

성경은 하나님의 심판이 있기 전에 먼저 선지자를 통해 경고의 말씀을 증거한다. 경고를 무시한 자는 심판을 받고 경고를 듣고 회개한 자나 주의한 자는 구원을 받는다. 그러므로 경고는 곧 생명의 길을 말한다.

열왕기상 2장 : 솔로몬이 악한 자들에게 최후 심판을 경고함

- 다윗이 죽을 날이 임박하매 그의 아들 솔로몬에게 명령하여 이르되...(1-9)
- 학깃의 아들 아도니야가 솔로몬의 어머니 밧세바에게 나아온지라 밧세바가 이르되...(13-17)
- 밧세바가 이르되 내가 한 가지 작은 일로 왕께 구하오니 내 청을 거절하지 마소서...(20-28)
- 왕이 이르되 그의 말과 같이 하여 그를 죽여 묻으라 요압이 까닭 없이 흘린 피를...(31-34)
- 왕이 사람을 보내어 시므이를 불러서 이르되 너는 예루살렘에서 너를 위하여 집을...(36-37)
- 여호야다의 아들 브나야에게 명령하매 그가 나가서 시므이를 치니 그가 죽은지라 이에 나라가 솔로몬의 손에 견고하여지니라(46)

다윗은 통치에 관한 중요한 내용을 유언으로 남깁니다. 먼저 마음과 성품을 다하여 하나님 앞에 진실히 행하고 그의 계명을 지킬 것을 당부합니다.(1~4절) 군사령관으로 활약했지만 정치적으로는 부담이 되었던 요압과 피난길에 자신을 저주했던 시므이에 대한 지혜로운 처리와 피난길에 은혜를 베푼 바르실래의 아들들에 대한 호의를 부탁합니다.(5~12절) 한편 아도니야는 수넴여자 아비삭을 원했는데 왕위 계승을 위한 정당성 확보를 위한 것임을 간파한 솔로몬은 그를 제거합니다.(13~25절) 아도니야를 지지했던 제사장 아비아달은 고향으로 쫓겨나고 요압은 제거되었으며 브나야와 사독이 그들의 자리를 대신하였습니다.(26~35절) 솔로몬이 정한 경계구역을 넘어간 시므이 역시 죽게 됩니다.(36~46절) 솔로몬 왕국은 점차 안정을 찾아갑니다.

갈라디아서 6장 : 성도 관계의 무너짐과 할례의 미혹을 경고함

- 형제들아 사람이 만일 무슨 범죄한 일이 드러나거든 신령한 너희는 온유한 심령으로...(1-8)
- 그러므로 우리는 기회 있는 대로 모든 이에게 착한 일을 하되 더욱 믿음의 가정들에게...(10)
- 무릇 육체의 모양을 내려 하는 자들이 억지로 너희에게 할례를 받게 함은 그들이...(12)
- 그러나 내게는 우리 주 예수 그리스도의 십자가 외에 결코 자랑할 것이 없으니...(14-15)
- 이 후로는 누구든지 나를 괴롭게 하지 말라 내가 내 몸에 예수의 흔적을 지니고 있노라(17)

형제의 범죄를 발견한 성령의 사람은 정죄는 지양하고 그를 바로 잡아 공동체를 건강하게 세우는 데 목적을 두고 대처합니다.(1절) 성령의 사람은 짐을 나눠짐으로 그리스도의 법을 성취합니다.(2절) "오직 사랑으로 서로 종 노릇하라"(5:13) 율법의 완성은 사랑입니다. 내가 보기에 자랑할 만한 일도 남이 볼 때는 아님을 알고 남과 비교하지 말고 자기의 십자가를 지고 묵묵히 가야 합니다.(3~5절) 말씀을 가르치는 자에게 격려와 신뢰를 보여 주고 무엇을 심든지 심은 대로 거두는 법칙을 믿고 성령을 위하여 심되 낙심하지 말아야 합니다.(6~10절)

진리를 훼손하는 자들과 타협하지 말고 율법의 저주에서 자유케 하신 예수 그리스도의 십자가만을 자랑해야 합니다.(11~18절)

에스겔 33장 : 파수꾼에게 심판과 구원에 대해 경고케 하심

- 인자야 너는 네 민족에게 말하여 이르라 가령 내가 칼을 한 땅에 임하게 한다 하자...(2-7)
- 그런즉 인자야 너는 이스라엘 족속에게 이르기를 너희가 말하여 이르되...(10-12)
- 가령 내가 악인에게 말하기를 너는 죽으리라 하였다 하자 그가 돌이켜 자기의...(14-15)
- 그래도 네 민족은 말하기를 주의 길이 바르지 아니하다 하는도다 그러나 실상은 그들의...(17)
- 인자야 이 이스라엘의 이 황폐한 땅에 거주하는 자들이 말하여 이르기를 아브라함은...(24-27)

이스라엘의 회복을 다루는 33~39장 중 33장은 파수꾼의 사명과 심판에 있어서의 개인의 책임을 강조합니다. 만약 백성이 듣지 못해 심판을 받게 된다면 그 책임은 파수꾼에게 있으며 각 개인은 자기의 행위로 인해 보응을 받게 됩니다.(1~20절) 악인이라도 회개하면 반드시 살 것이며 의인이라도 돌이켜 악을 행하면 이전의 의로운 행위는 기억되지 않고 심판을 받을 것입니다. 심판의 기준은 과거가 아니라 현재입니다. 에스겔의 예언대로 유다는 결국 멸망했습니다.(21~23절) 포로로 끌려가지 않고 남게 된 자들은 이스라엘 땅이 자기들의 몫이 될 것을 기대하고 있지만 하나님은 우상에게 제물을 드리며 가증한 일을 행하는 그들을 칼과 전염병으로 심판하실 것입니다.(24~29절) 선지자의 말을 듣고도 행하지 않는 그들은 예언의 성취를 통해 그들 곁에 참 선지자가 있었음을 알게 될 것입니다.(30~33절)

시편 81-82편 : 율례, 규례, 계명을 거역함에 대하여 경고하심

- 우리의 능력이 되시는 하나님을 향하여 기쁘게 노래하며 야곱의 하나님을 향하여...(81:1-4)
- 내 백성이여 들으라 내가 네게 증언하리라 이스라엘이여 내게 듣기를 원하노라...(81:8-13)
- 하나님은 신들의 모임 가운데에 서시며 하나님은 그들 가운데에서 재판하시느니라...(82:1-4)
- 하나님이여 일어나사 세상을 심판하소서 모든 나라가 주의 소유이기 때문이니이다(82:8)

(81편) 3절의 명절이라는 표현으로 인해 절기 시편으로 분류하는데 출애굽 및 광야 전통이 등장하는 것으로 보아 초막절로 추정하고 있습니다. 시인은 제의를 위해 모인 공동체를 찬양으로 초청합니다.(1~4절) 찬양은 하나님이 이스라엘을 구원해 내신 증거입니다.(5절) 출애굽 및 광야 세대들은 하나님이 베푸신 은혜를 기억하며 우상을 두지 말고 하나님의 말씀을 들었어야 합니다.(6~10절) 그러나 그들은 하나님의 말씀을 떠났으며 완악해진 그들을 하나님은 버려두셨습니다.(11~12절) 이제 시인은 제의 공동체를 향해 하나님의 말씀을 듣고 따를 때 주시는 축복을 언급하며 말씀을 듣고 행할 것을 촉구합니다.(13~16절)
(82편) 하나님이 하늘 재판정의 심판자로 등장합니다.(1절) 신들의 모임을 주재하시는 하나님은 악인을 제재하지 않는 신들을 책망하십니다.(2~4절) 책망을 받고 있다고 표현되고 있는 신들은 사실 알지도 못하고 깨닫지도 못하는 우상들이며 사람처럼 언젠가 종말을 맞이하게 됩니다.(5~8절) 그러므로 세상의 신을 두려워할 필요가 없습니다.

오늘 말씀을 통해 복음을 전하는 파수꾼의 사명을 다짐합니다. 사랑으로 짐을 나눠지며 공동체를 건강하게 세워 나가게 하시고 선을 행하되 낙심하지 않고 인내함으로 때가 이르러 거두는 복을 누리게 하옵소서. 말씀을 듣고 행하는 자가 되게 하옵소서.

맥체인성경 쉬운해설 3 [7-9월]

2022년 7월 1일 초판 1쇄 발행

펴 낸 이 김수곤
지 은 이 김홍양, 김재학
디 자 인 디자인이츠
발 행 처 선교햇불
등 록 일 1999년 9월 21일 제 54호
등록주소 서울 송파구 백제고분로 27길 12(삼전동)
전 화 (02)2203-2739
팩 스 (02)2203-2738
이 메 일 ccm2you@gmail.com
홈페이지 www.ccm2u.com